BRUXAS

TROTZDEM

TROTZDEM Λ

Mona Chollet
Bruxas. A força invencível das mulheres
Sorcieres. La Puissance invaincue des femmes

Tradução: Camila Boldrini
Preparação: Giovani T. Kurz
Revisão: Fernanda Alvares, Andrea Stahel
Projeto gráfico: Luísa Rabello
Produção gráfica: Clarice G Lacerda
ISBN: 978-65-5998-051-2

Âyiné

Direção editorial: Pedro Fonseca
Coordenação editorial: Luísa Rabello
Coordenação de comunicação: Clara Dias
Assistente de comunicação: Ana Carolina Romero
Assistente de design: Lila Bittencourt
Conselho editorial: Simone Cristoforetti,
Zuane Fabbris, Lucas Mendes
Praça Carlos Chagas, 49 — 2º andar
30170-140 Belo Horizonte, MG
+55 31 3291-4164
www.ayine.com.br
info@ayine.com.br

BRUXAS

A força invencível das mulheres

MONA CHOLLET

Tradução
CAMILA BOLDRINI

Âyiné

SUMÁRIO

Não precisa se filiar ao WITCH.
Se você é uma mulher,
E ousa olhar para dentro de si mesma,
Então você é uma bruxa.

Manifesto do WITCH
(Woman's International Terrorist
Conspiracy from Hell), Nova York, 1968.

AS HERDEIRAS. INTRODUÇÃO

Sim, é verdade, teve aquela da *Branca de Neve e os sete anões*, do Walt Disney, com seus cabelos cinza desbotados sob o capuz preto, o nariz curvado com uma verruga de enfeite, o riso forçado e imbecil mostrando um único dente fincado na mandíbula inferior, as grossas sobrancelhas sobre os olhos de louca que acentuavam ainda mais sua expressão maléfica. Mas a bruxa que mais marcou a minha infância não foi ela: foi Floppy Le Redoux.

Floppy aparece no *Castelo das crianças roubadas*, um livro infantojuvenil da autora sueca Maria Gripe (1923-2007)[1] que se passa em uma terra nórdica imaginária. Floppy mora em uma casa no alto de uma colina, protegida por uma antiquíssima macieira, cuja silhueta, visível de longe, se destaca contra o céu. O lugar é aprazível e bonito, mas os moradores da cidadezinha vizinha evitam se aventurar por aquelas bandas, porque antigamente ali se erguia uma forca. À noite, é possível vislumbrar uma luz tênue na janela enquanto a velha tece ao conversar com seu corvo caolho, Solon, que perdeu um olho ao inclinar-se sobre o Poço da Sabedoria. Mais do que com os poderes mágicos da

1 Maria Gripe, *Le Château des enfants volés*. Paris: Le Livre de poche Jeunesse, 1981.

bruxa, eu ficava impressionada com a aura que dela emanava, feita de profunda calma, mistério, clarividência.

A maneira como a sua aparência era descrita me fascinava. «Ela sempre saía envolta em uma comprida capa azul-escura, cuja gola folgada, batendo ao vento, fazia flop flop em volta de sua cabeça» — por isso o apelido «Floppy». «Ela também usava um chapéu bizarro. As bordas flexíveis eram salpicadas de flores que caíam de um alto solidéu violeta cheio de borboletas.» Aqueles que com ela cruzavam no caminho chocavam-se com o brilho dos seus olhos azuis, que «mudavam continuamente e exerciam um verdadeiro poder sobre as pessoas». Talvez tenha sido efetivamente a imagem de Floppy Le Redoux que me preparou para mais tarde apreciar, quando me interessei pela moda, as criações imponentes de um Yohji Yamamoto, suas roupas amplas, seus chapéus imensos, espécies de refúgios de tecidos, na contramão do modelo estético dominante segundo o qual as meninas devem mostrar o máximo possível de pele e de formas.[2] Tendo ficado na minha memória como um talismã, uma sombra bondosa, Floppy deixara para mim a lembrança do que poderia ser uma mulher de *envergadura*.

Eu também gostava muito da vida reservada que ela levava, e de sua relação com a comunidade, ao mesmo tempo distante e comprometida. A colina no alto da qual fica a sua casa, escreve Maria Gripe, parece proteger a cidade «como se esta estivesse escondida debaixo de sua asa». A bruxa tece tapetes extraordinários: «Sentada diante de seu tear, ela meditava enquanto trabalhava. Suas reflexões eram sobre os moradores da

2 Cf. Mona Chollet, *Beauté fatale. Les nouveaux visages d'une aliénation féminine*. Paris: La Découverte, [2012] 2015.

cidadezinha e suas vidas. Assim, uma bela manhã, descobriu que, sem querer, sabia com antecipação o que aconteceria com eles. Inclinada sobre sua obra, ela lia o futuro no desenho que, de forma natural, se criava entre seus dedos». A sua presença nas ruas, por mais rara e fugidia que seja, é um sinal de esperança para aqueles que a veem passar. Ela deve a segunda parte do seu apelido — ninguém conhece seu nome verdadeiro — ao fato de que nunca se mostra durante o inverno, e que sua reaparição anuncia, de modo certeiro, a chegada iminente da primavera, mesmo que no dia em questão o termômetro ainda marque «trinta graus abaixo de zero».[3]

Mesmo as bruxas sinistras, como a de João e Maria ou a da rua Moufettard[4] ou a Baba Yaga dos contos russos, escondida na sua isbá feita em cima de patas de galinha, sempre me inspiraram mais excitação do que repulsa. Elas atiçavam a imaginação, proporcionavam deliciosos calafrios de pavor, ofereciam o sentido da aventura, abriam portas para outro mundo. Durante o recreio, na escola primária, quando meus colegas e eu perseguíamos aquela que escolheu morar atrás dos arbustos do pátio, tínhamos que guardar para nós, diante da indiferença incompreensível dos professores. A ameaça flertava com a promessa. De repente, sentíamos que tudo era possível, e também, talvez, que a beleza inofensiva e a gentileza murmurante não eram o único destino feminino desejável. Sem essa vertigem, faltaria encanto à infância. Mas, com Floppy Le Redoux, a bruxa

3 «Le Redoux» significa um período de abrandamento das temperaturas no meio da temporada de inverno. [N. T.]

4 Referência ao conto «La Sorcière de la rue Mouffetard» [A bruxa da rua Mouffetard], conto célebre de Pierre Gripari (1925-1980) publicado em *Les Contes de la Rue Broca* [Os contos da rua Broca] (1967). [N. T.]

tornou-se definitivamente uma personagem positiva para mim. Ela era aquela que tinha a última palavra, que fazia os personagens malvados beijarem a lona. Ela oferecia o gozo da revanche sobre um adversário que a tinha subestimado; um pouco como Fantômette,[5] mas mais pela força de seu espírito do que por seus talentos de ginasta com *collant* — o que me convinha: eu odiava esporte. Por ela me veio a ideia de que ser mulher poderia significar um poder suplementar, enquanto até ali uma impressão difusa me sugeria que seria mais o contrário. Desde então, onde quer que eu a encontre, a palavra «bruxa» chama minha atenção, como se ela sempre indicasse uma força que poderia ser minha. Alguma coisa pulula de energia ao seu redor. Ela remete a um saber basilar, a uma força vital, a uma experiência acumulada que o saber oficial despreza ou reprime. Também gosto da ideia de uma arte aperfeiçoada sem descanso ao longo da vida, à qual nos dedicamos e que protege de tudo, ou quase, mesmo que seja só pelo entusiasmo que dedicamos a ela. A bruxa encarna a mulher livre de todas as dominações, de todas as limitações, ela é um ideal ao qual devemos aspirar, ela mostra o caminho.

«UMA VÍTIMA DOS MODERNOS E NÃO DOS ANTIGOS»

Precisei de um tempo surpreendentemente longo para medir o mal-entendido que o excesso de fantasia e o imaginário da heroína com superpoderes associado às bruxas nas

5 Série francesa de dezenas de romances infantojuvenis criada por Georges Chaulet (1931-2012) e publicada entre 1961 e 2011 pelas edições Hachette. A série leva o nome de sua protagonista, a super-heroína Fantômette. [N. T.]

produções culturais ao meu redor escondiam. Para entender que, antes de se tornar um estímulo para a imaginação ou um título honorífico, a palavra «bruxa» fora o pior sinal da infâmia, a acusação mentirosa que levou à tortura e à morte dezenas de milhares de mulheres. No inconsciente coletivo, as caças às bruxas que aconteceram na Europa, essencialmente nos séculos XVI e XVII, ocupam um lugar estranho. Os processos por bruxaria se baseavam em acusações extravagantes — o voo noturno para ir ao sabá, o pacto e a cópula com o Diabo — que parecem tê-las levado, no que se seguiu, para a esfera da irrealidade, arrancando-as de seu lastro histórico. Quando nos deparamos, hoje, com a primeira representação conhecida de uma mulher voando em sua vassoura, às margens do manuscrito de Martin Le Franc, *O campeão das damas* (1441-1442), ela tem um aspecto leve e divertido; parece sair de um filme do Tim Burton, do genérico *Casei com uma feiticeira* ou de uma decoração de Halloween. No entanto, quando aparece, por volta de 1440, ela anuncia séculos de sofrimento. Ao evocar a invenção do sabá, o historiador Guy Bechtel constata: «Este grande poema ideológico matou muito».[6] Quanto às torturas sexuais, sua realidade parece ter se dissolvido no imaginário sadiano e nas emoções nebulosas que ele suscita.

Em 2016, o Museu Saint-Jean, de Bruges, dedicou uma exposição às «Bruxas de Bruegel», o mestre flamengo que foi o primeiro pintor a tratar desse tema. Em um painel figuravam os nomes de dezenas de mulheres daquela cidade que foram queimadas como bruxas em praça pública. «Muitos moradores

6 Guy Bechtel, *La Sorcière et l'Occident. La destruction de la sorcellerie en Europe, des origines aux grands bûchers*. Paris: Plon, 1997.

de Bruges ainda têm os mesmos sobrenomes delas e ignoravam, antes de visitar a exposição, que eles talvez tivessem um antepassado acusado de bruxaria», comentou o diretor do museu.[7] Ele dizia isso sorrindo, como se o fato de ter em sua árvore genealógica uma inocente massacrada com base em alegações delirantes fosse uma pequena anedota boa para contar aos amigos. E nos perguntamos: de que outro crime de massa, mesmo antigo, é possível falar assim, com um sorriso nos lábios?

Ao aniquilar por vezes famílias inteiras, fazendo reinar o terror, reprimindo sem dó alguns comportamentos e algumas práticas que passaram a ser considerados intoleráveis, as caças às bruxas contribuíram para formar o nosso mundo. Se não tivessem acontecido, viveríamos provavelmente em sociedades muito diferentes. Elas nos falam muito sobre as escolhas que foram feitas, os caminhos que foram privilegiados e os que foram condenados. No entanto, nós nos recusamos a encará-las. Mesmo quando aceitamos a realidade desse acontecimento histórico, achamos um jeito de mantê-lo à distância. Assim, com frequência cometemos o erro de situá-lo na Idade Média, descrita como uma época remota e obscurantista, com a qual não teríamos mais nada a ver, quando as grandes caças aconteceram no Renascimento — elas começaram por volta de 1400 e se propagaram a partir de 1560. Execuções ainda foram praticadas no final do século XVIII, como a de Anna Göldi, decapitada em Glaris, na Suíça, em 1782. A bruxa, escreve Guy Bechtel, «foi uma vítima dos modernos e não dos antigos».[8]

7 « Dans le sillage des sorcières de Bruegel», *Arte Journal*, Arte, 8 abr. 2016.
8 Guy Bechtel, *La Sorcière et l'Occident*, op. cit.

Igualmente, com frequência se atribuem as perseguições a um fanatismo religioso encarnado em inquisidores perversos. Ora, a Inquisição, preocupada acima de tudo com os heréticos, perseguiu muito pouco as bruxas; a esmagadora maioria das condenações foi levada a cabo por cortes civis. Em matéria de bruxaria, os juízes laicos se mostraram «mais cruéis e mais fanáticos do que Roma».[9] Aliás, essa distinção só tem um sentido muito relativo em um mundo onde não existia a possibilidade de algo externo à crença religiosa. Mesmo as vozes que se elevaram contra as perseguições, como a do médico Jean Wier, que em 1563 denuncia um «banho de sangue de inocentes», não questionariam a existência do Diabo. Quanto aos protestantes, apesar de sua imagem de maior racionalidade, eles acossaram as bruxas com o mesmo empenho dos católicos. A volta a uma leitura literal da Bíblia, preconizada pela Reforma, não favorecia a clemência, ao contrário. Em Genebra, com Calvino, foram executadas 35 «bruxas» em nome de duas linhas do Êxodo que dizem: «Não deixarás viver a feiticeira». A intolerância do clima da época, a orgia sanguinária das guerras de religião — 3 mil protestantes mortos em Paris na Saint-Barthélemy, Wem 1572 — alimentaram a crueldade dos dois lados contra as bruxas.

A bem da verdade, é exatamente porque as caças às bruxas nos falam do nosso mundo que temos excelentes razões para não encará-las. Arriscar-se a isso é confrontar-se com a faceta mais desoladora da humanidade. Elas ilustram, para começar, a insistência das civilizações em designar regularmente um bode expiatório para suas desgraças, e em se fechar numa espiral de irracionalidade, inacessível a qualquer argumentação

9 Ibid.

sensata, até que a acumulação dos discursos de ódio e uma hos-

tilidade tornada obsessiva justifiquem a passagem à violência física, percebida como uma defesa legítima do corpo social. Elas ilustram, para retomar as palavras de Françoise d'Eaubonne, a capacidade humana de «desencadear um massacre com uma argumentação digna de um louco».[10] A demonização das mulheres identificadas como bruxas teve, aliás, muito em comum com o antissemitismo. Falava-se do «sabá» ou da «sinagoga» das bruxas; desconfiava-se delas, como dos judeus, de conspirar para destruir a cristandade, e, assim como estes últimos, elas eram representadas com o nariz adunco. Em 1618, um escrivão que se entediava durante uma execução em Colmar desenhou a acusada nas margens de seu registro: ele a representa com uma peruca tradicional judaica, «de penduricalhos, coberta de estrelas de David».[11]

Como de costume, a escolha de um bode expiatório, longe de ter origem num populacho grosseiro, vem de cima, das classes instruídas. O nascimento do mito da bruxa coincide, aproximadamente, com o da imprensa — em 1454 —, que teve um papel fundamental. Bechtel fala em uma «operação midiática» que «utilizou todos os vetores de informação da época»: «os livros para aqueles que liam, os sermões para os outros; para todos, grandes quantidades de representações». Obra de dois

10 Françoise d'Eaubonne, *Le Sexocide des sorcières*. Paris: L'Esprit frappeur, 1999.

11 Guy Bechtel, *La Sorcière et l'Occident*, op. cit. Em outros casos, observa-se uma simetria entre o antissemitismo e a misoginia: na Alemanha, alguns rumores sugeriam que os homens judeus, por serem circuncidados, sangravam todos os meses... (Anne L. Barstow, *Witchcraze. A New History of the European Witch Hunts*. Nova York: HarperCollins, 1994).

inquisidores, o alsaciano Henri Institoris (ou Heinrich Krämer) e o basileiense Jakob Sprenger, *O martelo das bruxas* (*Malleus maleficarum*), publicado em 1487, chegou a ser comparado com *Minha luta* de Adolf Hitler. Reeditado cerca de quinze vezes, foi difundido em 30 mil exemplares por toda a Europa durante as grandes caças: «Durante este momento incendiário, em todos os processos, os juízes se serviram dessa obra. Eles fariam as perguntas do *Malleus* e escutariam as respostas do *Malleus*».[12] O que lança por terra nossa visão um tanto idealizada dos primeiros usos que a imprensa teve... Validando a ideia de uma ameaça iminente que exige o emprego de meios excepcionais, *O martelo das bruxas* sustenta uma alucinação coletiva. Seu sucesso faz com que outros demonólogos se manifestem, alimentando um verdadeiro filão editorial. Os autores dessas obras — como o filósofo francês Jean Bodin (1530-1596) —, que parecem loucos desequilibrados, eram, ao contrário, eruditos e homens muito renomados, ressalta Bechtel: «Que contraste com a credulidade, a brutalidade que eles demonstraram em seus comentários demonológicos».

ELIMINAR AS CABEÇAS FEMININAS QUE SE SOBRESSAEM

Nós chegamos estarrecidas ao fim desses relatos, ainda mais se somos mulheres. É verdade que muitos homens foram executados por bruxaria; mas a misoginia estava no centro das perseguições. «Os bruxos são exceções», assegura o *Malleus maleficarum*. Seus autores estimam que, se não houvesse a «malícia» das mulheres, «para além das bruxas, o mundo estaria livre

12 Guy Bechtel, *La Sorcière et l'Occident*, op. cit.

de incontáveis perigos». Frágeis de corpo e alma, movidas por um insaciável desejo de luxúria, são consideradas presas fáceis do Diabo. Dos processos, elas representaram em média 80% dos acusados e 85% dos condenados.[13] Eram também mais desamparadas diante da máquina judiciária: na França, os homens eram cerca de 20% dos acusados, mas entraram com recurso em 50% dos casos no Parlamento. Visto que antes o tribunal recusava os seus testemunhos, as europeias só alcançaram a condição legal de sujeitos com plenos direitos aos olhos da lei para serem acusadas em massa de bruxaria.[14] A campanha levada a cabo entre 1587 e 1593 em 22 cidades nos arredores de Tréveris, na Alemanha — lugar do surgimento e epicentro, com a Suíça, das caças às bruxas —, foi tão feroz que, em duas delas, não deixou nenhuma mulher com vida; no total, queimaram 368 mulheres. Linhagens femininas inteiras foram eliminadas: as acusações contra Magdelaine Denas, queimada em Cambrais, em 1670, com setenta anos, não eram tão claras, mas já tinham executado sua tia, sua mãe e sua filha, e pensava-se que a bruxaria era hereditária.[15]

Durante muito tempo, as acusações pouparam as classes altas e, quando por fim as alcançaram, rapidamente os processos se extinguiram. Antes, os inimigos políticos de certos notáveis às vezes denunciavam como bruxas as filhas ou as esposas destes últimos, porque era muito mais fácil do que incriminá-los diretamente; mas, em sua grande maioria, as vítimas pertenciam às classes populares. Elas se encontravam à mercê de

13 Anne L. Barstow, *Witchcraze*, op. cit.

14 Ibid.

15 Guy Bechtel, *La Sorcière et l'Occident*, op. cit.

instituições inteiramente masculinas: interrogadores, padres ou pastores, torturadores, guardas, juízes, algozes. Imaginamos seu pânico e seu sofrimento, ainda mais porque em geral enfrentavam essa provação numa total solidão. Os homens de suas famílias poucas vezes as defendiam, quando não se juntavam aos acusadores. Para alguns, essa reserva se explicava pelo medo, visto que na maioria os homens acusados eram considerados próximos da «bruxa». Outros se aproveitaram do clima generalizado de suspeita «para se livrar de esposas ou amantes estorvadoras, ou para impedir a vingança daquelas que eles tinham seduzido ou violado», relata Silvia Federici, para quem «aqueles anos de terror e propaganda lançaram as sementes de uma alienação psicológica profunda dos homens com relação às mulheres».[16]

Algumas acusadas eram ao mesmo tempo magas e curandeiras; uma mistura desconcertante aos nossos olhos, mas normal à época. Elas enfeitiçavam ou desenfeitiçavam, administravam poções, mas também tratavam dos doentes e feridos, ou ajudavam as mulheres a parir. Elas representavam o único recurso para o povo e sempre foram membros respeitados da comunidade, até suas atividades serem associadas a condutas diabólicas. Em grande medida, contudo, qualquer mulher que saía da linha podia despertar o interesse de um caçador de bruxas. Responder a um vizinho, falar alto, ter personalidade forte ou uma sexualidade um tanto livre demais, ser inoportuna de alguma maneira era suficiente para colocá-la em perigo. Numa lógica familiar para as mulheres de todas as

16 Silvia Federici, *Calibã e a bruxa: Mulheres, corpos e acumulação primitiva*. São Paulo: Elefante, 2017.

épocas, cada comportamento e seu contrário poderiam se voltar contra você: era suspeito faltar à missa com muita frequência, mas também era suspeito nunca faltar; era suspeito se reunir regularmente com amigas, mas também levar uma vida solitária demais...[17] A prova do banho resume bem. A mulher era jogada na água: se ela afundasse, era inocente; se ela boiasse, era bruxa e deveria então ser executada. Encontram-se também muitos mecanismos de «rejeição da esmola» [*refus d'aumône*]: os ricos que desdenhassem a mão estendida de uma mendiga e que, em seguida, caíssem doentes ou sofressem por um infortúnio qualquer corriam para acusá-la de ter lançado um feitiço, transferindo assim para ela um obscuro sentimento de culpa. Em outros casos, encontramos a lógica do bode expiatório na sua forma mais pura: «Navios estão em dificuldade no mar? Digna Robert, na Bélgica, é capturada, queimada e exposta em uma rua (1565). Um moinho perto de Bordeaux parou de funcionar? Asseguram que Jeanne Noals, conhecida por Gache, o 'parafusou' (1619)».[18] Pouco importa se eram mulheres perfeitamente inofensivas: seus compatriotas estavam convencidos de que elas detinham um poder ilimitado para prejudicar. Na *Tempestade*, de Shakespeare (1611), é dito do escravo Calibã que sua mãe «era uma bruxa poderosa», e sobre esse tema François Guizot, em sua tradução de 1864, esclarecia: «Em todas as antigas acusações de bruxaria na Inglaterra, encontra-se constantemente o epíteto *strong* ('forte', 'poderosa') associado à palavra *witch* ('bruxa'), como uma qualificação especial e aumentativa.

17 Guy Bechtel, *La Sorcière et l'Occident*, op. cit.
18 Ibid.

Os tribunais foram obrigados a decidir, contra a opinião pública, que a palavra *strong* não acrescentava nada à acusação».

Ter um corpo de mulher podia ser suficiente para fazer de você uma suspeita. Depois de suas detenções, as acusadas eram despidas, tinham seus cabelos raspados e eram mandadas a um «rastreador», que procurava minuciosamente a marca do Diabo, tanto na superfície quanto dentro de seus corpos, enfiando agulhas. Qualquer mancha, cicatriz ou irregularidade poderia fazer as vezes de prova, e é de se esperar que as mulheres mais velhas tenham sido delatadas em massa. Acreditava-se que essa marca seria insensível à dor; ora, muitas prisioneiras ficavam tão chocadas com essa violação ao seu pudor — com essa violação, simplesmente — que elas quase desmaiavam, e então não reagiam aos furos. Na Escócia, os «rastreadores» até passavam de vilarejo em vilarejo propondo desmascarar as bruxas que se ocultavam em meio aos habitantes. Em 1649, a cidade inglesa de Newcastle upon Tyne contrata um deles prometendo 20 xelins por condenada. Trinta mulheres foram levadas à prefeitura e despidas. A maioria — que surpresa — foi declarada culpada.[19]

«Tal como acontece quando eu leio jornal... aprendi mais do que queria sobre a crueldade humana», confessa Anne L. Barstow na introdução ao seu estudo das caças às bruxas europeias. E, de fato, o relato das torturas é insuportável: o corpo desarticulado pela garrucha, queimado por assentos de metal ferventes, os ossos das pernas quebrados por esmaga-joelhos. Os demonólogos recomendam não se deixar comover com as lágrimas, atribuídas a uma astúcia diabólica e seguramente

19 Anne L. Barstow, *Witchcraze*, op. cit.

fingida. Os caçadores de bruxas se mostram ao mesmo tempo obcecados e aterrorizados pela sexualidade feminina. Os interrogadores perguntam incansavelmente às acusadas «como era o pênis do Diabo». *O martelo das bruxas* afirma que elas têm o poder de fazer desaparecer o sexo masculino e que elas conservam coleções inteiras em caixas ou em ninhos de pássaros onde eles tiritam desesperadamente (ninguém nunca os encontrou). Por sua forma fálica, a vassoura na qual elas cavalgam, além de ser um símbolo doméstico distorcido, indica sua liberdade sexual. Somam-se a isso as violações dos guardas: quando uma presa era encontrada enforcada em seu calabouço, diziam que o Diabo viera para levar sua serva. Muitas condenadas, no momento da execução, não conseguiam mais nem ficar de pé. Mas, mesmo que estivessem aliviadas com o fim, ainda lhes restava uma morte atroz. O demonólogo Henry Boguet relata o fim de Clauda Jam-Guillaume, que por três vezes teve força para escapar da fogueira. O carrasco não respeitara a promessa de estrangulá-la antes que as chamas a atingissem. Ela o obriga assim a manter a palavra: na terceira vez, ele a apaga, de modo que ela morre inconsciente.[20]

UMA HISTÓRIA NEGADA OU IGNORADA

De tudo isso, parece difícil não deduzir que as caças às bruxas foram uma guerra contra as mulheres. Contudo... Especialista nos processos de bruxaria na Nova Inglaterra, Carol F. Karlsen lamenta que sua «abordagem em termos de gênero

20 Guy Bechtel, *La Sorcière et l'Occident*, op. cit.

tenha sido ignorada, banalizada ou indiretamente contestada» nas várias publicações, acadêmicas ou generalistas, que resultaram do trecentésimo aniversário do caso das bruxas de Salem.[21] Anne L. Barstow considera «tão extraordinária quanto esses acontecimentos» a obstinação dos historiadores em negar que as caças às bruxas tenham sido uma «explosão de misoginia».[22] Ela cita os impressionantes malabarismos que seus colegas — ou suas colegas — às vezes têm que realizar para contradizer as conclusões tiradas de suas próprias pesquisas. O próprio Guy Bechtel ilustra isso quando, depois de ter detalhado a «demonização da mulher» que antecedeu as caças às bruxas, pergunta: «Será que isso indica que o antifeminismo explica as fogueiras?», e responde, categoricamente: «Claro que não». Para endossar essa conclusão, ele convoca argumentos bastante frágeis: primeiro, «homens também eram queimados», e depois, «o antifeminismo — que se expande no século XIII — precede em muito o tempo das fogueiras». Ora, se alguns homens se desgraçavam por causa de denúncias de mulheres «possuídas», como nos casos célebres de Loudun e Louviers, a maioria só era acusada de bruxaria, como dissemos, por associação com mulheres; ou então, de modo secundário, com esse crime somando-se a outras acusações. Quanto ao fato de o antifeminismo vir de longe, podemos ver nisso, ao contrário, uma confirmação do papel decisivo que ele desempenha aqui. Séculos de raiva e obscurantismo parecem ter culminado neste desencadeamento da violência, nascido de um medo diante do

21 Carol F. Karlsen, *The Devil in the Shape of a Woman. Witchcraft in Colonial New England*. Nova York: W. W. Norton & Company, 1998.

22 Anne L. Barstow, *Witchcraze*, op. cit.

lugar cada vez mais proeminente que as mulheres ocupavam então no espaço social.[23]

Jean Delumeau vê no *De planctu ecclesiae*, de Alvaro Pelayo, redigido por volta de 1330, a pedido de Jean XXII, o «principal documento da hostilidade clerical contra a mulher», um «chamado à guerra santa contra a aliada do Diabo» e o precursor do *Malleus maleficarum*. Nessa obra, o franciscano espanhol afirma, em particular, que as mulheres, «debaixo de um exterior humilde, escondem um temperamento orgulhoso e incorrigível, no que se parecem com os judeus».[24] Desde o final da Idade Média, afirma Bechtel, «mesmo as obras mais laicas são impregnadas de misoginia».[25] Quanto a isso, os pais da Igreja e seus sucessores prolongavam as tradições grega e romana. Antes que Eva comesse o fruto proibido, Pandora, na mitologia grega, tinha aberto a caixa contendo todos os males da humanidade. O cristianismo nascente tomou emprestado muito do estoicismo, que já era inimigo dos prazeres, portanto das mulheres. «Nenhum grupo no mundo fora tão longamente e duramente insultado», avalia Bechtel. Ao lê-los, é de se imaginar que essa retórica inevitavelmente deveria produzir uma passagem ao ato em grande escala. Em 1593, um pastor de origem alemã um pouco mais pacífico que os outros se alarma com essas «pequenas brochuras que em toda parte difundem a injúria contra as mulheres», cuja leitura «serve de passatempo aos ociosos»; «e o homem do

23 Armelle Le Bras-Chopard, *Les Putains du Diable. Le procès en sorcellerie des femmes*. Paris: Plon, 2006.

24 Jean Delumeau, *La Peur en Occident (XIV-XVIII siècle). Une cité assiégée*. Paris: Fayard, 1978.

25 Guy Bechtel, *Les Quatre Femmes de Dieu. La putain, la sorcière, la sainte et Bécassine*. Paris: Plon, 2000.

povo, de tanto escutar e ler essas coisas, fica exasperado contra as mulheres, e, quando ele fica sabendo que uma delas foi condenada a morrer na fogueira, exclama: 'Bem feito!'».

«Histéricas», «coitadas»: Anne Barstow ressalta igualmente a condescendência que demonstram muitos historiadores com relação às vítimas das caças às bruxas. Colette Arnould encontra a mesma atitude em Voltaire, que escreveu sobre a bruxaria: «Somente a ação da filosofia curou dessa abominável quimera e ensinou aos homens que não se deve queimar os imbecis». Ora, ela retruca, «os imbecis foram primeiro os juízes, e eles o fizeram tão bem que essa imbecilidade se tornou contagiosa».[26] Existe também a reação de censurar a vítima: ao estudar as caças no sul da Alemanha, o eminente professor norte-americano Erik Midelfort observa que as mulheres «pareciam provocar uma intensa misoginia na época» e recomenda estudar «por que este grupo se colocava na situação de bode expiatório».[27] Carol F. Karlsen critica o retrato feito com frequência das acusadas na Nova Inglaterra, que, ao evocar seu «gênio ruim» ou sua «personalidade desviada», adota o ponto de vista dos acusadores: ela vê nisso uma manifestação da «tendência profundamente enraizada em nossa sociedade de tornar as mulheres responsáveis pela violência que a elas é infligida».[28] Talvez esse desprezo e esses preconceitos signifiquem simplesmente que, mesmo que eles não os aprovem, mesmo que percebam o horror, aqueles que tomam a caça às bruxas como objeto de estudo histórico permanecem, apesar de tudo, como era Voltaire,

26 Colette Arnould, *Histoire de la sorcellerie* [1992]. Paris: Tallandier, 2009.
27 Citado por Anne L. Barstow, *Witchcraze*, op. cit.
28 Carol F. Karlsen, *The Devil in the Shape of a Woman*, op. cit.

produtos do mundo que caçou as bruxas. Talvez seja preciso deduzir disso que o trabalho necessário para expor a maneira com que esse episódio transformou as sociedades europeias ainda esteja apenas engatinhando.

O saldo em vidas humanas ainda é muito discutível, e provavelmente nunca será estabelecido com certeza. Nos anos 1970 presumia-se mais de 1 milhão de vítimas. Hoje, fala-se em 50 mil ou 100 mil.[29] Nesses números, não estão incluídas aquelas que foram linchadas, nem as que se mataram ou que morreram na prisão — seja por consequência da tortura, seja por causa das sórdidas condições das prisões. Outras, sem perder a vida, foram degredadas, ou viram suas reputações e as de suas famílias arruinadas. Mas todas as mulheres, mesmo aquelas que nunca foram acusadas, sofreram as consequências das caças às bruxas. A encenação pública dos suplícios, potente instrumento de terror e de disciplina coletiva, intimava-as a se mostrarem discretas, dóceis, submissas, e a não criar caso. Além do mais, elas tiveram que se convencer, de um jeito ou de outro, de que encarnavam o mal; elas tiveram que se persuadir de que eram fundamentalmente culpadas e más.

Estava terminada a subcultura feminina persistente e solidária da Idade Média, constata Anne L. Barstow. Para ela, a ascensão do individualismo — no sentido de um ensimesmamento e de uma focalização nos próprios interesses — ao longo do período que segue, deve ser, no caso das mulheres, amplamente atribuído ao medo.[30] E tinham motivo para querer passar

29 Barbara Ehrenreich e Deirdre English, *Sorcières, sages-femmes et infirmière. Une histoire des femmes soignantes* [1973]. Paris: Cambourakis, 2014.

30 Anne L. Barstow, *Witchcraze*, op. cit.

despercebidas, como atestam alguns casos. Em 1679, na comuna francesa de Marchiennes, Péronne Goguillon escapa por pouco de uma tentativa de estupro por quatro soldados bêbados, que, para deixá-la em paz, exigiram-lhe a promessa de pagar-lhes uma soma. Ao denunciá-los, seu marido chama a atenção para a má reputação anterior de sua mulher: ela é queimada como bruxa.[31] Da mesma forma, no caso de Anna Göldi, seu biógrafo, o jornalista suíço Walter Hauser, encontra o rastro de uma denúncia de abuso sexual que ela tinha feito contra o médico que a empregava como doméstica. Este a acusou, então, de bruxaria — uma cortina de fumaça.[32]

DO MÁGICO DE OZ A STARHAWK

Ao se apoderar da história das mulheres acusadas de bruxaria, as feministas ocidentais ao mesmo tempo perpetuaram a sua subversão — tenha sido ela deliberada ou não — e reivindicaram, provocativas, a força aterradora que os juízes lhes atribuíam. «Somos as netas das bruxas que vocês não conseguiram queimar», diz um célebre *slogan*; ou, na Itália dos anos 1970: «Tremam, tremam, as bruxas voltaram!» (*Tremate, tremate, le streghe son tornate!*). Elas também exigiram justiça, lutando contra o tratamento leviano e edulcorado dessa história. Em 1985, a cidade alemã Gelnhausen transformou em atração turística sua

31 Robert Muchembled, *Les Derniers Bûchers. Un village de France et ses sorcières sous Louis XIV*. Paris: Ramsey, 1981.

32 Agathe Duparc, «Anna Göldi, sorcière enfin bien-aimée», *Le Monde*, 4 set. 2008.

«Torre das bruxas», o edifício em que as acusadas de bruxaria outrora foram emparedadas vivas. Na manhã da abertura ao público, manifestantes vestidas de branco desfilaram ao redor do edifício ostentando cartazes com os nomes das vítimas.[33] Esses esforços de sensibilização, de onde quer que procedam, algumas vezes dão resultado: em 2008, o cantão de Glaris reabilitou oficialmente Anna Göldi, graças à obstinação de seu biógrafo, e lhe dedicou um museu.[34] Friburgo, Colônia e Nieuwpoort, na Bélgica, também o fizeram. A Noruega inaugurou, em 2013, o memorial de Steilneset, fruto de uma colaboração do arquiteto Peter Zumthor e da artista Louise Bourgeois, que homenageia, no lugar exato em que foram queimadas, as noventa e uma pessoas executadas no condado setentrional de Finamarca.[35]

A primeira feminista a desenterrar a história das bruxas e a reivindicar para si mesma este título foi a norte-americana Matilda Joslyn Gage (1826-1898), que militava pelo direito ao voto das mulheres, mas também pelo direito dos ameríndios e pela abolição da escravidão — ela foi condenada por ter ajudado escravos a fugir. No livro *Femme, Église et État* [Mulher, Igreja e Estado], de 1893, ela oferece uma leitura feminista das caças às bruxas: «Quando, no lugar de 'bruxas', escolhemos ler 'mulheres', temos uma compreensão melhor das crueldades infligidas pela Igreja a essa parcela da humanidade».[36] Ela inspirou a personagem de Glinda no *Mágico de Oz*, escrito por Lyman Frank Baum, de quem ela era sogra. Ao adaptar esse romance ao

33 Anne L. Barstow, *Witchcraze*, op. cit.

34 Agathe Duparc, «Anna Göldi, sorcière enfin bien-aimée», op. cit.

35 «En Norvège, un monument hommage aux sorcières», *HuffPost*, 18 jun. 2013.

36 Matilda Joslyn Cage, *Woman, Church and State. The Original Exposé of Male Agaist the Female Sex*, 1893.

cinema, em 1939, Victor Fleming deu origem à primeira «bruxa do bem» da cultura popular.[37]

Depois, em 1968, no dia de Halloween, em Nova York, surgiu o movimento Women's International Terrorist Conspiracy from Hell (WITCH), cujas integrantes desfilaram em Wall Street e dançaram a sarabanda, de mãos dadas, vestidas com capa preta na frente da Bolsa de Valores. «De olhos fechados, cabeça baixa, as mulheres cantaram um canto berbere (sagrado para as bruxas argelinas) e proclamaram a queda iminente de várias ações. Algumas horas depois, o mercado fechou em queda de um ponto e meio e, no dia seguinte, caiu cinco pontos», relatou uma delas, Robin Morgan, alguns anos depois.[38] Ela ressaltava, porém, a sua total ignorância, na época, sobre a história das bruxas: «Na Bolsa, nós pedimos uma reunião com Satã — um equívoco do qual, com o passar do tempo, fico constrangida: foi a Igreja católica que inventou Satã e que depois acusou as bruxas de serem satanistas. Nesse sentido, e em tantos outros, nós mordemos a isca patriarcal. Fomos completamente estúpidas. Mas éramos estúpidas com estilo».[39] É verdade: as fotos do evento dão testemunho. Na França, a segunda onda do feminismo viu em especial a criação da revista *Sorcières* [Bruxas], publicada em Paris entre 1976 e 1981, sob a direção de Xavière Gauthier, com a qual colaboraram Hélène Cixous, Marguerite Duras, Luce Irigaray, Julia Kristeva, Nancy Huston e também Annie

37 Kristen J. Sollee, *Witches, Sluts, Feminists. Conjuring the Sex Positive*. Los Angeles: ThreeL Media, 2017.

38 Robin Morgan, «WITCH hexes Wall Street ». Em *Going Too Far. The Personal Chronicle of a Feminist*. Nova York: Random House/Vintage Paperbacks, 1977.

39 Robin Morgan, «Three articles on witch». Em *Going Too Far*, op. cit.

Lecrerc.[40] É preciso mencionar também a belíssima música de Anne Sylvester, que, além de canções para crianças, é autora de um importante repertório feminista: *Une sorcière comme les autres* [Uma bruxa como as outras], escrita em 1975.[41]

Em 1979 era publicado nos Estados Unidos *A dança cósmica das feiticeiras*, o primeiro livro de Starhawk. Ele se tornaria uma obra de referência sobre o culto neopagão da deusa. O nome da bruxa californiana — nascida Miriam Simons em 1951 — só vai atingir os ouvidos europeus em 1999, ano da memorável participação de Starhawk e seus amigos nas manifestações contra a reunião da Organização Mundial do Comércio em Seattle, que marcaram o nascimento do altermundialismo. Em 2003, o editor Philippe Pignare e a filósofa Isabelle Stengers publicam a primeira tradução francesa de um de seus livros: *Femmes, magie et politique* [Mulheres, magia e política], de 1982.[42] Ao anunciar, em um grupo de discussão, o artigo que eu lhe dedicara, lembro ter despertado os sarcasmos furiosos de outro membro do grupo, um autor de romances policiais que não poupou palavras bastante duras para me transmitir o bode que lhe causava a noção de «bruxaria neopagã». Quinze anos depois, sua opinião talvez não tenha mudado, mas a referência perdeu muito de sua inconveniência. Hoje em dia, as bruxas estão em toda parte. Nos Estados Unidos, elas participam do movimento *Black Lives*

40 Para um panorama detalhado (e ilustrado) da evolução da bruxa e de suas declinações culturais ao longo dos tempos, cf. Julie Proust Tanguy, *Sorcières! Le sombre grimoire du féminin*. Montélimar: Les Moutons électriques, 2015.

41 Recomendo a interpretação da cantora quebequense Pauline Julien, disponível no YouTube.

42 Starhawk, *Femmes, magie et politique*. Paris: Les Empêcheurs de penser en rond, 2003.

Matter, contra os assassinatos racistas cometidos pela polícia, lançam feitiços a Donald Trump, protestam contra os supremaistas brancos ou contra o questionamento do direito ao aborto. Em Portland (Oregon) e outros lugares, grupos ressuscitam o WITCH. Na França, em 2015, Isabelle Cambourakis batizou de «Bruxas» a coleção feminista que criou em sua editora. Ela começou publicando novamente o *Mulheres, magia e política*, que teve muito mais eco do que na primeira vez[43] — especialmente porque acabara de ser publicado o *Calibã e a bruxa*, da Silvia Federici. E durante as manifestações de setembro de 2017 contra os cortes nos direitos trabalhistas apareceu, em Paris e Toulouse, um Bloco Witch feminista e anarquista, que desfilou com chapéus pontiagudos e um cartaz «Macron no caldeirão».

Os misóginos também se mostraram, como em outros tempos, obcecados pela figura da bruxa. «O feminismo encoraja as mulheres a deixarem seus maridos, a matarem seus filhos, a praticarem bruxaria, a destruirem o capitalismo e a se tornarem lésbicas», protestava, já em 1992, o evangélico da televisão Pat Robertson, numa fala que ficou célebre (suscitando em muitos a reação: «Onde eu entro nessa?»). Durante a campanha presidencial de 2016 nos Estados Unidos, a raiva que foi manifestada com relação a Hillary Clinton superou de longe as críticas, mesmo as mais virulentas, que poderiam legitimamente ser feitas a ela. A candidata democrata foi associada ao «Mal» e abundantemente comparada a uma bruxa, isto é, foi atacada por ser mulher, e não dirigente política. Depois de sua derrota, alguns desenterraram no YouTube a canção que comemora a morte da Bruxa Má do Oeste no Mágico de Oz: *Ding Dong, the Witch*

43 Com o título *Rêver l'obscur*. Cf. Weronika Zarachowicz, «Tous sorcières!».

Is Dead (Ding Dong, a bruxa está morta) — um ritornelo que já tinha reaparecido em 2013, quando a Margaret Thatcher morreu. Essa referência foi ostentada não apenas pelos eleitores de Donald Trump, mas também por alguns partidários do rival de Hillary Clinton nas primárias do partido. No site oficial de Bernie Sanders, um deles anunciava uma coleta de fundos chamada *Bern the Witch* (um jogo de palavras com *Burn the Witch*, «Queimem a Bruxa», com Bern, de Bernie, no lugar de *burn*), um anúncio que a equipe da campanha do senador do Vermont retirou logo que foi informada.[44] Na série de piadas péssimas, o editorialista conservador Rush Limbaught atacou: *She's a witch with a capital B* (Ela é uma bruxa com um P maiúsculo). Sem dúvida, ele ignorava que no século XVII um protagonista no caso de Salem, em Massachusetts, já havia explorado essa consonância ao tratar uma das acusadoras, sua criada Sarah Churchill, de *bitch witch* (bruxa puta).[45] Em reação, apareceram em meio às eleitoras democratas broches com os dizeres «As bruxas apoiam Hillary» ou «As harpias apoiam Hillary».[46]

44 O autor desta iniciativa a justificou lamentavelmente invocando a proximidade do Halloween. Dessa forma, fez com que seus argumentos, que eram pertinentes, fossem desacreditados: durante muito tempo, Hillary Clinton se opôs ao casamento gay e, quando era secretária de Estado, apoiou o golpe de Estado em Honduras, em 2009, promovendo o assassinato de opositores, como a militante ecologista e feminista Berta Cáceres, assassinada em março de 2016. Marie Solis, «Bernie Sanders official campaign site once invited supporters to 'Bern the Witch'», https://www.mic.com/articles/137707/a-bern-the-witch-event-appeared-on-bernie-sanders-official-site-and-the-internet-is-mad, 11 de mar. 2016.

45 Anne L. Barstow, *Witchcraze*, op. cit.

46 Kristen J. Sollee, *Witches, Sluts, Feminists*, op. cit.

Nos últimos anos aconteceu uma virada notável na maneira como as feministas francesas entendem a figura da bruxa. Na apresentação de *Mulheres, magia e política*, os editores escreveram: «Na França, aqueles que fazem política adquiriram o hábito de desconfiar de tudo o que diz respeito à espiritualidade, que rapidamente acusam de extrema direita. Magia e política não combinam, e, se mulheres decidem se chamar de bruxas, fazem-no eliminando o que consideram superstição e antigas crenças, e retendo apenas a perseguição de que foram vítimas pelos poderes patriarcais». Essa constatação não é mais tão verdadeira hoje em dia. Na França e nos Estados Unidos, jovens feministas, mas também homens gays e trans, reivindicam tranquilamente o recurso à magia. Entre o verão de 2017 e a primavera de 2018, a jornalista e autora Jack Parker editou *Witch, Please*, «a *newsletter* das bruxas modernas», que tinha muitos milhares de inscritos. Ela difundia ali fotos de seu altar e de seu grimório pessoais, entrevistas com outras bruxas, bem como conselhos de rituais relacionados com a posição dos astros e as fases da lua.

Essas novas adeptas não seguem nenhuma liturgia comum: «A bruxaria sendo uma prática, ela não tem necessidade de ser acompanhada de um culto religioso, mas pode perfeitamente combinar-se com ele», explica Mael, uma bruxa francesa. Não há aqui incompatibilidade de base. Encontramos assim bruxas das grandes religiões monoteístas (cristãs, muçulmanas, judias), bruxas ateias, bruxas agnósticas, mas também bruxas das religiões pagãs e neopagãs (politeístas, wiccanas, helenistas etc.).[47]

47 Mael, «Tremate tremate, le strghe son tornate! Tremblez tremblez, les sorcières sont de retour! — Introduction à la sorcellerie». Simonae.fr, 11 set. 2017.

Starhawk — que adere ao conjunto bastante vasto da Wicca, a religião neopagã — também preconiza a invenção de rituais em função das necessidades. Conta, por exemplo, como nasceu o ritual por meio do qual ela e seus amigos festejam o solstício de inverno, fazendo uma fogueira alta na praia, e em seguida mergulhando nas ondas do mar, com os braços para cima, com cantos e vociferações de júbilo: «Durante um dos primeiros solstícios que celebramos, fomos à praia ver o sol se pôr antes do nosso ritual da noite. Uma mulher disse: 'Vamos tirar nossas roupas e pular na água! Vamos, quero ver!'. Lembro ter lhe respondido: 'Você é louca', mas mesmo assim o fizemos. Depois de alguns anos, tivemos a ideia de acender uma fogueira, para conjurar a hipotermia, e assim nasceu uma tradição. (Faça alguma coisa uma vez, e é uma experiência. Faça-a duas vezes, e é uma tradição)».[48]

A VISITANTE DO CREPÚSCULO

Como explicar essa onda inédita? Aquelas e aqueles que praticam a bruxaria cresceram com *Harry Potter*, mas também com as séries *Charmed* — cujas heroínas são três irmãs bruxas — e *Buffy, a caça-vampiros* — na qual Willow, inicialmente uma aluna tímida e apagada, vira uma bruxa poderosa —, o que pode ter influenciado. A magia aparece paradoxalmente como um recurso bastante pragmático, um arroubo vital, uma maneira de se enraizar no mundo e em sua vida, numa época em que

48 Starhawk, *The Spiral Dance. A Rebirth of the Ancient Religion of the Goddess*. São Francisco: HarperCollins, 1999.

tudo parece contribuir para nos precarizar ou enfraquecer. Em sua *newsletter* de 16 de julho de 2017, Jack Parker se recusava a resolver a questão «efeito placebo ou verdadeira magia ancestral»: «O importante é que funcione e que lhe faça bem, não? [...] Estamos sempre buscando o sentido da vida, da nossa existência, e por que e como e aonde vou e o que sou e o que me tornarei, então, se podemos nos aferrar a um par de coisas que nos tranquilizem e que temos a impressão de dominar ao longo do caminho, por que cuspir nesse prato?». Sem ter prática em magia no sentido literal, vejo nela algo que defendi quando reivindiquei, em outra circunstância,[49] o tempo para si mesma, retirar-se com frequência do mundo, o abandono confiante aos poderes da imaginação e da fantasia. Com sua insistência no pensamento positivo e seus convites para «descobrir a deusa interior», a onda da bruxaria forma assim um subgênero propriamente dito no vasto filão do desenvolvimento pessoal — altamente mesclado com espiritualidade —, do feminismo e do *empowerment* político, que implica a crítica dos sistemas de opressão; mas, nessas tênues fronteiras, acontecem coisas sem dúvida dignas de interesse.

Talvez a catástrofe ecológica, cada vez mais visível, também tenha diminuído o prestígio e o poder de intimidação da sociedade tecnicista, dissipando os impedimentos para se dizer bruxa. Quando um sistema de percepção do mundo que se apresenta como supremamente racional termina destruindo o meio vital da humanidade, podemos ser levados a questionar o que habitualmente colocávamos nas categorias racional e irracional.

49 Mona Chollet, *La Tyrannie de la réalité* [2004]. Paris: Gallimard, 2006 ; *Chez soi. Une odyssée de l'espace domestique* [2015]. Paris: La Découverte, 2016.

De fato, a visão mecanicista do mundo evidencia uma concepção da ciência que já é caduca. As descobertas mais recentes, ao invés de relegá-las ao território do excêntrico ou do charlatanismo, convergem com as intuições das bruxas. «A física moderna», escreve Starhawk, «não fala mais em átomos separados e isolados de uma matéria morta, mas em ondas de fluxo de energia, em probabilidades, fenômenos que mudam quando os observamos; reconhece o que os xamãs e as bruxas sempre souberam: que a energia e a matéria não são forças separadas, mas formas distintas de uma mesma coisa».[50] Assistimos, como outrora, a um fortalecimento de todos os tipos de dominação, simbolizado pela eleição de um milionário que professa uma misoginia e um racismo descomplexados para ocupar a direção do país mais poderoso do mundo; de modo que uma vez mais a magia aparece como a arma dos oprimidos. A bruxa aparece no crepúsculo, quando tudo parece estar perdido. Ela é aquela que consegue encontrar reservas de esperança no âmago do desespero. «Quando começarmos uma nova trajetória, todos os poderes da vida, da fertilidade e da regeneração abundarão ao nosso redor. E, quando nos aliarmos a esses poderes, milagres poderão acontecer», escrevia Starhawk em 2005, em um relato dos dias que passou em Nova Orleans para ajudar os sobreviventes do furacão Katrina.[51]

O enfrentamento entre os defensores dos direitos das mulheres ou das minorias sexuais e os partidários de ideologias

50 Starhawk, *Femmes, magie et politique*, op. cit.

51 Starhawk, «Une réponse néopaïenne après le passage de l'ouragan Katrina». Em *Reclaim*. Paris: Cambourakis, 2017. *Reclaim* é uma coletânea de textos ecofeministas escolhidos e apresentados por Émilie Hache.

reacionárias se exacerba. No dia 6 de setembro de 2017, em Louisville, no Kentucky, o grupo WITCH local se manifestava para defender o último centro de IVG[52] do estado, ameaçado de fechamento, proclamando: «Os fanáticos religiosos americanos crucifixam os direitos das mulheres desde 1600».[53] O resultado é um espírito do tempo feito de uma mistura curiosa entre sofisticação tecnológica e arcaísmo opressivo, que a série *Handmaid's Tale* (*O conto da aia*), uma adaptação do romance homônimo de Margaret Atwood, soube bem captar. Assim, em fevereiro de 2017, um grupo de bruxas — às quais se juntou Lana Del Rey — marcou de se encontrar aos pés da Trump Tower, em Nova York, a fim de provocar a destituição do presidente. As organizadoras pediam para levar «um cordão preto, enxofre, penas, sal, uma vela laranja ou branca, ou ainda uma foto 'desvantajosa' de Donald Trump». Em resposta, os cristãos nacionalistas convocaram para combater essa ofensiva espiritual recitando um salmo de David. Eles espalharam a convocação no Twitter com a *hashtag* #PrayerResistance.[54] Sim, que situação...

Num relatório (bastante bizarro) publicado em agosto de 2015, a agência de tendências de moda em Nova York, K-Hole, anunciava ter identificado uma nova tendência cultural: a «magia do caos». Não estava errada. A autora de uma pesquisa sobre o milhão de americanos adeptos do culto pagão,[55]

52 *Interruption volontaire de grossesse* (IVG) [Interrupção voluntária da gravidez] é um aborto legal, induzido, cuja decisão foi tomada por razões não médicas. [N. T.]

53 @witchpdx no Instagram, 7 set. 2017.

54 Manon Michel, «Le jour où Lana del Rey est devenue une sorcière anti-Trump», *LesInrocks*, 27 fev. 2017.

55 Alex Mar, *Witches of America*. Nova York: Sarah Crichton Books, 2015.

publicada naquele ano, dava seu testemunho: «Quando comecei a trabalhar neste livro, as pessoas com quem eu falava me olhavam com um olhar vazio. Quando foi publicado, me acusaram de surfar na onda da tendência!».[56] Prática espiritual e/ou política, a bruxaria é também uma estética, uma moda... e um filão comercial. Ela tem suas *hashtags* no Instagram e suas estantes virtuais no Etsy,[57] seus influenciadores e seus empreendedores, que vendem na internet feitiços, velas, grimórios, superalimentos, óleos essenciais e cristais. Inspira *designers* de moda; as marcas se apropriam. Nada de mais nisso tudo: afinal de contas, o capitalismo fica o tempo todo nos revendendo em forma de produto o que ele começou destruindo. Mas talvez haja também uma afinidade natural aqui. Jean Baudrillard revelou em 1970 a que ponto a ideologia do consumo está impregnada de pensamento mágico, ao falar em uma «mentalidade milagrosa».[58] Em seu relatório, K-Hole faz um paralelo entre a lógica da magia e a de uma estratégia de marca: «Ambas são uma questão de criação. Só que, enquanto a promoção de uma marca implica a implantação de ideias no cérebro do público, a magia consiste em implantar no seu». A magia tem «seus símbolos e mantras»; as marcas têm «seus logos e *slogans*».[59]

Antes mesmo de a bruxaria se tornar um conceito rentável, podemos pensar que a indústria cosmética, em particular, construiu uma parte de sua prosperidade sobre uma obscura

56 Corin Faife, «How witchcraft became a brand », *Buzzfeed*, 26 jul. 2017.

57 Etsy é uma empresa americana dedicada ao comércio eletrônico, cujo mercado consiste sobretudo em artigos de artesanato, *vintages* e decorativos. [N. T.]

58 Jean Baudrillard, *La societé de consommation*. Paris: Denoël, 1970.

59 K-Hole, «K-Hole #5. A report on doubt», *Khole.net*, ago. 2015.

nostalgia da magia presente em muitas mulheres, ao lhes vender frascos, recipientes, princípios ativos milagrosos, promessas de transformação, imersão num universo encantado. Isso fica evidente na marca francesa Garancia, cujos produtos se chamam «Óleo enfeitiçante com superpoderes», «*pschitt magique*», «Água de *fontiçaria*», «Tomate Diabólico», «Baile de máscaras dos feiticeiros» ou «Que meus rubores desapareçam!». Mas acontece também com a marca de produtos naturais de luxo Susanne Kaufmann: sua criadora é «uma austríaca que cresceu na floresta de Bregens. Quando criança, sua avó lhe transmitiu a paixão pelas plantas com as quais ela elabora remédios».[60] Da mesma maneira, a palavra inglesa *glamour* (assim como a palavra francesa *charme*) perdeu seu sentido antigo de «sortilégio», passando a significar apenas «beleza», «brilho»; ela é associada ao *show business* e à revista feminina com o seu nome.[61] «O patriarcado nos roubou nosso cosmos, e nos devolveu na forma da revista *Cosmopolitan* e cosméticos», resume Mary Daly.[62]

A «rotina diária» de beleza, seção das revistas femininas em que uma mulher famosa expõe a maneira como ela cuida da pele e, de maneira geral, da forma e da saúde, suscita uma fascinação amplamente compartilhada (inclusive por mim). Canais no YouTube e *sites* na internet (sendo o mais célebre o norte-americano *Into the Gloss*) são dedicados a ela, e a

60 Apresentação feita pela blogueira Lili Barbery, «Lili's Week List #5». *Lilibarbery.com*, 18 out. 2017.

61 Revista norte-americana fundada em 1939 e dirigida ao público feminino. Hoje, é publicada em países como Inglaterra, França, Itália e Alemanha. Passou a ser publicada também no Brasil em 2012. [N. T.]

62 Mary Daly, *Gyn/Ecology. The Metaethics of Radical Feminism* [1979]. Boston: Beacon Press, 1990.

encontramos inclusive nas mídias feministas. As linhas cosméticas são uma selva na qual é preciso muito tempo, energia e dinheiro para se achar, e essas categorias contribuem para envolver as consumidoras, alimentar sua obsessão por marcas e produtos. Implicando o cultivo de uma *expertise* particular, segredos transmitidos de mãe para filha (com frequência falam do que a entrevistada aprendeu com a mãe), uma ciência dos princípios ativos e dos protocolos, uma disciplina, mas dando também um sentimento de ordem, de controle e de prazer num cotidiano às vezes caótico, a rotina diária poderia ser considerada uma forma degradada da iniciação das bruxas. Fala-se aliás de «rituais» de beleza e as que melhor os dominam são qualificadas de «sacerdotisas».

COMO ESSA HISTÓRIA DEU FORMA AO NOSSO MUNDO

Porém, as páginas a seguir falarão apenas um pouco da bruxaria contemporânea, ao menos em seu sentido literal. O que me interessa mais, considerando a história que contei aqui, em linhas gerais, é explorar a posteridade das caças às bruxas na Europa e nos Estados Unidos. Elas ao mesmo tempo traduziram e amplificaram os preconceitos contra as mulheres, o opróbrio que recaía sobre algumas delas. Reprimiram alguns comportamentos, algumas maneiras de ser. Somos herdeiros dessas representações forjadas e perpetuadas no decorrer dos séculos. Essas imagens negativas continuam a produzir, no melhor dos casos, censura ou autocensura, proibições; no pior, hostilidade ou mesmo violência. E, mesmo que exista uma vontade sincera e amplamente difundida de submetê-las a um exame crítico, não temos outro passado. Como escreve Françoise d'Eaubonne, «os contemporâneos são moldados pelos acontecimentos que eles podem ignorar e cuja própria memória terá se perdido; mas nada pode impedir o fato de que eles seriam diferentes, e pensariam talvez de outra forma, se esses acontecimentos nunca tivessem se dado».[63]

O campo é enorme, mas eu gostaria de me concentrar em quatro aspectos dessa história. De saída, está o golpe desferido contra as aspirações de independência feminina (capítulo 1). Entre as acusadas de bruxaria, há uma representação muito maior das solteiras e das viúvas, isto é, de todas aquelas que não estavam subordinadas a um homem.[64] Na época, as mulheres foram afastadas do lugar que ocupavam no mundo do trabalho. Elas são expulsas das corporações; o aprendizado dos ofícios se formaliza e o acesso lhes é proibido. A mulher sozinha, em particular, sofre uma «pressão econômica insustentável».[65] Na Alemanha, as viúvas dos mestres artesãos não são mais autorizadas a dar continuidade à obra de seu marido. Quanto às mulheres casadas, a reintrodução do direito romano na Europa a partir do século XI sanciona a sua incapacidade jurídica, deixando, porém, uma certa autonomia que, no século XVI, se encerra. Jean Bodin, cujo passatempo de demonólogo preferimos pudicamente esquecer, ficou famoso por sua teoria do Estado (*Os seis livros da República*). Ora, Armelle Le Bras-Chopard observa que ele se distingue por uma visão em que a boa administração da família e a do Estado, ambas garantidas por uma

63 Françoise d'Eaubonne, *Le Sexocide des sorcières*, op. cit.

64 Guy Bechtel, *La Sorcière et l'Occident*, op. cit.

65 Anne L. Barstow, *Witchcraze*, op. cit.

autoridade masculina, se reforçam mutuamente; o que talvez não esteja desvinculado de sua obsessão pelas bruxas. A incapacidade social da mulher casada será sancionada na França pelo Código civil de 1804. As caças terão cumprido sua função: já não há necessidade de queimar as supostas bruxas, a partir do momento em que a lei «permite cercear a autonomia de *todas* as mulheres»...[66] Hoje, a independência das mulheres, mesmo quando possível jurídica e materialmente, continua provocando uma desconfiança geral. A sua relação com um homem e filhos, vivida como uma entrega, continua sendo considerada o centro de sua identidade. O modo como as meninas são criadas e socializadas as ensina a temer a solidão e deixa suas capacidades de ser autônomas altamente desidratadas. Atrás da figura famosa da «solteirona com um gato», deixada de lado como se fosse um objeto digno de piedade e de zombaria, se distingue a sombra da temível bruxa de outrora, rodeada de seu «animal» diabólico.

Ao mesmo tempo, a época das caças às bruxas vê a criminalização da contracepção e do aborto. Na França, uma lei promulgada em 1556 obriga toda mulher grávida a declarar sua gravidez e a ter uma testemunha na hora do parto. O infanticídio torna-se um *crimen exceptum* — o que não é nem mesmo bruxaria.[67] Entre as acusações feitas contra as «bruxas» aparecia com frequência a de levar crianças à morte. Do sabá, diziam que ali eram devorados cadáveres de crianças. A bruxa é a «antimãe».[68] Muitas acusadas eram curandeiras que assumiam o papel de parteiras, mas que também ajudavam as mulheres que queriam evitar

66 Armelle Le Bras-Chopard, *Les Putains du Diable*, op. cit.
67 Anne L. Barstow, *Witchcraze*, op. cit.
68 Armelle Le Bras-Chopard, *Les Putains du Diable*, op. cit.

ou interromper uma gravidez. Para Silvia Federici, as caças às bruxas permitiram a preparação da divisão sexual do trabalho requisitada pelo capitalismo, reservando o trabalho remunerado aos homens e atribuindo às mulheres o trabalho de dar à luz e a educação da futura mão de obra.[69] Esse chamamento dura até os dias de hoje: as mulheres são livres para ter filhos ou não... contanto que escolham ter. As que não o querem às vezes são consideradas criaturas sem coração, obscuramente más, mal-intencionadas com relação aos filhos das outras (capítulo 2).

As caças às bruxas também inscreveram profundamente nas consciências uma imagem muito negativa da velha (capítulo 3). É verdade que queimaram «bruxas» bem jovens, e até mesmo crianças de sete ou oito anos, meninas e meninos; mas as mais velhas, consideradas ao mesmo tempo repugnantes por seu aspecto e particularmente perigosas por causa de sua experiência, foram as «vítimas favoritas das caças».[70] «Em vez de receberem os cuidados e a ternura devidos às mulheres idosas, estas foram tantas vezes acusadas de bruxaria que, durante anos, era raro que uma delas, no norte da Europa, morresse em sua cama», escrevia Matilda Joslyn Cage.[71] A obsessão raivosa dos pintores (Quentin Metsys, Hans Baldung, Niklaus Manuel Deutsch) e dos poetas (Ronsard, Du Bellay)[72] pela mulher velha se explica pelo culto da juventude que se expandiu na época e em razão de as mulheres terem passado a viver mais tempo.

69 Silvia Federici, *Calibã e a bruxa*, op. cit.

70 Guy Bechtel, *La Sorcière et l'Occident*, op. cit.

71 Matilda Joslyn Cage, *Woman, Church and State*, op. cit.

72 Eles revivificavam assim uma tradição antiga encarnada em particular por Horácio ou Ovídio, autores de textos ignóbeis sobre o corpo das mulheres velhas.

Além disso, a privatização de terras que antes eram compartilhadas — o que na Inglaterra foi chamado de «enclosures» [cercamento dos campos] — durante a acumulação primitiva que preparou o advento do capitalismo penalizou em particular as mulheres. Os homens tinham acesso mais facilmente ao trabalho remunerado, que se tornou o único meio de subsistência. Elas dependiam mais do que eles das terras comunais, aquelas em que era possível deixar as vacas pastarem, pegar lenha ou ervas.[73] Esse processo ao mesmo tempo minou sua independência e reduziu as mulheres mais velhas à mendicância quando elas não podiam contar com o apoio de seus filhos. Boca que é inútil doravante alimentar, a fêmea na menopausa, de comportamento e língua às vezes mais livres do que antes, tornou-se um flagelo do qual é preciso se desvencilhar. Pensava-se também que ela era movida por um desejo sexual ainda mais devorador que quando jovem — o que a levava a procurar a cópula com o Diabo; esse desejo era considerado grotesco e provocava a repulsa. Podemos presumir que se hoje acredita-se que as mulheres murcham com o tempo e os homens só melhoram, se a idade as penaliza no plano amoroso e conjugal, se a corrida pela juventude ganha para elas contornos desesperados, é muito em função dessas representações que continuam a habitar nosso imaginário, das bruxas de Goya às de Walt Disney. A velhice das mulheres continua, de um jeito ou de outro, feia, vergonhosa, ameaçadora, diabólica.

A sujeição das mulheres, necessária à implantação do sistema capitalista, foi acompanhada da sujeição dos povos declarados «inferiores», escravizados e colonizados, provedores de

73 Silvia Federici, *Calibã e a bruxa*, op. cit.

recursos e mão de obra gratuita — é a tese de Silvia Federici.[74] Mas ela também foi acompanhada de uma devastação da natureza, e da instauração de um novo conceito do conhecimento. Daí derivou uma ciência arrogante, cheia de desprezo pelo feminino, que é associado ao irracional, ao sentimental, à histeria, a uma natureza que era preciso dominar (capítulo 4). A medicina moderna, em particular, foi construída sobre esse modelo e vinculada diretamente à caça às bruxas, que permitiu aos médicos oficiais da época eliminar a concorrência das curandeiras — em geral, bem mais competentes do que eles. Ela é herdeira de uma relação estruturalmente agressiva com o paciente, e mais ainda com *a* paciente, como testemunham os maus-tratos e as violências cada vez mais denunciadas, particularmente graças às redes sociais. Nossa glorificação de uma «razão» muitas vezes não tão racional assim, e nossa relação bélica com a natureza, à qual estamos tão habituados que já quase não vemos, sempre sofreram questionamentos — que hoje se tornam mais urgentes do que nunca. Esses questionamentos às vezes são feitos fora de qualquer lógica de gênero, mas às vezes também sob uma perspectiva feminista. Algumas pensadoras julgam de fato ser indispensável solucionar conjuntamente duas dominações que foram impostas juntas. Além de contestar as desigualdades que sofrem no interior de um sistema, elas ousam criticar o próprio sistema: elas querem derrubar uma ordem simbólica e um modo de conhecimento que foram construídos explicitamente contra elas.

74 Ibid.

É impossível aspirar à exaustividade sobre esses temas. Proponho apenas, para cada um deles, uma aproximação balizada pelas minhas reflexões e leituras. Me apoiarei para tanto nas autoras que, na minha opinião, melhor encarnam o desafio lançado às interdições descritas acima — porque levar uma vida independente, envelhecer, ter o controle de seu corpo e de seu sexo ainda é de alguma maneira proibido para as mulheres. Naquelas, em suma, que para mim são bruxas modernas, cuja força e perspicácia me estimulam tanto quanto as de Floppy Le Redoux na minha infância, ajudando-me a conjurar a ira do patriarcado e a driblar suas ordens. Que se definam ou não como feministas, elas se recusam a renunciar ao pleno exercício de suas capacidades e de sua liberdade, à exploração de seus desejos e de suas possibilidades, ao gozo pleno delas mesmas. Com isso, elas se expõem a uma sanção social que pode ser exercida simplesmente através dos reflexos e das condenações que cada uma integrou sem refletir, tão profundamente arraigada é a definição estreita do que deve ser uma mulher. Examinar as interdições que elas subvertem permite medir ao mesmo tempo a opressão cotidiana que nós sofremos e a audácia de que elas dão mostra.

Uma vez escrevi, mais ou menos brincando, que me propunha a fundar a corrente «galinha molhada» [*poule mouillé*] do feminismo.[75] Sou uma burguesa adorável, bem-criada, e sempre me incomodou chamar a atenção. Sou original somente quando não posso fazer de outro jeito, quando minhas convicções e

75 Mona Chollet, *Chez soi*, op. cit.

aspirações me obrigam a isso. Escrevo livros como este para me dar coragem. Assim sendo, valorizo a importância excitante dos modelos identificadores. Há alguns anos, uma revista fez o retrato de algumas mulheres de todas as idades que não tingiam os cabelos brancos; uma escolha aparentemente anódina, mas que imediatamente faz ressurgir o espectro da bruxa. Uma delas, a designer Annabelle Adie, lembrava-se do choque que foi para ela, nos anos 1980, conhecer Marie Seznec, jovem modelo de Christian Lacroix com os cabelos completamente brancos: «Quando eu a vi num desfile, fiquei cativada. Eu tinha uns vinte anos. Já estava ficando grisalha. Ela confirmou minhas convicções: tingir jamais!».[76] Mais recentemente, a jornalista de moda Sophie Fontanel dedicou um livro à sua própria decisão de não tingir mais os cabelos, e o intitulou *Uma aparição*. A aparição é ao mesmo tempo a desse eu resplandecente que a pintura dissimulava e a da mulher impressionante com seus cabelos brancos, cuja visão, num terraço de um café, fez com que ela desse esse passo. Nos Estados Unidos, o Mary Tyler Moore Show, que nos anos 1970 mostrou a personagem — real — de uma jornalista solteira e feliz de sê-lo, foi uma revelação para algumas espectadoras. Katie Couric, que em 2006 se tornou a primeira mulher a apresentar sozinha um importante jornal da noite na televisão americana, rememorava, em 2009: «Eu via aquela mulher livre, que ganhava a vida sozinha, e pensava: 'Eu quero isso para mim'».[77] Ao refazer o caminho que a levou a não ter filhos, a escritora Pam Houston recorda a influência de sua

76 Diane Wulwek, «Les cheveux gris ne se cachent plus », *Le Monde* 2, 24 fev. 2007.
77 Citada por Rebecca Traister, *All the Single Ladies. Unmarried Women and the Rise of an Independent Nation*. Nova York: Simon and Schuster, 2016.

professora de estudos feministas na Universidade de Denison

(Ohio), em 1980, Nan Nowik, que, «grande, elegante», usava um DIU[78] de brinco.[79]

De volta de uma viagem à ilha de Hidra, uma amiga grega me conta que viu exposto num pequeno museu local o coração embalsamado do marinheiro da ilha que combateu os turcos mais ferozmente. «Você acredita que se nós o comêssemos ficaríamos tão corajosas quanto ele?», ela me pergunta, pensativa. Inútil recorrer a meios tão extremos: quando se trata de fazer sua a força de alguém, o contato com uma imagem, um pensamento, pode ser suficiente para produzir efeitos espetaculares. Da maneira como as mulheres estendem a mão umas às outras, dão-se as mãos — deliberadamente ou sem se dar conta —, é possível ver o perfeito contrário da lógica do «encher os olhos» que rege as seções *people* e incontáveis discussões no Instagram: não a sustentação de uma ilusão de vida perfeita, apta apenas a provocar inveja e frustração, ou até raiva de si e desespero, mas um convite generoso, que permite uma identificação construtiva, estimulante, sem escamotear defeitos e fraquezas. A primeira atitude é dominante na vasta e lucrativa competição pelo título daquela que melhor encarnará os arquétipos da feminilidade tradicional — a beldade, mãe e/ou dona de casa perfeita. A segunda, ao contrário, estimula a dissidência desses modelos. Ela mostra que é possível existir e se realizar fora deles, e que, ao contrário do que quer nos convencer um

78 Dispositivo intrauterino.

79 Pam Houston, «The trouble with having it all». Em Meghan Daum (org.), *Selfish, Shallow, and Self-Absorbed. Sixteen Writers on the Decision Not to Have Kids*. Nova York: Picador, 2015.

discurso sutilmente intimidador, a danação não estará de tocaia nos esperando se nos desviarmos do caminho. Tem sempre, sem dúvida, um pouco de idealização ou de ilusão na crença de que os outros «sabem», detêm um segredo que nos escapa; mas aqui, ao menos, é uma idealização que dá asas, e não uma idealização que deprime e paralisa.

Algumas fotos da intelectual americana Susan Sontag (1933-2004) a mostram com uma grande mecha branca em meio a seus cabelos pretos. Essa mecha era o sinal de um albinismo parcial. Sophie Fontanel, que também tem esse albinismo, conta que na Borgonha, em 1460, uma mulher chamada Yolande foi queimada como bruxa: quando rasparam sua cabeça, encontraram uma mancha de despigmentação ligada a esse albinismo, que foi considerada marca do Diabo. Há pouco tempo revi uma foto da Susan Sontag. Me dei conta de que eu a acho bonita, sendo que, há 25 anos, ela me parecia ter algo duro, perturbador. Na época, mesmo que eu não tenha formulado claramente, ela me lembrava a horrorosa e assustadora Cruela nos *101 dálmatas*, de Walt Disney. O simples fato de ter tomado consciência fez com que se evaporasse a sombra da bruxa maléfica que parasitava minha percepção daquela mulher e de todas as que se parecem com ela.

Em seu livro, Fontanel enumera as razões pelas quais ela acha seu cabelo bonito: «Branco como tantas coisas belas e brancas, os muros caiados da Grécia, o mármore de Carrara, a areia dos banhos de mar, a madrepérola das conchas, o giz na lousa, um banho de leite, um sexo resplandecente, as montanhas nevadas, a cabeça de Cary Grant recebendo um Oscar honorífico, minha mãe me levando na neve, no inverno».[80] Recordações que dissipam suavemente as associações de ideias provenientes de um pesado passado misógino. Há aí, na minha opinião, uma espécie de magia. Num documentário sobre o autor de quadrinhos Alan Moore (*V de Vingança*), ele dizia: «Eu acho que a magia é arte e a arte, literalmente, magia. A arte, como a magia, consiste em manipular os símbolos, as palavras ou as imagens para produzir mudanças na consciência. Na realidade, lançar um feitiço nada mais é do que dizer, manipular palavras, para mudar a consciência das pessoas, por isso eu acho que um artista ou um escritor é o que existe de mais próximo, no mundo contemporâneo, de um xamã».[81] Ir desentocar, nas camadas de imagens e de discursos acumulados, o que assumimos como verdades inalteráveis, evidenciar o caráter arbitrário e contingente das representações que nos aprisionam sem nosso consentimento e substituí-las por outras, que nos permitam existir plenamente e nos cubram de aprovação: eis aí uma forma de bruxaria que eu ficaria feliz de praticar até o fim dos meus dias.

80 Sophie Fontanel, *Une apparition*, op. cit.

81 *The mindscape of Alan Moore*. Documentário realizado por Dez Vylenz, 2003.

1. UMA VIDA PRÓPRIA. A CALAMIDADE DA INDEPENDÊNCIA FEMININA

«Olá, Gloria, estou muito feliz por finalmente ter a oportunidade de falar com você...»

Nesse dia de março de 1990, na CNN, Larry King recebe Gloria Steinem, expoente máximo do feminismo norte-americano. Uma telespectadora liga de Cleveland, Ohio. A voz é doce e assume-se que é uma admiradora. Mas rapidamente percebe-se que era engano. «Eu acho que seu movimento foi um fracasso total», acusa a voz suave. «Considero que você é uma das principais causas do declínio das nossas belas famílias e de nossa bela sociedade americana. Tenho algumas perguntas: gostaria de saber se você é casada. Se você tem filhos...». Por duas vezes a convidada, muito calma, responde corajosamente «não». Interrompida pelo apresentador, que diplomaticamente tentava resumir sua intenção, a vingadora anônima concluiu lançando: «Eu acho que Gloria Steinem deveria queimar no inferno!».[1]

1 Essa sequência está incluída no documentário de Peter Kunhardt, *Gloria. In Her Own Words*, HBO, 2011.

Jornalista que se tornou muito ativa na defesa dos direitos das mulheres no começo dos anos 1970, Gloria Steinem (1934) sempre deu muita dor de cabeça para seus inimigos. Para começar, sua beleza e seus inúmeros amantes invalidam a alegação clássica de que as reivindicações feministas só serviriam para dissimular a amargura e a frustração das feiosas para as quais nenhum homem nunca olhou. Além disso, a vida plena e intensa que levou, e que continua levando, num turbilhão de viagens e descobertas, militância e escrita, amores e amizades, complica seriamente o trabalho daqueles para quem a existência de uma mulher não poderia ter sentido sem parceiro e maternidade. A um jornalista que perguntou por que ela não se casava, ela deu esta resposta que ficou famosa: «Não consigo acasalar em cativeiro».

Ela transgrediu essa linha de conduta aos setenta anos, para que seu companheiro da época, que era sul-africano, pudesse obter o *green card* e ficar nos Estados Unidos. Se casou com ele em Oklahoma, na casa de sua amiga, a líder ameríndia Wilma Mankiller, numa cerimônia cherokee seguida de um «fantástico café da manhã»; para a ocasião, ela vestiu «seu jeans mais bonito». Seu marido morreu de câncer três anos depois. «Porque nos casamos legalmente, alguns pensam que ele foi o amor da minha vida, e que eu fui o seu», contou Steinem anos depois para a jornalista Rebecca Traister, que fazia uma pesquisa sobre a história do celibato feminino nos Estados Unidos. «É realmente não entender nada sobre a singularidade humana. Ele tinha sido casado duas vezes antes e tinha filhos adultos maravilhosos. Eu tinha vivido muitas histórias felizes com homens que ainda são meus amigos e que são minha família escolhida. Algumas pessoas têm apenas um parceiro ao longo da vida, mas não é o caso da maioria de nós. E cada um dos nossos amores é essencial e único.»[2]

Até o final dos anos 1960, lembra Rebecca Traister, o feminismo americano estava dominado pela orientação de Betty Friedan — autora, em 1963, da *Mística feminina*, crítica rotunda do ideal da dona de casa. Friedan defendia «aquelas que queriam a igualdade, mas continuando a amar seus maridos e filhos». A crítica do casamento em si só apareceu no movimento por causa do nascimento da luta pelos direitos dos homossexuais e da maior visibilidade das lésbicas. Mas, mesmo assim, para muitas militantes parecia impensável ser heterossexual e não desejar se casar;[3] «ao menos até que Gloria aparecesse». Graças a ela e a algumas outras, em 1973 a revista *Newsweek* constatou que «enfim era possível ser ao mesmo tempo solteira e completa». Ao final da década, a taxa de divórcio tinha explodido, chegando a quase 50%.[4]

DEPENDENTE, IMPOSTORA E ESPÍRITO LIVRE

É preciso, contudo, esclarecer que mais uma vez as feministas brancas americanas reinventavam a roda. Por um lado, as mulheres negras, descendentes de escravos, nunca estiveram submetidas ao ideal de domesticidade denunciado por Betty Friedan. Elas reivindicavam orgulhosamente seu *status*

2 Rebecca Traister, *All the Single Ladies*, op. cit.

3 Claro que isso não significa que o casamento não tenha sido criticado antes. Cf., por exemplo, Voltairine de Cleyre, *Le mariage est une mauvaise action* [1907]. Paris: Sextant, 2009.

4 Rebecca Traister, *All the Single Ladies*, op. cit.

de trabalhadoras, como teorizara desde 1930 a advogada Sadie Alexander, primeira afro-americana a obter — em 1921 — um doutorado em economia.[5] Acrescentava-se a isso uma longa tradição de engajamento político e comunitário. A impressionante Annette Richter, por exemplo, que tem a mesma idade de Gloria Steinem e que, como ela, viveu essencialmente sozinha e não teve filhos, teria sem dúvida merecido tornar-se uma figura tão conhecida como ela. Depois de se destacar em seus estudos, trabalhou a vida inteira para o governo em Washington, sempre dirigindo a sociedade de cooperação secreta de mulheres negras que sua tataravó havia fundado em 1867, quando ainda era escrava.[6] Além disso, muitas afro-americanas, por causa da degradação de sua situação econômica depois da Segunda Guerra Mundial, tinham deixado de se casar e começado, bem antes das brancas, a ter filhos fora do casamento. Isso lhes valeu, em 1965, uma reprovação do subsecretário de Estado do Trabalho, que as acusou de colocar em perigo a «estrutura patriarcal da sociedade americana».[7]

A partir da presidência de Ronald Reagan, nos anos 1980, o discurso conservador criou a figura funesta da *welfare queen*, a «rainha da ajuda social», que pode ser negra ou branca, mesmo que, no primeiro caso, acrescente-se uma conotação racista. O próprio presidente difundiu durante mais de dez anos a história — mentirosa — de uma dessas «rainhas» que, afirmava ele sem vergonha, utilizava «oitenta nomes, trinta endereços

5 Stephanie Cootz, *A Strange Stirring. « The Feminine Mystique » and American Woman at the Dawn of the 1960s*. Nova York: Basic Books, 2011.

6 Cf. Kaitlyn Greenidge, «Secrets of the South », *Lennyletter.com*, 6 out. 2017.

7 Citado por Rebecca Traister, *All the Single Ladies*, op. cit.

e doze carteirinhas da seguridade social», o que permitia que ela tivesse uma renda livre de impostos «superior a 150 mil dólares».[8] Em suma, a denúncia — bem conhecida na França — dos «dependentes» e dos «impostores», mas no feminino... Durante sua campanha para governador da Flórida, em 1994, Jeb Bush considerou que aquelas que recorriam à ajuda social fariam melhor se «tomassem a vida nas próprias mãos e encontrassem um marido». No romance de Ariel Gore, *Éramos bruxas* [*We were witches*], que se passa na Califórnia, no começo dos anos 1990, a heroína, uma jovem mãe solteira (branca), comete o erro de contar à sua nova vizinha, em algum lugar da periferia para o qual ela acabava de se mudar, que ela sobrevivia graças aos vales-refeições. Ao ficar sabendo disso, o marido da vizinha grita insultos embaixo das janelas dela; ele rouba seu cheque da caixa postal. A jovem se muda precipitadamente no dia em que, ao voltar para casa com sua filha, encontra, pregada na porta de casa, uma boneca pintada grosseiramente de vermelho com as palavras: «Morra, puta dependente (*welfare slut*)».[9] Em 2017, um tribunal do Michigan fez um teste de paternidade de uma criança de oito anos fruto de um estupro; sem consultar ninguém, foi concedida guarda conjunta e o direito de visita ao estuprador, cujo nome também foi acrescentado à certidão de nascimento e a quem foi comunicado o endereço da vítima. A jovem comentou: «Eu tinha direito a vale-refeição e ao pagamento do seguro-saúde para o meu filho. Suponho que eles

8 Cf. Serge Halimi, *Le Grand Bond en arrière* [2004]. Paris: Fayard, 2006.

9 Ariel Gore, *We Were Witches*. Nova York: Feminist Pree, 2017.

estavam procurando um jeito de economizar».[10] Uma mulher deve ter um amo, mesmo que seja o homem que a sequestrou quando ela tinha doze anos.

Um dos autores da desastrosa reforma do sistema de assistência social realizada em 1996 por Bill Clinton, que arruinou um pedaço da assistência, já bastante estropiada,[11] em 2012 ainda falava do casamento como «a melhor arma antipobreza». O que equivale a fazer tudo ao contrário, sustenta Rebecca Traister: «Se os políticos se preocupam com a queda no número de casamentos, eles deveriam aumentar o valor da ajuda social» — porque nos casamos mais facilmente quando gozamos de um mínimo de estabilidade econômica. «E, se eles se preocupam com a pobreza, deveriam aumentar o valor da ajuda social. Simples assim.» Além disso, reforça ela, mesmo que as mulheres não casadas pedissem realmente um «Estado-marido», o que teria de escandaloso nisso, se os homens brancos, «e em particular os ricos e casados», por muito tempo se beneficiaram da ajuda de um «Estado-esposa» para assegurar sua própria independência através de subvenções, empréstimos ou reduções de imposto?[12] Mas a ideia de que as mulheres são indivíduos soberanos, e não simples anexos, jugos à espera de um cavalo de tração, tem dificuldade para permear os espíritos — e não apenas os dos políticos conservadores.

Em 1971, com outras mulheres, Gloria Steinem fundou a publicação mensal feminista *Ms. Magazine*. Nem *Miss* (que

10 Mike Martindale, «Michigan rapist gets joint custody ». *The Droit News*, 6 out. 2017.

11 Cf. Loïc Wacquant, «Quand le président Clinton 'réforme' la pauvreté». *Le Monde diplomatique*, set. 1996.

12 Rebecca Trasiter, *All the Single Ladies*, op. cit.

indica uma mulher solteira) nem *Mrs.* (que indica uma mulher casada), mas Ms. (que se pronuncia Mizz), o equivalente feminino exato de Mr., senhor: um tratamento que não diz nada do estado civil da pessoa que designa. Foi inventado em 1961 por uma militante dos direitos civis, Sheila Michaels. Ela teve essa ideia ao ver um erro de digitação numa carta endereçada à sua locatária. Ela mesma nunca tinha sido a «propriedade de um pai», porque seus pais nunca foram casados; ela não queria se tornar a de um marido e procurava um termo que pudesse exprimir isso. Na época, muitas jovens se casavam com dezoito anos, e Michaels tinha vinte e dois: ser uma «miss» significava ser «um acessório numa estante». Durante dez anos ela se apresenta como «Ms.», aguentando as risadas e as zombarias. Depois, uma amiga de Gloria Steinem que tinha ouvido falar de sua ideia a transmitiu para as fundadoras da revista, que procuravam um título. Ao adotar «Ms.», elas enfim popularizaram o termo, que teve grande sucesso. No mesmo ano, Bella Abzug, deputada do estado de Nova York, aprovou uma lei autorizando seu uso nos formulários federais. Perguntado sobre o tema na televisão em 1972, Richard Nixon, pego desprevenido, respondeu com um risinho envergonhado, que ele era «sem dúvida um pouco antiquado», mas que preferia ficar no «Miss» ou «Mrs». Numa gravação secreta da Casa Branca, ouve-se ele resmungando ao seu conselheiro Henry Kissinger, depois do programa: «Merda, quanta gente realmente leu Gloria Steinem e dá a mínima para isso?».[13] Ao recordar a história dessa palavra, a jornalista do *The Guardian* Eve Kay se lembrava de seu próprio

13 Essa cena aparece no documentário de Peter Kunhardt, *Gloria. In Her Own Words*, op. cit.

orgulho no dia em que foi abrir sua primeira conta no banco se inscrevendo como «Ms» (o tratamento sendo empregado assim mesmo, sem ponto, na Inglaterra): «Eu era uma pessoa independente, com uma identidade independente, e Ms exprimia isso perfeitamente. Era um pequeno passo simbólico — eu sabia que isso não significava que as mulheres eram iguais aos homens —, mas era importante ao menos anunciar minha intenção de ser livre». Ela encoraja as leitoras a fazer o mesmo: «Escolham 'Miss' e sejam condenadas a uma imaturidade infantil. Escolham 'Mrs' e estejam condenadas a ser propriedade de um cara. Escolham 'Ms' e vocês se tornam mulheres adultas plenamente responsáveis por suas vidas».[14]

Quando, na França, quarenta longos anos depois, *Osez le féminisme* [Ousem o feminismo] e as *Chiennes de Garde* [Cães de guarda] enfim colocaram o tema sobre a mesa com a campanha «'Senhorita [*Mademoiselle*], a categoria que está sobrando», que pedia a eliminação dessa opção nos formulários administrativos, a solicitação foi entendida como mais um capricho de feministas ociosas. As reações foram de suspiros nostálgicos, lamentos pelo assassinato do galanteio francês por aquelas vacas, a injunções indignadas para que se mobilizassem por «assuntos mais importantes». No começo, pensaram que era uma piada, debochava Alix Girod de l'Ain num editorial da revista *Elle*. Ela recordava um uso honorífico e marginal do «senhorita [mademoiselle]», quando é atribuído a atrizes famosas que nunca estiveram com um homem por muito tempo: «É preciso defender o senhorita [*mademoiselle*] por causa da Mademoiselle Jeanne Moreau, da Mademoiselle Catherine Deneuve e da Mademoiselle

14 Eve Kay, «Call me Ms». *The Guardian*, Londres, 29 jun. 2007.

Isabelle Adjani». Desse ponto de vista, ela sustentava com uma leve má-fé que generalizar o «madame» [senhora] — em francês não foi inventado o terceiro termo — significava tratar todas as mulheres como mulheres casadas: «Significa que, para essas feministas aí, é melhor ser oficialmente casada, é mais respeitável?» — o que obviamente não era a intenção das associações em questão. Rapidamente, porém, ficava claro que seu problema era com a conotação de juventude associada a *mademoiselle* [senhorita]: «É preciso defender *mademoiselle* porque, quando o verdureiro da rua Cadet me chama assim, não sou enganada, mas sinto que vou ter direito ao meu manjericão grátis». (Ela se esquecia que, no caso, as canhoneiras da ditadura feminista eram dirigidas apenas contra os formulários administrativos, portanto não punham necessariamente em risco seu manjericão gratuito.) Ela concluía pedindo que se acrescentasse, antes, uma categoria «Pcsse», para defender «nosso direito inalienável de ser princesas»...[15] Por mais deplorável que seja, sua fala tinha o mérito de revelar o quão condicionadas estão as mulheres para apreciar sua infantilização e a tirar seu valor da própria objetificação — ou pelo menos as mulheres francesas, pois, ao mesmo tempo, a *Marie Claire* garantia que, no Quebec, «esse termo manifesta um pensamento tão arcaico que chamar uma mulher de 'mademoiselle' é garantia de um tapa na cara».[16]

15 Alix Girod de l'Ain, «Après vous Mademoiselle?», *Elle*, 19 out. 2011.

16 Claire Schneider, «N'appelez plus les féministes 'Mademoiselle'!», *Marieclaire.fr*, 27 set. 2011.

Mesmo que não tenha exclusividade, a solteira encarna a independência feminina em sua forma mais visível, mais evidente. Isso faz dela uma figura detestável para os reacionários, mas também a torna intimidadora para várias outras mulheres. O modelo da divisão sexual do trabalho, do qual continuamos reféns, também produz importantes efeitos psicológicos. Nada no jeito em que a maioria das meninas é educada as encoraja a acreditar em sua própria força, em seus próprios recursos, a cultivar e valorizar a autonomia. Elas são levadas não apenas a considerar o casal e a família como os elementos essenciais de sua realização pessoal, mas também a conceber a si mesmas como frágeis e desamparadas e a buscar a segurança afetiva a qualquer preço, de tal forma que a admiração que possam ter pelas figuras aventureiras ficará puramente teórica e sem efeito sobre sua própria vida. Em um *site* de informação americano, em 2017, uma leitora mandava esse pedido de socorro: «Digam-me para não me casar!». Com vinte anos, ela tinha perdido a mãe dois anos e meio antes. Seu pai estava prestes a se casar novamente e a vender a casa da família, e suas duas irmãs já eram casadas — uma já com filhos e a outra com projeto de filhos. Em sua próxima ida a sua cidade natal, ela deveria dividir o quarto com a filha da nova esposa do pai, de nove anos, e essa perspectiva a deprimia. Não tinha namorado, mas, sabendo que esse estado de espírito poderia fazer com que ela tomasse decisões ruins, ela estava obcecada pelo desejo de também se casar. Em sua resposta, a jornalista ressaltava os obstáculos que as meninas enfrentam no momento das mudanças para a idade adulta, por causa das maneiras como elas são socializadas: «Os meninos são estimulados a vislumbrar sua trajetória futura da maneira mais aventureira possível. Conquistar o mundo sozinho representa o destino mais romântico que eles podem imaginar, esperando que uma mulher não venha estragar tudo levando-o a se comprometer. Mas, para uma mulher, a perspectiva de traçar seu caminho no mundo é apresentada como triste e patética enquanto não aparecer um sujeito. E quão imensa é a tarefa de reinventar o mundo fora de suas convenções estreitas!».[17]

Isso não significa que um homem não possa sofrer de falta de afeto ou solidão; mas, pelo menos, não está cercado de representações culturais que piorem — ou que *criem* — a miséria de sua situação. Ao contrário: a cultura lhe oferece respaldos. Até mesmo o *geek* retraído e com baixa autoestima se vingou, tornando-se o Prometeu do mundo contemporâneo, coroado com dinheiro e sucesso. Como disse um jornalista, «na cultura masculina não existe princesa encantada, casamento maravilhoso com roupas magníficas».[18] Ao contrário, as mulheres aprendem a sonhar com «romance» — mais do que com «amor», segundo a distinção estabelecida por Gloria Steinem: «Quanto mais uma cultura é patriarcal e polarizada em termos de gênero, mais ela valoriza o romance», escreve ela. Em vez de desenvolver em si toda a paleta das qualidades humanas, contentamo-nos com a paleta daquelas ditas femininas ou masculinas, buscando a completude por meio do outro, em relações superficiais vividas na forma da adição, nas quais as mulheres são ainda mais vulneráveis: «Na medida em que a maioria das qualidades humanas

17 Heather Havrilesky, «Tell me not to get married!», *Ask Polly*, *TheCut.com*, 27 set. 2017.

18 Citado por Charlotte Debest, *Le choix d'une vie sans enfant*. Rennes: PUR, 2014.

são classificadas como 'masculinas', e apenas algumas 'femininas', elas têm uma grande necessidade de projetar partes vitais de si mesmas em outro ser humano».[19]

Nesse contexto, a mulher independente desperta um ceticismo geral. A socióloga Érika Flahault mostra como esse ceticismo se manifestou na França desde o surgimento, no começo do século XX, de mulheres sem cônjuge que moravam sozinhas — sendo que antes elas eram «cuidadas por seus parentes, clã ou comunidade em quase todos os casos». Ela desenterra essas palavras do jornalista Maurice de Waleffe,[20] em 1927: «Um homem nunca está sozinho, a menos que fique encalhado em uma ilha deserta, como Robinson Crusoé: quando ele vira guarda de farol, pastor ou anacoreta é porque quer e porque seu humor o leva a fazê-lo. Admiremo-lo, pois a grandeza de uma alma se mede pela riqueza de sua vida interior, e é preciso ser diabolicamente rico para ser autossuficiente. Mas vocês nunca verão uma mulher escolher essa grandeza. Mais ternas porque mais fracas, elas precisam mais do que nós de sociedade». E, em 1967, num livro muito lido, o médico André Soubiran se perguntava: «Resta saber se a psicologia feminina se adapta tanto quanto a gente acredita à liberdade e à não dominação do homem».[21]

Não se deve subestimar a necessidade que temos de representações — compartilhadas pela maioria ou proveniente

19 Gloria Steinem, *Revolution from Within. A Book of Self-Esteem*. Nova York: Little, Brown and Company, 1992.

20 Fundador do concurso «A mulher mais bonita da França», precursor do Miss France...

21 André Soubiran, *Lettre ouverte à une femme d'aujourd'hui*. Paris: Rombaldi, 1973. Citado por Érika Flahault, *Une vie à soi. Nouvelles formes de solitude au féminin*. Rennes: PUR, 2009.

de uma contracultura — que, mesmo sem que sejamos claramente conscientes, sustentam-nos, conferem sentido, ímpeto, eco e profundeza às nossas escolhas de vida. Nós precisamos de decalque sob o traçado da nossa existência, para animá-la, sustentá-la e validá-la, para nela mesclar a existência dos outros e nela manifestar sua presença, sua aprovação. Alguns filmes dos anos 1970, respaldados pelo feminismo da época, puderam desempenhar esse papel para as mulheres independentes. Em *Minha brilhante carreira* (1979), de Gillian Armstrong, por exemplo, Judy Davis encarna Sybylla Melvyn, uma jovem australiana do século XIX, vivendo entre a família afortunada de sua mãe e a pobreza da fazenda paterna.[22] Original, alegre, apaixonada, Sybylla se revolta contra a perspectiva do casamento. Ela encontra o amor na figura de um rico herdeiro. Quando, depois de alguns incidentes, ele pede sua mão, ela recusa: «Não quero fazer parte da vida de alguém sem antes ter vivido a minha», explica-lhe ela, desolada. Ela lhe confessa que quer escrever: «Mas devo fazê-lo agora. E devo fazê-lo sozinha». Na última cena, ela termina um manuscrito. Na hora de mandar para o editor, ela saboreia sua felicidade, apoiada na cerca de um campo, sob a luz dourada do sol.

Um *happy ending* que não implica um homem e o amor: é tão excepcional que mesmo eu, que vi o filme precisamente para achar isso, fiquei um pouco preocupada. Na cena em que Sybylla dispensa o amado, uma parte de mim a compreendia («Eu não quero virar uma esposa nesse mato, tendo um filho por ano»), ela lhe dizia, mas uma outra não podia evitar querer

22 Trata-se de uma adaptação do primeiro romance de Miles Franklin (1879-1954), pioneira do feminismo australiano.

gritar para ela: «Poxa, amiga, tem certeza disso?». Na época

em que se passa o filme, recusar o casamento implicava renunciar completamente a viver esse amor, o que depois não seria mais o caso — «Que vá à merda o casamento, não os homens», apregoava um panfleto distribuído no Congresso pela união das mulheres de Nova York, em 1969.[23] Isso confere uma dimensão dramática à escolha de Sybylla, mas também permite afirmar uma premissa radical: sim, uma mulher pode querer mais do que tudo realizar sua vocação.

«A maneira que os homens encontram de dificultar a vida das mulheres solteiras é tão astuta que, em geral, elas ficam muito felizes ao se casar, mesmo que mal», lamenta Isadora Wing, a heroína do romance de Erica Jong, *Medo de voar*, que em 1973 explorou em todas as suas ramificações essa danação feminina. Jovem poeta, Isadora Wing (seu sobrenome significa «asa» em inglês) foge abandonando seu segundo marido para seguir outro homem por quem ela se apaixonou. Ela fala de anseios irreprimíveis que a habitam depois de cinco anos de casamento, «essa vontade furiosa de ir embora, de verificar se ainda somos inteiras, se ainda temos força para aguentar ficar sozinhas numa cabana na floresta, sem enlouquecer»; mas ela ainda sente ondas de nostalgia e ternura pelo marido («se eu o perder, não serei capaz de me lembrar de meu próprio nome»). Por um lado, essa tensão entre a necessidade de uma estabilidade amorosa e a necessidade de liberdade é compartilhada por homens e mulheres; é ela que torna o casal ao mesmo tempo desejável e problemático. Mas Isadora se dá conta de que, por

23 Citado por Laurie Lisle, *Without child. Challenging the Stigma of Childlessness*. Nova York: Ballantine, 1996.

ser mulher, está desprovida de armas para a independência, mesmo quando esta se faz necessária. Ela teme não ter a coragem de suas ambições. Ela queria ser menos obcecada pelo amor, capaz de se concentrar em seu trabalho e seus livros, de se realizar por meio deles do mesmo jeito que um homem, mas constata que, quando escreve, ainda é para que a amem. Ela teme ser para sempre incapaz de desfrutar de sua liberdade sem culpa. Seu primeiro marido, que ficou louco, tinha tentado se jogar da janela levando-a com ele; mas, mesmo depois disso, ela não aceita tê-lo deixado: «Eu escolhi a mim mesma, e ainda sinto remorso». Ela se dá conta de que «não pode conceber a si mesma sem homem»: «Porque eu me sentia tão perdida como um cachorro sem dono, uma árvore sem raízes; eu era uma criatura sem rosto, uma coisa indefinida». No entanto, a maior parte dos casamentos que ela vê ao seu redor a consterna: «A questão não é: quando isso deixou de funcionar? Mas: quando isso funcionou?».[24] Parece-lhe que as solteiras só sonham com casamento, enquanto as esposas só sonham com evasão.

«O dicionário define 'um aventureiro' como 'uma pessoa que vive, aprecia ou busca a aventura», mas «uma aventura» como «uma mulher capaz de qualquer coisa para obter riqueza ou uma posição social», nota Gloria Steinem.[25] Ela mesma, em razão de sua educação bem pouco convencional, escapou desse condicionamento que leva as meninas a procurarem a segurança: seu pai, que sempre recusou ser assalariado, ganhava a vida fazendo vários trabalhos, como o de antiquário itinerante, e levava a família inteira na estrada, de maneira que ela lia no banco de trás em

24 Erica Jong, *Le Complexe d'Icare* [1973], op. cit.

25 Gloria Steinem, *My Life on the Road*. Nova York : Random House, 2015.

vez de ir para a escola (foi escolarizada apenas aos doze anos). Ele tinha uma tal «fobia de domicílio», que, quando eles percebiam que tinham esquecido alguma coisa em casa, preferiam comprar novamente as coisas do que dar meia-volta. Desde que ela tinha seis anos, quando precisava de roupas, ele lhe dava dinheiro e a esperava no carro enquanto ela escolhia o que a agradava; resultavam «compras tão satisfatórias quanto um chapéu vermelho de dama, sapatos de Páscoa vendidos com um coelho vivo ou uma roupa de *cowgirl* cheia de franjas». Isto é, ele a deixava livre para definir quem ela era. Mais tarde, sempre entre dois aviões, ela reproduziu o modo de vida desse pai adorado. No dia em que seu empregador, para quem ela trabalhava à distância, pediu que ela trabalhasse dois dias no escritório, ela «pediu demissão, comprou um sorvete de casquinha e flanou pelas ruas ensolaradas de Manhattan». Seu apartamento durante muito tempo foi um amontoado de caixas de cartão e malas, e apenas com cinquenta anos de idade ela desenvolveu um sentido de lar: depois de alguns meses passados «aninhando e comprando lençóis e velas com um prazer quase orgástico», ela descobriu que o fato de se sentir bem na casa dela ressaltava o gosto das viagens, e vice-versa. Mas, seja como for, lençóis e velas não eram sua principal preocupação. Ela não aprendeu de cara a se comportar como uma «menina» (ela conta que, quando era criança e um adulto queria cumprimentá-la com beijo, ela o mordia),[26] e é provável que tenha ganhado muito com isso.

Érika Flahault, em sua pesquisa sociológica de 2009 sobre a «solidão residencial das mulheres» na França, distingue as

26 Leah Fessler, «Gloria Steinem says Black women have always been more feminist than White woman»,W*Quartz*, 8 dez. 2017.

mulheres «em falta» — as que vivem sua situação e sofrem com ela —, as mulheres «em movimento» — as que aprendem a apreciá-la — e as «apóstatas do conjugal»: aquelas que deliberadamente organizaram suas vidas, seus amores e suas amizades fora do contexto do casal. As primeiras, ela observa, independentemente de suas trajetórias pessoais, e também de suas classes sociais — uma é ex-agricultora; outra, grande burguesa —, se encontram completamente desamparadas quando não têm mais a possibilidade de encarnar a boa esposa ou a boa mãe: elas têm em comum «uma mesma socialização fortemente marcada pela divisão sexual dos papéis e um apego profundo a esses papéis tradicionais, tenham tido ou não a oportunidade de assumi-los». No lado oposto, as «apóstatas do conjugal» sempre cultivaram uma distância crítica, por vezes inclusive um completo repúdio desses papéis. São também mulheres criativas, que leem muito e têm uma vida interior intensa: «Elas existem fora do olhar do homem e fora do olhar do outro, porque a sua solidão é povoada de obras e indivíduos, vivos e mortos, próximos e desconhecidos, cuja frequentação — em carne e osso ou em pensamento através das obras — constitui a base de sua construção identitária».[27] Elas concebem a si mesmas como indivíduos, e não como representações de arquétipos femininos. Longe do isolamento miserável que os preconceitos associam ao fato de viver sozinha, esse refinamento incansável de suas identidades produz um efeito duplo: permite-lhes domesticar e inclusive aproveitar essa solidão à qual a maior parte das pessoas, casadas ou não, é confrontada, ao menos por períodos, no decorrer da vida, mas também estabelecer relações particularmente intensas, pois emanam do coração

27 Érika Flahault, *Une vie à soi*, op. cit.

de suas personalidades mais do que de papéis sociais convencionais. Nesse sentido, o conhecimento de si não é um «egoísmo», um ensimesmamento, mas uma estrada para os outros. Ao contrário do que quer nos fazer acreditar uma propaganda insistente, a feminilidade tradicional não é uma tábua de salvação: procurar encarná-la, aderir aos seus valores, longe de garantir nossa imunidade, nos enfraquece e empobrece.

A piedade reservada às mulheres solteiras bem poderia dissimular uma tentativa de conjurar a ameaça que elas representam. Prova disso é o clichê da «mulher com gato», em que o gato supostamente deve preencher as carências afetivas.[28] Assim, a jornalista e articulista Nadia Daam publicou um livro intitulado *Como não se tornar uma mulher com um gato. A arte de ser solteira sem sentir o cheiro da ração.*[29] Em seu espetáculo «Eu falo sozinha», a humorista Blanche Gardin conta que seus amigos lhe aconselharam a arrumar um gato, sinal para ela de que sua situação era de fato desesperadora: «As pessoas não te dizem 'Arrume um hamster, ele vive de dois a três anos, até lá você já vai ter encontrado alguém'; não: as pessoas te propõem uma solução, nada mais nada menos, de vinte anos!». Ora, o gato é o «espírito familiar» — também chamado simplesmente de «o familiar» — preferido da bruxa, uma entidade sobrenatural que a auxilia em sua prática da magia e com a qual ela pode às vezes trocar de aparência. Na animação dos créditos de *A feiticeira*, Samantha se transforma num gato para roçar nas pernas de seu

28 Nadia Daam, «À quel moment les femmes célibataires sont-elles devenues des 'femmes à chat'?», *Slate.fr*, 16 jan. 2017.

29 Idem, *Comment ne pas devenir une fille à chat. L'art d'être célibataire sans sentir la croquette.* Paris: Mazarine, 2018.

marido antes de pular em seus braços e voltar a ser ela mesma. Em *Sortilégio do amor* (1958), de Richard Quine, a bruxa interpretada por Kim Novak, que tem uma loja de arte africana em Nova York, pede ao seu siamês Pyewacket — nome clássico de um espírito familiar — que lhe dê um homem de Natal. Em 1233, uma bula do papa Gregório IX declarou que o gato era «servo do Diabo». Depois, em 1484, Inocêncio VIII ordenou que todos os gatos vistos em companhia de uma mulher fossem considerados familiares; as «bruxas» deveriam ser queimadas com seus animais. O extermínio dos gatos contribuiu para o aumento da população de ratos, portanto para agravar as epidemias de peste — cuja culpa recaía sobre as bruxas...[30] Matilda Joslyn Gage chamava a atenção, em 1893, para a desconfiança dos gatos pretos herdada dessa época, que era sentida pelo menor valor atribuído às suas peles no mercado.[31]

ABAIXO OS REFRATÁRIOS

Quando as mulheres têm a audácia de aspirar à independência, uma máquina de guerra é posta em marcha para fazê-las desistir, por chantagem, intimidação ou ameaça. Para a jornalista Susan Faludi, ao longo da história, cada progresso em sua emancipação, por mais tímido que fosse, suscitou uma contraofensiva. Depois da Segunda Guerra Mundial, o sociólogo

30 Judika Illes, *The Weiser Field Guide to Witches. From Hexes to Hermione Granger, from Salem to the Land of Oz*. Newburyport: Red Wheel/Weiser, 2010.

31 Matilda Joslyn Gage, *Woman, Church and State*, op. cit.

americano Willard Waller julgou que «a independência de espírito de algumas» tinha «saído de todo controle» por causa dos transtornos provocados pelo conflito,[32] como que ecoando o *Malleus maleficarum*: «Uma mulher que pensa sozinha é mal-intencionada». De fato, os homens sentem uma ligeira brisa de igualdade como um tufão devastador — um pouco como as maiorias se sentem agredidas e se veem prestes a ser derrotadas quando as vítimas do racismo manifestam uma ínfima pretensão de se defender. Para além da repugnância por renunciar aos seus privilégios (privilégio masculino ou privilégio branco), essa reação revela a incapacidade dos dominantes para compreender a experiência dos dominados, mas talvez também, apesar de suas declarações indignadas de inocência, um remorso devastador («Nós fazemos tão mal a eles que se deixarmos a menor margem de manobra, eles vão nos destruir»).

Por sua vez, Susan Faludi detalhou minuciosamente, num livro publicado em 1991,[33] as várias manifestações daquilo que ela chama de a «revanche», ou o «tiro que saiu pela culatra»: a verdadeira campanha de propaganda que se espalhou ao longo dos anos 1980 nos Estados Unidos, por meio da imprensa, da televisão, do cinema e das publicações de psicologia, para fazer frente contra os avanços feministas da década anterior. Transcorrido um quarto de século, a grosseria dos meios empregados ainda choca. E atesta mais uma vez que a razão de ser dos meios de comunicação muitas vezes é ideologia e não a informação: estudos enviesados repetidos sem nenhum olhar crítico, total

32 Susan Faludi, Backlash. *La guerre froide contre les femmes* [1991]. Paris: Éditions des femmes/ Antoinette Fouque, 1993.

33 Ibid.

ausência de escrúpulos e de rigor, preguiça intelectual, oportunismo, sensacionalismo, panurgismo, funcionamento em círculos fora de qualquer relação com a realidade... «Esse tipo de jornalismo não tira sua credibilidade de fatos reais, mas de seu poder de repetição», observa Faludi. A tese martelada, e profusamente, em todos os suportes ao longo desse período se apoia em duas mentiras: 1) as feministas ganharam, conseguiram a igualdade; 2) agora, elas são infelizes e sozinhas.

A segunda afirmação não pretende descrever uma situação, mas infundir medo, mandar um aviso: aquelas que ousarem desertar de seus lugares e querer viver por si mesmas, em vez de ficar a serviço de seus maridos e filhos, trabalham para a sua própria infelicidade. Para dissuadi-las, apontam precisamente para o que, por conta da sua educação, constitui seu ponto franco: o pânico de se encontrarem entregues a si mesmas. «Ela teme o crepúsculo, aquele momento terrível em que a escuridão envolve a cidade e as luzes se acendem, uma a uma, nas cozinhas cálidas», diz viciosamente o *New York Times* num artigo sobre as solteiras. Um manual de psicologia intitulado *Belas, inteligentes e sozinhas* adverte contra o «mito da autonomia». A *Newsweek* clama que as solteiras com mais de quarenta anos têm «mais chance de ser atacadas por terroristas do que de encontrar um marido». Por toda parte, implora-se às mulheres que fiquem atentas para o rápido declínio de sua fertilidade, que abandonem seus castelos de areia e façam filhos o quanto antes. Estigmatizam-se as esposas que não souberam «fazer de seu marido o centro de sua existência». «*Experts*» apontam para um suposto «aumento no número de crises cardíacas e de suicídios» em mulheres ativas. A imprensa publica artigos apocalípticos sobre as creches discretamente intitulados «Mamãe, não me deixe aqui!». No zoológico de São Francisco, «Koko, gorila fêmea, diz ao seu cuidador que quer ter um filho!», se comove um jornal local. Filmes e revistas são povoados de mães donas de casa resplandecentes e solteiras pálidas cujo problema é que «esperam demais da vida».[34]

A imprensa francesa entoa o mesmo refrão, como provam estes títulos do *Le Monde* entre 1979 e 1987: «Quando chamam a solidão de liberdade», «Mulheres livres mas sozinhas», «A França das mulheres sozinhas», «Quando eu volto pra casa não tem ninguém me esperando»...[35] Érika Flahault constata, porém, que mesmo em outros períodos, na imprensa generalista ou na feminina, o discurso sobre as mulheres independentes *nunca* foi de aprovação. Sempre esteve tingido de um olhar condescendente, à procura de aspectos miseráveis. Mais uma vez, trata-se antes de buscar produzir um efeito do que descrever uma situação: «Colocadas na boca de uma mulher que diz estar satisfeita na solidão, frases do tipo 'Uma mulher não é feita para viver sem homem' têm um impacto muito mais perverso do que em qualquer outro contexto». É preciso ler a imprensa feminista da época para encontrar artigos sobre o tema que não pretendam trazer de volta ao rebanho a ovelha desgarrada. Essa imprensa é a única, precisamente, a levar em conta a «investida cultural prolongada»[36] a que estão submetidas as mulheres que vivem sozinhas, e a considerar que ela possa estar por trás do mal-estar que muitas delas sentem. Há de fato algo quase fascinante na

34 Ibid.

35 Citado por Érika Flahault, «La triste image de la femme seule». Em Christine Bard (org.), *Un siècle d'antiféminisme*. Paris: Fayard, 1999.

36 Susan Faludi, *Backlash*, op. cit.

maneira como a sociedade as maltrata para melhor as confundir em seguida: «Ah! Está vendo como você é infeliz!». Nesses jornais, «longe de ser negada», analisa Érika Flahault, «a escolha de uma vida solitária é devolvida à sua justa dimensão, a da vitória sobre as múltiplas pressões feitas sobre os indivíduos desde seu nascimento, e que condicionam grande parte de seus atos, 'é uma briga contra os arquétipos que trazemos em nós, as convenções, a pressão social contínua e renovada' (Antoinette, fevereiro de 1985)».[37] Aqui, de repente, ouvimos outros relatos, outros pontos de vista, como este, na *Revue d'en face*, em junho de 1979: «Lenta eclosão dos desejos, reapropriação dos corpos, da cama, do espaço e do tempo. Aprendizado do prazer para si, da vacuidade, da disponibilidade aos outros e ao mundo».

Hoje, as admoestações não desapareceram: em 2011, Tracy McMillan, autora e roteirista (participou da série *Mad Men*), viralizou com um post — o mais lido da história do *HuffPost* — intitulado «Por que você não se casou». Afirmando descrever uma realidade, o artigo revelava sobretudo o conceito notavelmente menosprezador e raivoso que ela tinha da leitora solteira. Ela começava fingindo penetrar a psicologia desta, identificando a vontade que, apesar de seus esforços para parecer bem e se convencer de que estava satisfeita com seu destino, a atraía para suas amigas já casadas. Confiante na superioridade que lhe conferiam suas três experiências matrimoniais, ela explicava detalhadamente suas hipóteses: se você não está casada é porque «você é uma puta», porque «você é superficial», porque «você é uma mentirosa»... Advertia contra a raiva, em particular: «Você está irritada. Com a sua mãe. Com o complexo

37 Érika Flahauld, *Une vie à soi*, op. cit.

industrial-militar. Com [a política conservadora] Sarah Palin. E isso assusta os homens. [...] A maioria só quer se casar com uma mulher que seja amável com eles. Você já viu a Kim Kardashian irritada? Acho que não. Você já viu Kim Kardashian rir, se contorcer e fazer uma sextape. A raiva das mulheres aterroriza os homens. Eu sei, pode parecer injusto ter que transigir com o medo e o sentimento de insegurança dos homens para poder se casar. Mas na verdade isso cai muito bem, porque transigir com o medo e o sentimento de insegurança dos homens é precisamente grande parte do que você terá que fazer como esposa». Ela encorajava a não se mostrar muito difícil na escolha do parceiro, pois «isso é o comportamento de uma adolescente; ora, as adolescentes nunca estão contentes. E também raramente estão a fim de cozinhar». Enfim, claro, ela censurava as «egoístas»: «Se você não se casou, provavelmente pensa muito em si mesma. Você pensa em suas coxas, no seu estilo, nas suas rugas de expressão.[38] Você pensa na sua carreira ou, se não tem uma, pensa em se matricular na yoga».[39] Ler essas linhas pensando na longa história do sacrifício feminino, e na dose de misoginia que é preciso ter integrado para não considerar que o desejo de realização pessoal possa ter outros aspectos que não esses, dá uma leve vertigem. Não vejo uma injunção tão crua à submissão e à renúncia equivalente na paisagem midiática francesa, em que a promoção da família tradicional se faz talvez de maneira mais disfarçada de chique e bom gosto, por meio de imagens de interiores idílicos e entrevistas em que pais

38 Rugas que vão do nariz até os cantos da boca, alvo escolhido da medicina estética.

39 Tracy McMIllan, «Why you're not married». *HuffPost*, 13 fev. 2011.

modernos falam sobre seu cotidiano, seus momentos de lazer, suas viagens, e indicam seus lugares preferidos.[40]

A SOMBRA DAS FOGUEIRAS

No cinema, a personagem de solteira demoníaca mais emblemática dos anos 1980 ainda é a de Alex Forrest — interpretada por Glenn Close — em *Atração fatal*, de Adrian Lyne. Michael Douglas é Dan Gallagher, um advogado que, num momento de fraqueza, quando sua esposa e sua filha se ausentam por dois dias, cede aos charmes de uma editora sexy que ele conhece em um jantar. Eles passam um tórrido final de semana juntos, mas, quando ele decide ir embora, ela se agarra nele e corta os pulsos para segurá-lo. Na sequência, as cenas mostrando a alegre vida familiar de Dan junto de sua doce e equilibrada esposa (que não trabalha) se alternam com planos em que Alex, em prantos, entregue à sua lúgubre solidão, escuta *Madame Butterfly* acendendo e apagando sem parar uma lâmpada. Ao mesmo tempo patética e inquietante, ela começa a persegui-lo, depois investe contra sua família — numa cena famosa, ela mata o coelho da menina e bota ele para cozinhar em uma panela. Ela está grávida dele e se recusa a abortar: «Tenho 36 anos, talvez seja a última chance de eu ter um filho!». Como sob o olhar afiado de Tracy McMillan, a profissional emancipada e segura deixa a máscara cair, revelando uma criatura miserável

40 Cf. Mona Chollet, «L'hypnose du bonheur familial». *Chez soi*, op. cit., cap. 6.

que fica esperando o salvador capaz de fazer com que ela al-

cance a posição de companheira e mãe.

O filme termina com o assassinato da amante pela esposa no banheiro da casa da família onde ela tinha se enfiado. Numa primeira versão, Alex se suicidava; mas, depois de ter testado esse final com um público, a produção — para desgosto de Glenn Close, que se opôs em vão — fez rodar outro, mais de acordo aos desejos daquele: «O público queria absolutamente matar Alex, e não permitir que ela se matasse», explica placidamente Michael Douglas.[41] Na época, nos cinemas, os homens manifestavam seu entusiasmo durante essa cena vociferando: «Vai lá, arrebenta essa puta!».[42] Depois do desenlace do drama, quando a polícia vai embora, o casal volta para o interior da casa, abraçado, e a câmera dá um *zoom* no quadro com a foto de família em cima da cômoda. Durante todo o filme, na realidade, a direção oferecia regularmente grandes planos grosseiros sobre as fotos de família dos Gallagher, destacando, por meio de enquadramentos habilidosos, tanto o remorso do esposo infiel quanto a raiva impotente da amante. Quando o filme completava trinta anos, em 2017, Adrian Lyne se queixava: «Pensar que eu quis condenar as mulheres que seguem uma carreira e dizer que todas são psicopatas é estúpido. Eu sou feminista».[43] É verdade que hoje o feminismo está novamente na moda. Essas declarações parecem, no entanto, bastante ridículas dada a maneira como, se acreditarmos em Susan Faludi, o roteiro foi sem

41 Bruce Fretts, «*Fatal Attraction* oral history: rejected stars and a foul rabbit», *The New York Times*, 14 set. 2017.

42 Susan Faludi, *Backlash*, op. cit.

43 Bruce Fretts, op. cit.

parar remanejado num sentido mais reacionário. Se no começo a esposa era professora, ela se tornou dona de casa; a produção pediu que a personagem do marido ficasse mais simpática, exagerando, ao contrário, a da amante. Adrian Lyne teve a ideia de vestir Alex de couro preto e de colocá-la bem perto do mercado de carnes de Nova York. Embaixo da casa dela, fogos queimam em tonéis de metal parecidos a «caldeirões de bruxa».[44]

Mas a revanche que Faludi analisa não se manifestou apenas na esfera simbólica — mesmo que também nesse terreno ela tenha gerado efeitos concretíssimos. Do mesmo modo que na época das caças às bruxas se multiplicavam os obstáculos para aquelas que queriam trabalhar como os homens, sendo-lhes proibido o acesso à instrução ou por meio de suas expulsões das corporações, algumas se depararam com uma hostilidade impiedosa. Prova disso é a história de Betty Riggs e suas colegas, empregadas da empresa American Cyanamid (que virou Cytec Industries) na Virgínia Ocidental. Em 1974, a direção é obrigada pelas autoridades a contratar mulheres na cadeia de produção. Vendo ali uma chance única de parar de realizar trabalhos a um dólar por hora a que estava confinada, para poder sustentar seus pais e seu filho e, a longo prazo, largar seu marido violento, Betty Rigs pressiona a direção, que rejeita sua candidatura sob vários pretextos. Ao final de um ano, ela consegue enfim ser contratada, com outras 35 mulheres. Ela trabalha na fabricação de corantes, cuja produção, no primeiro ano, melhora consideravelmente. Mas as trabalhadoras são perseguidas por seus colegas homens; um dia, elas veem um cartaz que diz: «Salve um emprego, mate uma mulher». Como se isso não bastasse, o marido

44 Susan Faludi, *Backlash*, op. cit.

de Betty Riggs toca fogo em seu carro no estacionamento; ele tinha entrado no local de trabalho para bater nela. Depois, no final da década, a empresa se interessa repentinamente pelos efeitos das substâncias manipuladas na saúde de suas trabalhadoras. Se recusando a implementar medidas de proteção suplementares, e embora essas substâncias ameacem também a saúde reprodutiva dos homens, decide-se que as mulheres férteis com menos de cinquenta anos não poderão mais trabalhar naquela área de produção... a menos que sejam esterilizadas. As sete trabalhadoras ficam arrasadas. Cinco delas, porque precisavam muito daquele emprego, rendem-se à operação — entre elas, Betty Riggs, que na época tinha apenas 26 anos. Menos de dois anos depois, no final de 1979, a direção, às voltas com os departamentos do governo responsáveis pela segurança no trabalho, reage encerrando a fabricação de corantes: «Os postos de trabalho pelos quais as mulheres sacrificaram seus úteros foram eliminados». Elas perdem o processo que movem contra a empresa: um juiz federal considera que elas «tiveram escolha».[45] Betty Riggs volta aos «trabalhos de mulher» e ganha a vida fazendo faxina. Não há fogueira aqui, mas sempre o poder patriarcal que exclui, golpeia e mutila para manter as refratárias em sua posição de eternas subalternas.

QUEM É O DIABO?

Quem é esse Diabo cujo espectro, a partir do século XIV, começou a crescer aos olhos dos homens de poder europeus

45 Ibid.

diante de cada curandeira, cada mágica, cada mulher um tanto audaciosa ou agitada, até fazerem delas uma ameaça mortal para a sociedade? E se o Diabo fosse a autonomia?

«Toda a questão do poder é separar os homens do que eles podem. Não existe poder se as pessoas são autônomas. A história da bruxaria, para mim, é também a história da autonomia. Aliás, uma bruxa casada, como em *Casei com uma feiticeira*, é estranho... Os poderes devem sempre dar o exemplo, mostrar que não poderemos continuar sem eles. Em política internacional, os países mais importunados são sempre aqueles que querem ser independentes», observa a ensaísta Pacôme Thiellement.[46] Hoje ainda, em Gana, entre as mulheres obrigadas a viver nos «campos de bruxas», 70% foram acusadas depois da morte do marido.[47] No filme (de ficção) de Rungano Nyoni *I Am Not a Witch* (2017), que se passa num campo semelhante na Zâmbia, as «bruxas» são amarradas numa bobina gigante de madeira por uma fita branca comprida fixada em suas costas, o que permite controlar estritamente, quase a uma distância de um metro, sua liberdade de movimento. Supostamente esse dispositivo as impede de voar para cometer assassinatos — sem ele, elas seriam capazes de voar «até o Reino Unido», comenta-se. Se cortassem a fita, se transformariam em cabras. Ao lhe mostrar sua própria bobina agora fora de uso, a esposa do representante local do governo explica a Shula, a menina mandada para este campo, que ela também tinha sido bruxa, em outros tempos. Somente o respeito adquirido com o casamento, assim como

46 «Les sorcières». *Hors-Serie.net*, 20 fev. 2015.

47 «Au Ghana, des camps pour 'sorcières' », *Terriennes*, TV5 Monde, 11 ago. 2014. http://information.tv5monde.com/terriennes.

uma docilidade e obediência absolutas, ressalta ela, permitiram

que ela cortasse a fita sem que se transformasse em cabra.

Na Europa, antes da grande onda de processos de bruxaria, aconteceu no século XV, como um presságio, o desmantelamento do *status* particular das beguinas, comunidades de mulheres presentes sobretudo na França, na Alemanha e na Bélgica. Muitas vezes viúvas, nem esposas nem freiras, livres de toda autoridade masculina, elas viviam em comunidade, em pequenas casas individuais perto de hortas e jardins com plantas medicinais, indo e vindo com total liberdade. Em um romance cheio de sensualidade, Aline Kiner deu nova vida à grande beguinaria real de Paris, cujos vestígios ainda são encontrados no Marais.[48] Sua heroína, a velha Ysabel, herborista da beguinaria, cuja casa tem um perfume de «madeira queimada e ervas amargas», tem «olhos estranhos, nem verdes nem azuis, que captam as nuances do céu, das plantas de seu jardim, das gotas de água atravessadas pela luz quando chove» — uma irmã de Floppy Le Redoux. Algumas beguinas até vivem e trabalham fora dos muros, como Jeanne du Faut, que toca um próspero comércio de seda. Elas vivem uma prosperidade física, intelectual e espiritual, longe do perecimento a que foram condenadas as milhares de mulheres encerradas em conventos. (No século XIX, o poeta Théophile Gautier, que deixou sua filha aos cuidados das freiras da Nossa Senhora da Misericórdia, constata um dia que ela fede; quando ele exige um banho por semana para a filha, as freiras, escandalizadas, respondem que «a toalete da freira

48 Sylvie Braibant, «La Nuit des béguines, une histoire de femmes puissantes et émancipées au Moyen Âge, racontée dans un livre», *Terriennes*, TV5 Monde, 14 out. 2017. http://information.tv5monde.com/terriennes.

consiste simplesmente em sacudir sua camisa.»)[49] A execução de Marguerite Porete, uma beguina da província do Hainaut, na Bélgica, queimada por heresia na place de Grève (na frente da atual prefeitura de Paris), em 1310, soa como o fim da tolerância com essas mulheres, cada vez mais malvistas por causa de sua «dupla recusa de obediência, ao padre e ao esposo».[50]

Hoje em dia, o Estado já não organiza execuções públicas das supostas bruxas, mas a pena de morte para as mulheres que querem ser livres de alguma maneira foi privatizada: quando uma delas é morta por seu cônjuge ou ex-cônjuge (o que na França acontece uma vez a cada três dias, em média),[51] com frequência é porque ela foi embora ou anunciou a intenção de fazê-lo, como Émilie Hallouin, amarrada pelo marido nos trilhos do trem de grande velocidade entre Paris e Nantes, no dia 12 de junho de 2017, quando completava 34 anos.[52] E a imprensa trata esses assassinatos com a mesma trivialidade desrealizante daquela com que se mencionam as fogueiras das bruxas.[53] Quando um homem imola com fogo sua esposa no município francês Pressis-Robinson, o jornal *Le Parisien* (23 de setembro de 2017) dá como título: «Ele bota fogo em sua mulher e incendeia o apartamento», como se a vítima fosse um bem móvel e como

49 Citado por Guy Bechtel, *Les Quatre Femme de Dieu*, op. cit.

50 Aline Kiner, *La nuit des béguines*. Paris: Liana Levi, 2017.

51 Segundo dados do Fórum Brasileiro de Segurança Pública, em 2021, em média, uma mulher foi vítima de feminicídio a cada sete horas. Fonte: https://forumseguranca.org.br/wp-content/uploads/2022/03/violencia--contra-mulher-2021-v5.pdf. [N. E.]

52 Cf. Titiou Lecoq, «'Elle s'appelait Lauren, elle avait 24 ans': une année de meurtres conjugaux», *Libération*, 30 jun. 2017.

53 Cf. o Tumblr *Les mots tuent*, https://lesmotstuent.tumblr.com.

se a informação essencial fosse o incêndio do apartamento; o

jornalista parece até achar graça na descoordenação do marido. Os únicos casos em que se dá ao feminicídio o lugar que ele merece, em que se reconhece a sua gravidade, acontecem quando o assassino é negro ou árabe, mas trata-se aí de alimentar o racismo e não de defender a causa das mulheres.

Para além de sua dimensão de comédia hollywoodiana superficial, o filme de René Claire, *Casei-me com uma bruxa* (1942), pode ser visto como uma celebração descontraída da subjugação das mulheres independentes. Executada com seu pai por bruxaria da Nova Inglaterra no século XVII, Jennifer (Veronica Lake) reencarna no século XX com o projeto de se vingar do descendente de seu acusador. Mas acidentalmente ela bebe a poção que tinha feito para ele e é ela quem se apaixona por ele. A partir de então, seus poderes servem para que ela garanta a vitória de seu homem nas eleições: um verdadeiro sonho de patriarca. Em seguida, quando ele volta para casa, ela vai correndo ajudá-lo a colocar as pantufas e comunica a sua intenção de renunciar à magia para se tornar «uma simples esposa que sabe ser útil». Desde o começo, na realidade, essa bruxa infantil, caprichosa e aduladora, sob a tutela de seu pai, antes de passar para a de seu marido, nada tinha da criatura incontrolável que supostamente aterrorizara seus juízes. São literalmente as instâncias masculinas que lhe insuflam vida. Quando o pai e ela ressuscitam em espírito, ela suplica: «Pai, me dê um corpo!», porque sonha em ter novamente «lábios para mentir a um homem e fazê-lo sofrer» — e aqui o retrato da bruxa se encontra com os lugares-comuns da misoginia ordinária. Ele realiza seu desejo e lhe confere a aparência de uma «coisa bem pequenininha», como diz com ternura uma matrona que empresta um vestido para ela; uma bela coisa bem pequenininha etérea e graciosa, como Hollywood produziria tantas outras vezes, que não ocupa muito espaço e se veste com uma camisola de renda ou um casaco de pele para melhor seduzir seu futuro marido. Depois, quando seu pai decide privá-la desse envoltório carnal para puni-la por ter se apaixonado por um mortal, é um beijo do escolhido (duplamente escolhido, portanto) que a reanima, como a Bela adormecida. Ela termina tricotando perto da lareira, rodeada pela família, o que aparentemente é um *happy ending*. Se bem que sua filha começa a zanzar pela casa montada em uma vassoura; «tenho medo de que a gente venha a ter problemas com ela algum dia», suspira ela. Mas não há com que se preocupar: ela será reprimida como sua mãe. Graças ao «amor», claro, que é «mais forte que a bruxaria». Vemos novamente o tema da bruxa que renuncia com alegria aos seus poderes para se casar em *Sortilégio do amor*.[54]

Em contrapartida, no filme de George Miller *As bruxas de Eastwick* (1987), que se passa nos anos 1980 numa pequena cidade da Nova Inglaterra, Daryl Van Horne, também conhecido como o Diabo, interpretado por Jack Nicholson, declara que não acredita no casamento: «Bom para o homem, péssimo para a mulher. Ela morre! Ela sufoca!». Quando, em seu primeiro encontro, Alexandra (Cher) lhe diz que é viúva, ele responde: «Lamento... Mas você faz parte das sortudas. Quando uma esposa se desvencilha de um marido, ou um marido da esposa, seja pela morte, deserção

54 À primeira vista, o roteiro de *A feiticeira* é parecido; mas ao menos a série oferece um contraponto por meio da personagem de Endora, a mãe da Samantha, consternada com a subordinação de sua filha e pela ingenuidade do genro.

ou divórcio, a mulher desabrocha! Ela se realiza! Como uma flor. Como um fruto. Ela está madura. Esta é uma mulher para mim». Execuções de bruxas aconteceram em outros tempos no castelo para o qual ele se mudou, o que o leva a dar sua interpretação do fenômeno: «O pinto dos homens fica mole quando eles se encontram diante de uma mulher poderosa, então como eles reagem? Eles a queimam, a torturam, a chamam de bruxa. Até que todas as mulheres tenham medo: medo delas mesmas, medo dos homens». Antes da chegada dele na cidade, as três bruxas, interpretadas por Cher, Michelle Pfeiffer e Susan Sarandon, mal se atreviam a acreditar em seus poderes mágicos. Porém, foram elas que o fizeram aparecer, sem querer, numa noite de chuva em que imaginavam o homem ideal e o invocavam enquanto tomavam drinques — antes de concluir, suspirando, que os homens «não eram a resposta para tudo» e se perguntar por que sempre terminavam falando sobre eles. Até sua entrada estrondosa em suas vidas, não paravam de se conter, de se frear, de fingir ser «metade do que eram» para se conformar com as regras de uma sociedade patriarcal e puritana. Ele, ao contrário, encoraja-as a mostrar do que são capazes, a dar livre curso à sua energia, sua criatividade, sua sexualidade. Apresenta-se como um homem para além dos homens ordinários, que elas não deveriam ficar com medo de espantar: «Vamos, mandem brasa! Eu aguento» (*I can take it*), ele não para de repetir. Aqui, não apenas estamos longe do esquema conjugal, como o amor e o desejo intensificam os poderes da bruxa em vez de eliminá-los. Como se não bastasse, as três heroínas vão acabar se livrando do querido Daryl Van Horne. Cabe aqui notar o paradoxo representado pela figura do Diabo, mestre daquelas que não têm mestre. Os demonólogos do Renascimento não podiam nem mesmo conceber uma autonomia total das mulheres: para eles, a liberdade daquelas que eles acusavam de bruxaria se explicava por outra subordinação; ela estava sem dúvida sob o domínio do Diabo, isto é, ainda submetida a uma autoridade masculina.

MULHERES SEMPRE «DISSOLVIDAS»

Mas a autonomia não é o apanágio das solteiras ou das viúvas. Ela também pode se manifestar no lar, debaixo do nariz do marido. É precisamente o que simboliza a ficção do voo noturno da bruxa, que a leva a desertar o leito conjugal, esquivando a vigilância do homem que dorme para montar em sua vassoura e partir para o sabá. No delírio dos demonólogos, que revela os medos masculinos daquele tempo, o voo da bruxa, escreve Armelle Le Bras-Chopard, «representa uma liberdade de ir e vir, não apenas sem a autorização do marido, como, na maioria das vezes, sem o seu conhecimento, se ele mesmo não for bruxo, ou até mesmo em detrimento dele. Usando um bastão, tirado dos pés de uma cadeira, que ela coloca entre as pernas, a bruxa se atribui um sucedâneo do membro viril do qual ela carece. Ao transgredir ficticiamente seu sexo para se conceder o de um homem, ela também transgride seu gênero feminino: ela se dá aquela facilidade de movimento que, na ordem social, é um apanágio masculino. [...] Ao se atribuir essa autonomia, portanto ao se esquivar daquele que exerce sua própria liberdade pela dominação que exerce sobre ela, ela rouba dele uma parte de seu poder: esse voo é um roubo».[55]

55 Armelle Le Bras-Chopard, *Les Putains du Diable*, op. cit.

A autonomia, ao contrário do que hoje em dia a chantagem da «revanche» quer nos fazer acreditar, não significa a ausência de laços, mas a possibilidade de estabelecer laços que respeitem nossa integridade, nosso livre-arbítrio, que favorizem nossa realização ao invés de dificultá-la, e isso independentemente do nosso modo de vida, sozinha ou em casal, com ou sem crianças. A bruxa, escreve Pam Grossman, «é o único arquétipo feminino que tem um poder por si mesma. Ela não se deixa definir por outra pessoa. Esposa, irmã, mãe, virgem, puta: esses arquétipos são justificados por relações com os outros. A bruxa, por sua vez, fica de pé sozinha».[56] Ora, o modelo fomentado na época das caças às bruxas, imposto no início pela violência e depois — com a construção do ideal da dona de casa, no século XIX — por meio de uma mistura hábil de bajulação, sedução e ameaça, restringe as mulheres ao seu papel reprodutivo e deslegitima a sua participação no mundo do trabalho. Com isso, ele as coloca numa posição em que incessantemente sua identidade corre o risco de ser abalada, atrofiada, fagocitada. Ele as impede de existirem e de se realizarem para fazer delas as representantes de uma suposta essência feminina. Em 1969, em Nova York, o grupo WITCH perturbou um salão de casamento jogando ratos.[57]

56 Pam Grossman, «Avant-propos». Em Taisia Kitaiskaia e Katy Horan, *Literary Witches. A Celebration of Magical Woman Writers*. Berkeley: Seal Press, 2017.

57 Como na ação da Bolsa, passado o tempo, Robin Morgan condena severamente essa manifestação, em particular porque jogar ratos «assustou e humilhou as visitantes e suas mães, sem falar na maneira como assustou e humilhou as próprias ratas». Robin Morgan, «Three articles on witch», *Going too far*, op. cit.

Um dos *slogans* protestava: «Ser uma esposa para sempre, mas uma pessoa, nunca».

Hoje, aquela que divide sua vida com um homem e crianças deve sempre lutar com todas as suas forças se não quiser se tornar uma «mulher dissolvida». A expressão é de Colette Cosnier, que estudou as *Brigitte*, série água com açúcar em quarenta volumes de Berthe Bernage que começou a ser publicada nos anos 1930. Por meio da heroína, que tem dezoito anos no primeiro tomo e é bisavó nos últimos, a autora queria «compor uma espécie de tratado da vida moderna para proveito da senhorita, e em seguida da esposa e da mãe», explica Colette Cosnier. Assim, quando Brigitte mima seus filhos com o olhar, comovida, Berthe Bernage escreve: «Roseline algum dia irá se dissolver em outra família, enquanto ele, o homenzinho que já cerra seus minúsculos punhos, decidido, ele vai ser 'ele'».[58] Poderíamos pensar que estamos muito distantes de um universo tão reacionário como este (durante a guerra, *Brigitte*, é claro, sem nunca dizer explicitamente, foi petanista,[59] e, quando a ocasião se apresentou, antissemita). Porém... Dentro da família heteroparental, as necessidades de uma mulher devem sempre desaparecer diante das de seu companheiro e de seus filhos. «As mulheres escutam com frequência que o jeito certo de ser uma mãe é se dissolver na vida dos outros», escreve a socióloga Orna

58 Colette Cosnier, «Maréchal, nous voilà! ou Brigitte de Berthe Bernage». Em Christine Bard (org.), *Un siècle d'antiféminisme*, op. cit.

59 Apoiadores de Philippe Pétain, militar e chefe de Estado francês que, durante a Segunda Guerra Mundial, colaborou com os nazistas no contexto do regime de Vichy. [N. T.]

Donath.[60] Nos casais mais progressistas, se essa lógica arcaica já

não é mais teorizada — isso seria inadmissível —, ela se instaura quase por passe de mágica, quando as atribuições domésticas recaem sobre as mães como um gigantesco fragmento de rocha. A jornalista e autora Titiou Lecoq, que tem trinta anos, conta que nunca tinha sentido que as discriminações sexistas lhe diziam respeito: «E logo, bum... tive filhos. Então eu, que era um 'eu' total, entendi o que significava ser uma mulher — e que, lamentavelmente, eu era uma». Não apenas uma grande parte da identidade das mulheres se limita ao seu papel doméstico e maternal, como elas também carregam o peso da parte ingrata da parentalidade: Titiou Lecoq observa que, de acordo com os estudos sobre o tema, «apenas as atividades de jogo e socialização das crianças são divididas igualmente». Ela comenta: «E eu entendo os caras. Eu também acho mais legal caminhar na floresta com as crianças do que separar as roupas que ficaram pequenas demais».[61]

No entanto, a dissolução da identidade na maternidade vai além da questão das tarefas educativas e domésticas. A poeta e ensaísta americana Adrienne Rich se lembrava que, quando de sua primeira gravidez, em 1955, ela tinha deixado de escrever poesia e até de ler, contentando-se com cursos de costura: «Eu costurei cortinas para o quarto do bebê, malhas e apaguei tanto quanto era possível a mulher que eu tinha sido alguns meses antes. [...] Eu me sentia vista pelo mundo simplesmente como

60 Orna Donath, *Regretting Motherhood. A study*. Berkeley: North Atlantic Books, 2017.

61 Titiou Lecoq, *Libérées. Le combat féministe se gagne devant le panier de linge sale*. Paris: Fayard, 2017.

uma mulher grávida, e me parecia mais fácil, menos perturbador, me ver dessa forma». Em torno dela, mostravam-se de fato determinados a não permitir que ela fosse ao mesmo tempo uma escritora e futura mãe. Quando iria fazer uma leitura de poesia numa prestigiosa escola de meninos na Nova Inglaterra, o professor cancelou o convite ao saber que ela estava grávida de sete meses, considerando que seu estado «impediria os meninos de escutarem [su]a poesia».[62] Ainda em 2005, em *Un heureux événement* [Um acontecimento feliz], a escritora Éliette Abécassis demonstrava a pregnância dessa ideia de incompatibilidade. Uma manhã em que a narradora, num momento tardio de sua gravidez, tem reunião com seu orientador de tese, ela se pergunta, consternada: «Se por um milagre eu conseguisse me levantar da cama, como poderia me apresentar para meu orientador neste estado? Eu tinha tido muita dificuldade para estabelecer uma relação de igual para igual com ele. Que mentira eu teria que lhe contar para justificar minha transformação?».[63] Como se os hormônios da gravidez inibissem o funcionamento do cérebro ou fosse escandaloso querer ao mesmo tempo pensar e dar à luz.

Esse reflexo lembra a teoria da «conservação de energia» desenvolvida pelos médicos no século XIX: considerava-se que os órgãos e as funções do corpo humano tinham que lutar para se apropriar da quantidade limitada de energia que nele circula. Sendo assim, as mulheres, cuja existência tinha como objetivo supremo a reprodução, deviam «conservar sua energia em si,

62 Adrienne Rich, *Naître d'une femme. La maternité en tant qu'expérience et institution*. Paris: Denoël/Gonthier, 1980.

63 Éliette Abécassis, *Un hereux événement*. Paris: Albin Michel, 2005.

em torno do útero», explicam Barbara Ehrenreich e Deirdre English. Grávidas, elas tinham que ficar deitadas e evitar qualquer outra atividade, sobretudo intelectual: «Rapidamente, os médicos e os pedagogos concluíram que a educação superior podia ser perigosa para a saúde das mulheres. Um crescimento cerebral muito prolongado atrofiaria o útero, eles advertiam. Simplesmente, o desenvolvimento do sistema reprodutor não permitia o desenvolvimento da inteligência».[64] Não estaríamos ainda impregnados do imaginário derivado dessas teorias fantasistas que serviam para justificar o ato de relegar as mulheres a um *status* social secundário? Esses fantasmas arcaicos sobre o corpo feminino ainda alimentam a relegação social — aberta ou discreta — que recai sobre as mães: elas são celebradas enquanto ilustrações de um ideal um tanto insípido, mas são negadas enquanto pessoas.

Deve-se lembrar que Tracy McMillan recomendava engolir todas as raivas para ter alguma chance de que um homem se digne a se casar com a gente. A censura da raiva tem um grande papel no apagamento da identidade. «A raiva feminina ameaça a instituição da maternidade», escreve Adrienne Rich, que cita essa resposta de Marmee à sua filha Jo no *As filhas do Dr. March*: «Eu sinto raiva quase todos os dias da minha vida, Jo; mas aprendi a não manifestá-la, e ainda espero aprender a não senti-la; ainda que isso leve quarenta anos da minha vida.» Porque o 'trabalho' da mãe de família é garantir a atmosfera pacífica e serena do lar, zelar pelo bem-estar ao mesmo tempo mental e material de todos os outros membros da casa, «sua

64 Barbara Ehrenreich e Deirdre English, *Fragiles ou contagieuses. Le pouvoir médical et le corps des femmes* [1973]. Paris: Cambourakis, 2016.

própria irritação soa ilegítima».[65] Hoje em dia, atentam para a educação não violenta, a necessidade de respeitar as crianças, de não as traumatizar. «É preciso fingir e se esforçar, em qualquer circunstância, para transmitir-lhes um discurso apropriado e amigável, um discurso *cidadão*. Sem asperezas. Neutro. Compassivo», ironiza Corinne Maier em seu panfleto *No Kid*.[66] Quando eu era pequena, tinha muito medo das broncas da minha mãe. Mas acho que eu teria ficado bem mais aterrorizada ainda se tivesse escutado ela se dirigir a mim como um alto-falante da SNCF.[67] «É preciso sair desse paradoxo moderno que faz com que a ideia da criança como um indivíduo que ajudamos a se tornar ele mesmo leva as mulheres não a uma condição de indivíduo que vive sua vida, mas à função materna, privando-as de sua individualidade», analisa Titiou Lecoq.[68]

No trabalho também corremos o risco de ser «dissolvidas». Ali se produz a mesma sujeição, a mesma redução a um papel estereotipado. A repressão das mulheres que trabalhavam na área da saúde — curandeiras das cidades do interior ou médicas oficialmente reconhecidas — e a instauração de um monopólio masculino sobre a medicina, que aconteceram no Renascimento europeu e nos Estados Unidos do final do século XIX, ilustra-o de maneira exemplar: quando as mulheres foram autorizadas a voltar para a profissão médica, foi como enfermeiras,

65 Adrienne Rich, *Naître d'une femme*, op. cit.

66 Corinne Maier, *No Kid. Quarante raisons de ne pas avoir d'enfant*. Paris: Michalon, 2007.

67 A SNCF, Société nationale des chemins de fer français [Sociedade nacional das estradas de ferro francesa], é uma empresa ferroviária pública francesa. [N. T.]

68 Titiou Lecoq, *Libérées*, op. cit.

isto é, na posição subalterna de assistentes do Grande Homem de Ciência.[69] Hoje, na França, não apenas muitas trabalhadoras trabalham meia jornada (um terço das mulheres, contra 8% dos homens),[70] portanto não têm independência financeira — isto é, diretamente, não têm independência —, como são relegadas a profissões ligadas à educação, ao cuidado das crianças e idosos ou a funções de assistência: «Quase a metade das mulheres (47%) fica sempre concentrada em uma dezena de trabalhos, como enfermeiras (87,7% são mulheres), auxiliares de serviços domésticos ou babá (97,7%), na limpeza, como secretária ou professora».[71] Ora, na Idade Média, as europeias tinham acesso, assim como os homens, a vários trabalhos, ressalta Silvia Federici: «Nas cidades medievais, as mulheres trabalhavam como ferreiras, açougueiras, padeiras, fabricantes e vendedoras de velas, chapeleiras, cervejeiras, cardadoras de lã e varejistas». Na Inglaterra, «setenta e duas das oitenta e cinco corporações contavam com mulheres trabalhando», e em algumas elas eram dominantes.[72] É, portanto, uma reconquista, e não uma conquista, o que começou no século XX. Uma reconquista bem longe de estar concluída: as mulheres continuam sendo intrusas no mundo do trabalho. A psicóloga Marie Pezé vê uma ligação direta entre os postos de subordinação que elas ocupam e a

69 Barbara Ehrenreich e Deirdre English, *Sorcières, sages-femmes et infirmières*, op. cit.

70 Julia Blancheton, «Un tiers des femmes travaillent à temps partiel», *Le Figaro*, 8 jul. 2016.

71 «Répartition femmes/hommes par métiers: l'étude de la Dares», Secrétariat d'État en charge de l'égalité entre les femmes et les hommes, 13 dez. 2013, www.egalite-femmes-hommes.gouv.fr.

72 Silvia Federici, *Caliban et la sorcière*, op. cit.

perseguição, as agressões sexuais que sofrem: «Enquanto essa inferiorização do destino das mulheres não for enfrentada, não resolveremos nada», ela considera.[73]

O REFLEXO DE SERVIR

Mesmo quando elas têm meios de escolher uma profissão prestigiosa ou um trabalho criativo, um obstáculo psicológico ou a falta de estímulo das pessoas próximas podem inibi-las de fazê-los. Elas vão preferir viver sua vocação através de outra pessoa, atuando como conselheiras, como ajudantes ou apoio para um homem que admiram, amigo, empregador ou companheiro, sempre no modelo médico/enfermeira. É a inibição que o *slogan* feminista da camiseta «Seja o médico com quem seus pais queriam que você se casasse» (*Be the doctor your parents always wanted you to marry*) quer mandar pelos ares. De fato, a história da ciência e a história da arte estão cheias de homens que se apropriaram do trabalho de suas companheiras — Scott Fitzgerald, por exemplo, que inseria em seus livros trechos de sua mulher, Zelda, e que, quando foi a vez dela de publicar uma seleção de textos, ele sugeriu como título: *Esposa de autor*.[74] Mas a isso se soma uma interiorização pelas próprias mulheres dessa posição de segunda ou de assistente.

Isadora Wing, a heroína de Erica Jong, foi advertida contra as artistas ou aspirantes a artista por sua mãe, que pagou caro

73 Rachida El Azzouzi, «Marie Pezé: 'Les violences sexuelles et sexiste sont dans le socle de notre société»», *Mediapart.fr*, 12 maio 2016.

74 Citado por Nancy Huston, *Journal de la creátion*. Arles: Actes Sud, 1990.

pela lição, como conta a filha: «Meu avô sempre pintava seus próprios quadros sobre os de minha mãe, em vez de comprar telas novas. Para fugir dele, minha mãe se voltou um tempo para a poesia, mas então encontrou meu pai, que escrevia canções, e roubava dela suas imagens poéticas para usá-las em suas próprias estrofes». Quanto a Isadora, não importa qual seja sua sinceridade e a profundidade de seu desejo de escrever («Eu queria ser nova, construir uma vida nova ao escrever»), ela duvida de si mesma incessantemente. Seus dois primeiros rascunhos de romance têm narradores masculinos: «Ingenuamente, eu partia da premissa de que ninguém se importava com a opinião de uma mulher». Todos os temas que ela conhece bem lhe parecem «banais» e «femininos demais». E ela quase não podia contar com o apoio das pessoas em seu entorno. Sua irmã, mãe de nove crianças, considera a sua poesia «masturbatória» e «exibicionista», e condena sua «esterilidade»: «Você passeia pela vida como se escrever fosse a coisa mais importante do mundo!». No posfácio escrito para os quarenta anos do *Complexo de Ícaro*, em 2013, Erica Jong confessa que, depois de ter vendido 27 milhões de exemplares em dezenas de idiomas, com uma adaptação cinematográfica sendo preparada, ainda se sentia «na pele de uma poeta que tinha o péssimo hábito de escrever romances».[75] No entanto, o livro existe, com sua narradora e seus assuntos «femininos», milhares de leitoras se encontraram nele, milhares de leitores o apreciaram. Ele simboliza ao mesmo tempo a vitória de Isadora e a de Erica, vitória sobre suas dúvidas e complexos, seus medos de nunca conseguir encontrar e impor suas vozes.

75 Erica Jong, *O complexo de Ícaro*, op. cit.

No meu caso, lembro-me da revelação que aconteceu na minha cabeça quando, há quinze anos, um filósofo que eu admirava sugeriu a publicação de um livro de entrevistas com ele — um bom negócio para ele na medida em que eu teria que fazer todo o trabalho de escrita. Ele sustentava ideias feministas: como eu ia desconfiar, não é mesmo? Eu ainda não tinha entendido que era o melhor jeito de reforçar minha adesão, portanto minha disponibilidade. Mas quando ele me disse: «Você sabe, seu nome também vai aparecer na capa, não só o meu», a insistência suspeita em me tentar com essa honra grandiosa de súbito me fez ficar com a pulga atrás da orelha. Comecei a sentir a palavra «ENGANADA» piscando na minha testa. Alguns dias depois, ele me ligou: acabara de encontrar um velho amigo, jornalista famoso, e eles tinham gravado a conversa já com a ideia de fazer um livro. Ele queria saber se eu me «divertiria» transcrevendo-o. Quando respondi, sem dúvida um pouco seca: «É... não», ele correu para completar: «Não tem problema, não tem problema! Era só se fosse divertido para você!». Ele tinha apostado na probabilidade de que meu entusiasmo pela sua obra, combinado com o meu servilismo feminino e o meu sentimento de inferioridade, me transformasse em secretária voluntária explorável — por pouco ele não acertou. Definitivamente desanimada, renunciei ao nosso projeto comum. No lugar, escrevi um livro em que só aparece meu nome na capa.

Mas recusar o sacrifício ou querer seguir seus próprios objetivos vão lhe render reprovações imediatas. Se sua insubordinação ocorrer na esfera profissional, você será acusada de ser pretenciosa, individualista, carreirista, de se achar melhor que os outros. Imediatamente, aparecerão homens enaltecendo a beleza do sacrifício por uma causa que vai além da sua pequena pessoa, as gratificações infinitamente superiores que isso lhe traria — eles mesmos o praticam bem pouco, mas, enfim, ouviram falar. Por um incrível acaso, o serviço dessa causa em geral vai ter que se sobrepor ao serviço de suas carreiras. E a chantagem deles funciona, sendo muito difícil disputar com os homens essa aura impalpável, mas decisiva, de legitimidade e de prestígio que os cerca quando se põem a escrever, a criar ou a filmar, ou quando se lançam em qualquer iniciativa ambiciosa.

Se você se rebelar no contexto familiar, recusando-se a organizar toda sua vida em torno da prole, você será uma megera, uma péssima mãe. Aqui também, você será convidada a passar por cima da sua pequena pessoa. Vão enaltecer para você os efeitos soberanos da maternidade sobre a tendência deplorável ao umbiguismo que caracteriza aparentemente as mulheres: «É somente ao ter um bebê que a mulher pode parar de pensar só nela mesma», declara uma jovem americana.[76] Inevitavelmente, vão lhe recordar que «ninguém lhe obrigou a ter filhos»; o direito à contracepção e ao aborto tiveram como efeito perverso reforçar as normas da «boa» maternidade[77] — e muito menos as da «boa» paternidade, curiosamente, embora em teoria os homens tenham participação na decisão de procriar. São principalmente as mães que perseguem essas pequenas frases que parecem proceder do bom senso, como: «Não fazemos filhos para que outros os criem». Certo; mas também não fazemos filhos para ficar coladas neles nem para abdicar de

76 Citado por Pam Houston, «The trouble with having it all». Em Meghan Daum (org.), *Selfish, Shallow, and Self-Absorbed*, op. cit.

77 Cf. Nathalia Bajos e Michèle Ferrand, «La contraception, levier réel ou symbolique de la domination masculine », *Sciences sociales et santé*, vol. 22, n. 3, 2004.

todas as outras dimensões. E criá-los pode também ser oferecer a eles uma imagem de uma adulta equilibrada e não tão alienada ou frustrada.[78] Enfim, algumas serão chamadas de mimadas, pequenas, incapazes de assumir as leis elementares da existência. Ora, insiste Adrienne Rich, «a instituição da maternidade não se confunde com o ato de carregar e criar crianças, assim como a instituição da heterossexualidade não se confunde com intimidade e amor sexual».[79]

Quando o livro *O segundo sexo*, de Simone de Beauvoir, foi publicado, o crítico e escritor André Rousseau lamentava: «Como fazer com que [as mulheres] entendam que é na entrega de si que estão as conquistas infinitas».[80] Ainda nos anos 1960, na *Encyclopédie de la femme* [Enciclopédia da mulher] publicada pelas edições Nathan, a médica Monsarrat falava da educação das meninas nestes termos: «Ela deve ser feita no sentido mais altruísta. O papel da mulher na vida é dar tudo em torno dela, conforto, alegria, beleza, conservando o sorriso, sem parecer mártir, sem mau humor, sem cansaço aparente. É uma tarefa pesada; é preciso treinar nossa filha a essa renúncia perpétua e

78 Claro que o princípio da imposição contraditória também se aplica aqui. Em 2010, no departamento do Lot, na França, Odile Trivis perdeu a guarda de seu filho de três anos, que criava sozinha, porque ela era «fusional demais». Que ela tivesse razões para sê-lo — durante a gravidez, teve que lidar tanto com a separação do pai quanto com um câncer — aparentemente não contou em nada. Será que é preciso deduzir disso que o sobreinvestimento do papel materno vira repreensível a partir do momento em que ele não beneficia um cônjuge? Antoine Perrin, «Une mère séparée de son fils car elle l'aime trop », *BFMTV.com*, 28 dez. 2010.

79 Adrienne Rich, *Naître d'une femme*, op. cit.

80 Citado por Sylvie Chaperon, «Haro sur Le Deuxième Sexe». Em Christine Bard (org.), *Un siècle d'antiféminisme*, op. cit.

feliz. Desde o primeiro ano de vida, ela deve saber espontaneamente compartilhar seus brinquedos, seus doces e dar o que tem ao seu redor, sobretudo aquilo de que ela mais gosta».[81] Uma autora contemporânea americana confessa sua perplexidade ao se dar conta de que, desde que se tornou mãe, quando come bolacha, ela pega as que estão quebradas e deixa as que estão intactas ao marido e às filhas.[82] Em 1975, o coletivo francês Les Chimères, protestando contra a «maternidade escrava» notava que mesmo uma feminista como Évelyne Sullerot (1924-2017) falava da época em que seus filhos eram pequenos como anos «justificadores».[83] As mulheres introjetam a convicção de que sua razão de viver é servir os outros, o que aumenta ainda mais seu sofrimento quando não podem engravidar. No começo dos anos 1990, uma mexicana-americana chamada Martina contava como, depois de ficar sabendo que teria que tirar o útero por motivos médicos, ligou para a mãe, aos prantos: «Eu disse a ela: 'Suponho que agora dá para me considerar completamente inútil, porque se ao menos eu oferecesse a ele [seu marido] um lar fenomenal. É ele quem cozinha, e, agora, não sou capaz de fazer nem isso!'».[84]

O único destino feminino concebível ainda é a entrega. Ou, mais precisamente, uma entrega que passa pelo abandono de seus potenciais criativos mais do que por sua realização. Porque, pensando bem, e felizmente, podemos também enriquecer o

81 Citado por Erika Flahault, *Une vie à soi*, op. cit.

82 Jancee Dunn, «Woman are supposed to give until they die », *Lennyletter.com*, 28 nov. 2017.

83 Les Chimères, *Maternité esclave*. Paris: 10/18, 1975.

84 Citado por Mardy S. Ireland, *Reconceiving Woman. Separating Motherhood from Female Identity*. Nova York: Guilford Press, 1993.

nosso entorno, imediato ou mais expandido, explorando nossa singularidade e dando vazão às nossas aspirações pessoais. Talvez essa seja mesmo a única forma de entrega que devamos buscar, distribuindo, se for o caso, a parte injustificável de sacrifício necessário que sobrar, se é que sobrará alguma. Enquanto isso, o desperdício de nossos potenciais continua. «Uma 'mulher de verdade' é um cemitério de desejos, de sonhos perdidos, de ilusões», escreviam Les Chimères.[85] Já está na hora de as mulheres — em geral tão pouco seguras de si, de suas capacidades, da pertinência de suas contribuições, de seu direito a uma vida para si mesmas — aprenderem a se defender diante da culpabilização e da intimidação, levarem a sério suas aspirações e as preservarem com uma total inflexibilidade diante das figuras de autoridade masculinas que tentam desviar a sua energia em seu benefício. «Optem sempre por vocês mesmas», aconselha Amina Sow, uma trabalhadora do mundo digital entrevistada por Rebecca Traister. Se você der prioridade a você, poderá seguir caminhos incríveis. É claro que as pessoas vão chamá-la de egoísta. Mas não. Você tem capacidades. Você tem sonhos.»[86]

Nas classes média e alta, muitas mulheres renunciam a usar plenamente a educação que receberam para se dedicar à de seus filhos, que querem que seja a melhor possível, e essa abnegação revela uma contradição de base. O tempo, o dinheiro e a energia gastos para garantir o sucesso e a realização dos pequenos traduzem, ao menos de maneira implícita, a esperança de que eles realizem coisas importantes. Os vários psicólogos, autores e educadores que propõem identificar e ajudar as crianças superdotadas,

85 Les Chimères, *Maternité esclave*, op. cit.
86 Rebecca Traister, *All the Single Ladies*, op. cit.

ou com «grande potencial», confirmam a onipresença dessa preocupação. Disso se pode deduzir a existência de um amplo consenso quanto à importância de se realizar e à legitimidade da necessidade de reconhecimento. E, claro, esses esforços recaem tanto sobre as meninas quanto sobre os meninos. Ninguém assumiria um tratamento diferente: não estamos mais no século XIX. No entanto, se mais tarde essas mesmas meninas têm filhos, é provável que uma parte desses recursos tenha sido gasta em vão. Quando chegarem à idade adulta, de repente, por um estranho passe de mágica, todo mundo irá considerar que já não se trata de elas serem bem-sucedidas na vida, mas acima de tudo de vencerem na vida em família — como se todo aquele circo em torno da educação delas buscasse sobretudo deixar suas mães ocupadas. É principalmente sobre elas que recairá a responsabilidade de garantir o sucesso futuro de seus próprios filhos. E se elas quiserem levar ao mesmo tempo a vida familiar, a vida pessoal e a vida profissional, existem grandes chances de que a maternidade as penalize em seu percurso, enquanto a paternidade não prejudica em nada uma carreira ou uma vocação — ao contrário. Em suma, se quiséssemos ser coerentes, seria preciso ou diminuir o ritmo da educação das meninas, ou integrar na sua formação um sério treinamento para a guerrilha contra o patriarcado, num esforço ativo para fazer com que a situação mude.

A «INSTITUIÇÃO DA MATERNIDADE», GRILHÕES NOS PÉS

Evidentemente, nada impede uma mulher de ter filhos e se realizar ao mesmo tempo em outras áreas. Ao contrário, elas são inclusive profundamente estimuladas a isso: ao colocar a cereja da realização pessoal em cima do bolo da maternidade, você irá satisfazer nossa consciência limpa e nosso narcisismo coletivo. Não gostamos de confessar a nós mesmos que vemos as mulheres acima de tudo como reprodutoras. («Boa sorte com o seu *verdadeiro* projeto!», disse uma estudante universitária do Quebec a outra, grávida.)[87] Mas então convém-lhe ter muita energia, um bom sentido de organização e uma grande resistência ao cansaço; convém-lhe não gostar muito de dormir ou descansar, não detestar horários e conseguir fazer várias coisas ao mesmo tempo. As autoras brigam pela sua atenção, com títulos como: *Escolha tudo* ou *Como ter um filho sem se perder*.[88] A arte da «conciliação» alimenta um filão editorial; ele tem suas campeãs, que são entrevistadas em blogs e nas revistas femininas — uma vez eu vi um pai solteiro que tinha sido convidado a descrever seu cotidiano, e outra vez uma mãe homossexual, mas na esmagadora maioria dos casos só entrevistam sobre esse tema mulheres heterossexuais. Isso pode ser compreensível na medida em que são de fato elas que têm mais dificuldades nesse sentido,[89] mas isso contribui a naturalizar essa situação, a escamotear a profunda injustiça social que ela representa. Fica a impressão de que não há elemento exterior a essa equação, que tudo depende delas e de seu grau de organização, e culpabiliza aquelas que se saem pior, fazendo com que acreditem que o problema é delas.

87 Citado por Lucie Joubert, *L'Envers du landau. Regard extérieur sur la maternité et ses débordements*. Montréal: Triptyque, 2010.

88 Nathalie Loiseau, *Choisissez tout*. Paris: Jean-Claude Lattès, 2014.

89 Não existem, até hoje, estudos sobre a divisão de tarefas nos casais homossexuais.

Há alguns anos, a escritora Nathacha Appanah entrevistou, para um programa de rádio, três colegas mulheres e três homens, para falar sobre o trabalho deles. Um dos homens, ela conta, combinou de encontrá-la no átrio da Sacré-Coeur, o outro num café no bairro de Belleville. As mulheres a receberam em suas casas: «Enquanto falávamos de seus livros, de sua origem, dos rituais, da disciplina, uma delas terminou de lavar a louça, preparou um chá para mim, outra arrumou os brinquedos que estavam jogados pela sala, sempre atenta para a hora da saída da escola. Esta me revelou que acordava todos os dias às cinco da manhã para poder escrever». Na época, Nathacha Appanah não tinha filhos e gozava de uma liberdade total. Quando se tornou mãe, ela experimentou na pele esse «fracionamento do tempo», «a ginástica mental entre gerenciar o cancelamento súbito da babá e o nó que bloqueia um romance na página 22». «Passei meses procurando aquela antiga eu, que era mais concentrada, mais eficaz», confessa. Quando, ao conversar com um escritor que tem três filhos e viaja bastante, ela lhe pergunta como ele faz, ele responde que «tem muita sorte». Ela comenta: «'Muita sorte' é, eu acho, uma maneira moderna de dizer 'Eu tenho uma esposa formidável'». E ela faz as contas: «Flannery O'Connor, Virginia Woolf, Katherine Mansfield, Simone de Beauvoir: sem filhos. Toni Morrison: dois filhos, publicou seu primeiro romance com 39 anos. Penelope Fitzgerald: três filhos, publicou seu primeiro romance com sessenta anos. Saul Bellow: muitos filhos, muitos romances. John Updike: muitos filhos, muitos romances».[90]

90 Nathacha Appanah, «La petite vie secrète des femmes», *La Croix*, 18 maio 2017.

Ela não especificava se as pessoas com quem tinha conversado pertenciam ou não à pequena minoria que vive da escrita. Ora, a realização de si é evidentemente ainda mais difícil quando passa por uma atividade que se soma ao trabalho remunerado em vez de se confundir com ele. É claro que a experiência da maternidade também pode estimular a criatividade; mas, novamente, é preciso chegar a reunir as condições materiais que permitam à obra vir ao mundo, o que não é o caso de todas: existem fortes disparidades em termos de trabalho, organizações familiares, recursos financeiros, saúde e energia. Em seus escritos autobiográficos, Erica Jong, que teve uma filha com 36 anos e que adorou ser mãe, ironiza aquilo que chama de «alternativa das literatas: o bebê *ou* o livro»,[91] alternativa na qual por muito tempo ela acreditou; mas provavelmente é mais fácil ironizar quando se é autora de *best-sellers* do que quando se luta para fazer casar o exercício dos talentos nos interstícios de um trabalho para colocar comida na mesa.

«Eu nunca me encontraria onde me encontro hoje no plano literário se fosse heterossexual, declarou em 1997 a romancista britânica Jeanette Winterson. Porque — e isso já me valeu muito problema no passado, mas, vamos lá, que venham mais problemas — não posso imaginar um só exemplo literário feminino que tenha cumprido o trabalho que pretendia levando uma vida heterossexual comum e tendo filhos. Onde ela está?» Ela explicou que teve, mais nova, algumas aventuras com homens, que «instintivamente» sempre

91 Erica Jong, *La Peur de l'âge. Ne craignons pas nos cinquante ans* [1994]. Paris: Grasset & Fasquelle, 1996.

buscou evitar prolongar a fim de proteger sua vocação. «A questão de saber como as mulheres vão viver com os homens e criar os filhos e realizar o trabalho que queiram realizar não foi de forma nenhuma enfrentada com honestidade.»[92]

Algumas, no entanto, que vivem ou não com homens, que sentem ou não o chamado de uma vocação, encontram outra maneira de evitar essa submersão no papel da servente devota: não ter filhos; se permitir nascer, mais do que transmitir vida; inventar uma identidade feminina que faça a economia da maternidade.

92 Entrevista no *The Paris Review*, n. 145, inverno de 1997.

2. O DESEJO DA ESTERILIDADE. NENHUM FILHO, UMA POSSIBILIDADE

«A única atitude coerente quando realmente tomamos consciência do que a nossa sociedade fez da maternidade é recusá-la», escreviam Les Chimères há quarenta anos. «Mas as coisas estão longe de serem tão simples, pois recusa-se assim uma experiência humana importante.»[1] Para Adrienne Rich, estava claro que a maternidade enquanto instituição tinha «mantido a mulher num gueto degradando os potenciais femininos». Tendo sido uma das primeiras a escrever com total honestidade sobre a ambivalência das mulheres — teve três filhos —, declarou: «Os abismos desse conflito entre a preservação de si e os sentimentos maternais podem representar (e este foi o meu caso) uma verdadeira agonia. Essa dor não é menos importante do que a dor do parto».[2] Corinne Maier não tem escrúpulos: «Vocês querem a igualdade? Comecem por parar de ter filhos».[3] Uma greve das barrigas: era o grande temor expressado nos debates (entre homens) que antecederam a autorização da contracepção, o que constitui uma revelação singular — já que, enfim, se a maternidade na nossa sociedade é uma experiência

1 Les Chimères, *Maternité esclave*, op. cit.

2 Adrienne Rich, *Naître d'une femme*, op. cit.

3 Corinne Maier, *No Kid*, op. cit.

tão uniformemente maravilhosa, por que as mulheres se

esquivariam dela?

Sendo assim, aquelas que não sentem o desejo de procriar certamente gozam de uma vantagem. Elas se poupam dos tormentos de que fala Adrienne Rich e veem sumir, como por um passe de mágica, um dos maiores obstáculos, se não for *o* maior, à igualdade (mas estejam certas de que não são todos), o que pode provocar uma verdadeira euforia. Uma jovem que, convencida de não querer filhos, ligou as trompas se lembra de sua primeira relação sexual depois da intervenção, de seu «imenso sentimento de liberdade»: «Eu me lembro de ter pensado: 'É assim que os homens devem se sentir'. Simplesmente, não havia a menor possibilidade de que eu engravidasse».[4]

Na Europa, o poder político começou a se mostrar obcecado pela contracepção, o aborto e o infanticídio a partir da época das caças às bruxas.[5] Os três — mesmo que o terceiro não esteja no mesmo plano dos outros dois — foram muitas vezes usados como armas de protesto, ao mesmo tempo contra a condição imposta às mulheres e contra a ordem social em geral. Em *Amada* (1987), de Toni Morrison, a heroína, Sethe, mata seu bebê, uma menina, para lhe poupar de uma vida de escravizada. No romance[6] que Maryse Condé dedicou a Tituba — a escrava que foi uma das acusadas no caso das bruxas de Salem, em 1692 —, a heroína decide abortar quando percebe que está grávida do homem que ama, John Indien. Ambos pertenciam,

4 Citado por Rebecca Traister, *All the Single Ladies*, op. cit.
5 Nos Estados Unidos, contracepção e aborto foram proibidos no final do século XIX. A contracepção continuou proibida até 1965, e o aborto até 1973.
6 Maryse Condé, *Moi, Tituba, sorcière...* [1986]. Paris: Gallimard, 1998.

então, ao sinistro pastor Samuel Parris e se sentiam perdidos naquela Massachusetts glacial, cercados de habitantes hostis e obcecados pelo Mal. «Para uma escrava, a maternidade não é uma alegria», declara Tituba. «Ela significa lançar num mundo de servidão e degradação um pequeno inocente cujo destino será para ele impossível de mudar. Durante a minha infância inteira, eu vi escravos assassinarem seus recém-nascidos, cravando um espinho comprido em suas cabeças ainda moles, cortando com uma lâmina envenenada o cordão umbilical ou ainda abandonando-os de noite num lugar visitado por espíritos irritados. Durante a minha infância inteira, escutei escravos trocarem receitas de poções, lavagens, injeções que esterilizam para sempre os úteros e os transformam em túmulos cobertos de mortalhas escarlates». Quando ela é acusada de bruxaria, John Indien implora para que denuncie todos aqueles a quem se lhe exige denunciar, para que faça tudo o que for necessário para ficar viva, em nome do futuro filho deles. Ela lhe exclama: «Eu nunca irei parir neste mundo sem luz!». Ao sair da prisão, ela grita quando o ferreiro rompe com um golpe de macete a corrente que ela tinha presa no tornozelo e nos punhos: «Pouca gente tem esse azar: nascer duas vezes». Ao ficar sabendo que vai ser vendida a um novo dono, ela começa a «questionar seriamente» se a vida é uma dádiva, como lhe repetia a velha bruxa que lhe ensinou tudo. «A vida só seria uma dádiva se cada um de nós pudesse escolher o ventre que nos carregaria. Ora, ser jogado nas carnes de uma miserável, de uma egoísta, de uma vaca que vingará em nós os dissabores de sua própria vida, fazer parte da horda de explorados, humilhados, daqueles a quem se impõe um nome, uma língua, crenças, ah, que calvário!». Diante das infinitas atrocidades que presenciou, ela se pega «imaginando um outro curso para a vida, um outro significado, uma outra urgência». É necessário que a vida «mude de gosto», ela pensa. Ainda assim, a maternidade continua inspirando nela sentimentos ambivalentes; ela hesita, vacila quanto à sua resolução. Ao voltar a Barbados, sua ilha natal, e a ser uma curandeira livre, vivendo num lugar afastado, numa cabana improvisada, ela contempla a menininha que tinha acabado de nascer e que ela salvara, descansando sobre os seios da mãe, e fica com receio de ter errado ao recusar a maternidade. Grávida novamente, decide ter o filho, mas agir para que o mundo mude antes de seu nascimento. Como podemos adivinhar, a luta não irá favorecê-la.

Hoje, o infanticídio, praticado em situações de pânico e sofrimento, suscita o horror na sociedade, que considera aquela que o cometeu um monstro, sem querer saber das circunstâncias que a levaram a esse extremo, ou sem querer admitir que uma mulher possa recusar com todas as forças a maternidade. No inverno de 2018, no departamento francês de Gironda, Ramona Canette, 37 anos, foi julgada por cinco infanticídios. Esses bebês tinham sido fruto de estupro conjugal: «Eu manifesto minha recusa, eu choro durante as relações sexuais, eu choro depois das relações sexuais», dizia a acusada.[7] O marido, no entanto, compareceu como simples testemunha. Em 1974, nos Estados Unidos, Joanne Michulski, de 38 anos, decapita com uma faca de açougueiro, no gramado de sua casa no subúrbio, os seus dois filhos mais novos, de oito. Ela foi considerada louca pela justiça e internada. Seu marido declarou que ela nunca tinha sido violenta com eles e que, ao contrário, parecia amá-los muito. Só que

7 « Mère infanticide en Gironde: l'accusée évoque un 'enfermement' et un 'déni total' ». Paris-Match.com, 21 mar. 2018.

se revelou que nenhuma daquelas crianças tinha sido desejada. O pastor que morava na casa vizinha contou que a jovem parecia «tranquilamente desesperada» desde que a família se mudara para o bairro. «Em vez de reconhecer a violência institucional da maternidade patriarcal, a sociedade estigmatiza essas mulheres, que acabam explodindo numa violência psicopatológica», analisa Adrienne Rich.[8] Um coletivo feminista francês registrou em 2006 o depoimento de uma anônima, provavelmente de idade muito avançada, que contou que, em duas ocasiões, pariu sozinha e asfixiou o bebê. Ela tinha se casado aos dezoito anos e com vinte e um já tinha três filhos, com os quais ficava presa em casa. «Eu tinha a impressão de ser uma gaveta: tum, colocam uma criança e, quando fica vazia, colocam outra, e pronto.» Quando tentou se esquivar das relações sexuais, o marido lhe bateu. «Eu não tinha que ter desejos, tinha tudo que podia desejar, ao que parece: comia todos os dias, tinha filhos que iam à escola. Ele não queria saber se eu tinha outras expectativas, era a menor de suas preocupações.» Ela tenta abortar de qualquer jeito e consegue fazê-lo em nove ocasiões, mas nem sempre dá certo. «É uma situação desumana, mas, quando se está ali, é a única solução.» O coletivo que difunde a história dela atenta para a ilusão de achar que com a contracepção e o aborto não haveria mais gravidez não desejada sendo levada a cabo na França.[9]

Melhorar nossa situação, ou simplesmente torná-la suportável, passa pela possibilidade de fazer os filhos que queremos,

8 Adrienne Rich, *Naître d'une femme*, op. cit.

9 Collectif, *Réflexions autour d'un tabou: l'infanticide*. Paris: Cambourakis, 2015. Ainda que as conclusões não sejam unânimes, a obra tem o mérito de estimular a reflexão sobre um assunto que nunca é pensado.

ou de simplesmente não os fazer. Jules Michelet enfatiza a violência social da época em que emergiu a bruxa. Segundo ele, para que pudesse nascer o mito do pacto com o Diabo, foi necessária a «pressão fatal de uma idade do ferro»; foi preciso que «o próprio inferno parecesse um abrigo, um refúgio, contra o inferno daqui de baixo». Nesse contexto, o servo «teme excessivamente agravar a sua situação multiplicando os filhos que ele não poderá alimentar»; a mulher vive com pânico de gravidez. Durante todo o século XVI «vai crescendo o desejo de esterilidade». Ao contrário, «o padre, o senhor» querem que a quantidade de seus servos aumente. No imaginário compartilhado por opressores e oprimidos, o sabá aparece como o lugar simbólico desse enfrentamento. Ele oferece aos pobres um recurso fantasmático contra essa injunção de procriar. Os demonólogos reconhecem de fato que «de lá as mulheres nunca voltam grávidas»: «Satã faz a colheita germinar, mas torna a mulher infecunda», resume Michelet.[10] No mundo real, são as curandeiras que se encontram no centro das práticas que visam limitar os nascimentos, e isso explica a ferocidade da repressão que recai sobre elas.

«Que o próprio inferno parecesse um abrigo»: bem distante de Michelet, encontramos essa inversão no romance de Alexandre Papadiamantis, *Les Petites Filles et la Mort* (1903). Khadoula, uma velha camponesa grega, parteira e curandeira, filha de bruxa, está agoniada pelo destino das mulheres na sociedade: não apenas as meninas passam de uma escravidão a outra, de servir os seus pais a servir o marido e os filhos, como a família delas tem que ir à falência para pagar o dote. Por isso, ela não consegue evitar sentir alívio quando vai ao enterro de

10 Jules Michelet, *La Sorcière* [1862]. Paris: Flammarion, 1966.

uma menina conhecida: «Quando à noite a velha Khadoula voltava para a casa mortuária para participar da cerimônia da Consolação — consolação que não encontrava de jeito nenhum, mas estava ali, toda radiante de alegria e agradecia aos Céus em voz alta pela inocente recém-nascida e por seus pais. E a dor era alegria e a morte era vida, e tudo se metamorfoseava e dava meia-volta». Ela se pergunta: «O que podemos fazer pelos pobres? O maior presente que poderíamos dar-lhes seria — perdoe-me meu Deus! — a erva para tornar estéril, ou, em última instância, a erva para fazer meninos...». Ao contemplar sua filha que acabava de nascer, Khadoula se queixa com amargura: «Ela está aqui para sofrer e nos fazer sofrer». Perdendo a cabeça, ela acaba estrangulando o bebê e se afunda numa obstinação mortal. Até o final inevitável, e apesar do horror de seus atos, Papadiamantis acompanha sua heroína em seu exílio longe da sociedade dos homens, em seu retorno aos elementos.[11]

UM SALTO PARA OUTRAS POSSIBILIDADES

Antes da peste negra de 1348, que matou cerca de um terço da população europeia, a Igreja ficara bastante indiferente com relação à questão da natalidade; idealmente, ela teria mesmo preferido poder converter as massas à abstinência. Essa situação muda posteriormente. No final do século XVI, o franciscano Jean Benedicti preconiza uma natalidade sem limites, garantindo às famílias que, como para os pássaros, «Deus proverá as

11 Alexandre Papadiamantis, *Les Petites Filles et la Mort* [1903]. Arles: Actes Sud, 1995.

suas necessidades».[12] A demografia europeia explode no decorrer no século XVIII, sem que isso impeça os natalistas de persistir, com motivações pouco louváveis. No final do século XIX, na França — onde a taxa de fecundidade diminuiu um século antes, ao contrário da tendência europeia —, as ligas natalistas agem «'em nome da paz social, do interesse nacional e da proteção da raça': a concorrência pelo emprego entre as famílias operárias as torna mais dóceis; é preciso muitos soldados para a guerra; a imigração proveniente das colônias representa um perigo para a identidade nacional».[13]

Por meio de um paradoxo não muito difícil de solucionar, a preocupação com o bem-estar da humanidade e o respeito pela vida se encontram do lado daqueles que aceitam ou que preconizam a limitação dos nascimentos. Os caçadores de bruxas não hesitavam em torturar as suspeitas grávidas, nem em executar crianças ou obrigá-las a assistir ao suplício de seus pais.[14] Nos dias de hoje, nada é mais falacioso do que o rótulo «pró-vida», com o qual se fantasiam os militantes antiaborto: um número grande deles é também favorável à pena de morte ou, nos Estados Unidos, à livre circulação de armas (mais de 15 mil mortos em 2017),[15] e eles não são vistos militando com tanto ardor contra as guerras, nem contra a poluição, que se estima ser a causa de uma em cada seis mortes no mundo, em 2015.[16] A «vida» só os apaixona quando se trata de estragar a das

12 Guy Bechtel, *La Sorcière et l'Occident*, op. cit.

13 Collectif, *Réflexions autour d'um tabou: l'infanticide*, op. cit.

14 Anne L. Barstow, *Witchcraze*, op. cit.

15 Fonte: www.gunviolencearchive.org.

16 « En 2015, un décès sur six dans le monde était lié à la pollution», *HuffPost*, 20 out. 2017.

mulheres. O natalismo tem a ver com poder, e não com amor à humanidade. Aliás, ele só se interessa pela «boa» categoria de mulheres: como mostrou a historiadora Françoise Vergès, nos anos 1960-1970, o Estado francês, ao mesmo tempo que se recusava a legalizar o aborto e a contracepção na metrópole, os encorajava nos departamentos de ultramar; na ilha da Reunião, médicos brancos praticavam milhares de esterilizações e abortos forçados.[17]

Decidir romper a cadeia das gerações pode ser uma forma de surpreender a sua condição, de embaralhar novamente as cartas de uma relação de forças, de afastar o cerco da fatalidade e ampliar o espaço do aqui e do agora. Nos Estados Unidos, nos anos 1990, as pesquisadoras Carolyn M. Morell e Karen Seccombe mostraram que a escolha de permanecer sem filhos não é reservada a uma minoria de mulheres das classes altas: entre as que Morell entrevistou, três quartos provinham de meios pobres ou operários. Todas tinham seguido carreira e atribuíam diretamente sua ascensão social ao fato de não terem engravidado. Uma delas, Gloria, médica de quarenta e três anos, declarava: «Se eu tivesse sido gentil e dócil, provavelmente hoje eu viveria na Flórida com seis filhos, estaria casada com um mecânico me perguntando como pagaria a próxima conta. Não é o que eu queria». Sara, de quarenta e seis anos, que tinha crescido num bairro de imigrantes judeus do Leste europeu no sul da Filadélfia, contava: «É muito uma vida de gueto, e eu queria acreditar que existia algo maior e melhor que aquilo. Desde que tinha oito ou nove anos, acontecia de eu desaparecer durante o dia. Eu

17 Françoise Vergès, *Le Ventre des femmes. Capitalisme, radicalisation, féminisme*. Paris: Albin Michel, 2017.

tomava o bonde até o centro, andava até Rittenhouse Square, depois tomava o ônibus até a universidade da Pensilvânia, simplesmente para olhar e escutar». Em 1905, uma assistente social americana anônima que assinava «Uma esposa sem filhos» escrevia: «Constatei que, se as mulheres eram dominadas, era sempre porque tinham filhos e nenhum dinheiro, a presença dos primeiros impedindo a obtenção do segundo. Descobri que uma soma de dinheiro suficiente, honestamente ganho, poderia permitir a conquista da liberdade, da independência, da autoestima e do poder de viver sua própria vida».[18] A recusa da maternidade também não é necessariamente uma escolha de mulheres brancas: das afro-americanas nascidas entre 1900 e 1919, um terço não teve filhos, ou seja, mais do que entre as brancas.[19]

A revolta contra o estado do mundo e contra o tipo de vida com o qual a maioria deve se satisfazer ainda estava no centro da acusação de Corinne Maier, em 2007. Ela maldizia os aquartelamentos sucessivos da escola e da empresa — encarceramentos que ainda por cima dizem que devemos encarar como uma sorte. Ela lamentava que ter filhos servisse para «transferir para a próxima geração» a pergunta do sentido da vida. «Nós vivemos em uma sociedade de formigas, na qual trabalhar e cuidar de criança modela o horizonte máximo da condição humana. Uma sociedade em que a vida se limita a ganhar o pão e a se reproduzir é uma sociedade sem futuro porque não tem sonhos».[20] Ela via na procriação o gargalo do sistema atual, na medida em que nos faz

18 Laurie Lisle, *Without Child*, op. cit.

19 Carolyn M. Morelli, *Unwomanly Conduct. The Challenges of Intentional Childlessness*. Nova York: Routledge, 1994.

20 Corinne Maier, *No Kid*, op. cit.

perpetuar um modo de vida que nos leva à catástrofe ecológica e que garante nossa docilidade (porque temos «filhos para alimentar», um financiamento nas costas etc.). A escritora Chloé Delaume, homenageada por Camille Ducellier em seu filme *Sorcières, mes soeurs*,[21] lhe faz eco: «Sou a nulípara, nunca vou dar à luz. Execro as linhagens e suas ficções tóxicas, a noção de herança só gera portadores de vírus». Ou ainda: «Você só pensa em combater o frio na barriga enchendo-a de embriões: um ato ansiolítico, para um povo que só sobrevive sob antidepressivo».[22]

Eu fico quase assustada ao constatar o quanto, em mim também, sendo que eu me considero uma pessoa mais para gentil e plácida, a questão da procriação e das razões pelas quais eu a recuso rapidamente desembocam numa raiva enorme — e eis a raiva novamente... A hesitação em ter filhos pode ser uma maneira de fazer a sociedade responsável pelos erros e fracassos dela, de recusar passar o pano, de decretar que não haverá acordos, o que sem dúvida explica o mal-estar que provoca nos outros. Mas esse «não» é o oposto de um «sim»: ele deriva da ideia de que a aventura humana podia tanto ter acabado melhor, de uma revolta contra aquilo que fazemos da vida e do mundo. E do sentimento de poder escapar da resignação, da passividade e das armadilhas do destino comum através de uma existência sem filhos. Essa escolha oferece uma espécie de bolsa de oxigênio, de cornucópia. Autoriza o excesso, o exagero: uma orgia de tempo para si e de liberdade, que podemos explorar, nos quais podemos nos revirar até perder o fôlego, sem temer

21 Camille Ducellier, *Sorcières, mes soeurs*. Larsens Production, 2010, www.camilleducellier.com.

22 Chloé Delaume, *Une femme avec personne dedans*. Paris: Seuil, 2012.

abusar, mas com a intuição de que as coisas interessantes começam onde normalmente julgamos ser sensato parar. Na minha lógica, não transmitir a vida permite gozar dela plenamente. Até agora, essa decisão me custou apenas uma briga com um amigo; uma briga virulenta que explodiu sem sinal prévio numa digressão da conversa, e da qual nossa amizade, apesar dos esforços, nunca se recuperou. Aquele homem, nascido no mesmo ano que meu pai, continua muito marcado por sua educação católica, mesmo que esteja longe de se resumir a ela (não seríamos amigos, se fosse o caso), e sem dúvida essa sensibilidade explica sua reação. Além disso, no calor de uma discussão, rapidamente seu discurso ganha inflexão religiosa. Então, ele me alfinetou, com o dedo em riste, bem alto, vingativo: «A esperança não se divide!». Mas, então: às vezes, abrir mão de procriar representa a melhor maneira de não «dividir a esperança».

A ALQUIMIA SUTIL DO (NÃO) DESEJO DE FILHO

Essa atitude faz de mim quase uma exceção constrangedora na sociedade em que vivo. Na França, apenas 4,3% das mulheres e 6,3% dos homens declaram não querer filhos.[23] Ao contrário do que poderíamos pensar, o número de mulheres sem filhos diminuiu ao longo do século XX, a «infecundidade definitiva» (qualquer que seja o motivo) atinge 13% delas.[24] Mesmo

23 Charlotte Debest, Magali Mazuy e equipe da pesquisa Fecond, «Rester sans enfant: un choix de vie à contre-courant», *Populations et Sociétés*, n. 508, fev. 2014.

24 Charlotte Debest, *Le Choix d'une vie sans enfant*, op. cit.

que a natalidade tenha sofrido uma queda pela primeira vez em 2015, e novamente em 2016 e em 2017, a França ainda tem o recorde europeu — juntamente com a Irlanda.[25] Uma das explicações dadas é o desenvolvimento dos serviços para a primeira infância, que poupam as mulheres de terem que escolher entre trabalho e maternidade, como é o caso da Alemanha. Em contrapartida, a proliferação de publicações sobre a vida sem filhos nestes últimos anos nos Estados Unidos se explica pelo fato de que a taxa de natalidade do país atingiu seu nível histórico mais baixo em 2013 — sem que isso seja necessariamente um drama, especialmente graças à imigração. A proporção de mulheres entre quarenta e quarenta e quatro anos que nunca pariram passou de 10%, em 1976, para 18%, em 2008, e esse número concerne a todas as comunidades.[26] A escritora Laura Kipnis estima que a natalidade vai continuar diminuindo «enquanto não houver um acordo melhor para as mulheres. Não somente uma maior participação dos pais, mas muito mais recurso público investido no cuidado das crianças, com equipes de profissionais bem pagos — *sem mais* mulheres mal pagas, em casa com seus próprios filhos».[27] Na Europa, fora a Alemanha, é no Sul (Itália, Grécia, Espanha) que a infecundidade aumenta, especialmente por causa da precariedade devastadora gerada pela política da União Europeia, assim como pela ausência de medidas e modalidades adaptadas para os cuidados das crianças. Entre as

25 Gaëlle Dupont, «Natalité: vers la fin de l'exception française», *Le Monde*, 16 jan. 2018.

26 Dossiê «The childfree life», *Time Magazine*, 12 ago. 2013.

27 Laura Kipnis, «Maternal instincts». Em Meghan Daum (org.), *Selfish, Shallow, and Self-Absorbed*, op. cit.

mulheres nascidas nos anos 1970, quase uma em cada quatro poderia ficar sem filhos.[28]

Não é possível traçar uma fronteira nítida entre duas categorias: de um lado, aquelas e aqueles que não têm filhos porque não querem e, de outro, aquelas e aqueles que têm porque quiseram. Alguns não têm descendentes por impossibilidade econômica, ou por causa das circunstâncias de sua vida privada, sendo que teriam escolhido ter; inversamente, outros acolhem crianças que não eram realmente programadas, ainda mais quando o aborto continua sendo pouco legítimo culturalmente: mesmo sem se opor a esse direito, alguns casais poderão repudiar esse recurso se tiverem estabilidade econômica e afetiva que lhes permita ir até o fim com a gravidez. Além disso, considerando a propaganda onipresente a favor da família, pode-se presumir que um grande número de pais cedeu a uma pressão social mais do que a um impulso próprio. «E acho, sinceramente, que hoje o desejo de ter filhos é 90% social e 10% subjetivo e espontâneo», diz Sandra, uma das pessoas voluntariamente sem filhos entrevistada por Charlotte Debest.[29] (Estou aberta a discutir essa porcentagem.) Não obstante, pode-se presumir que, inicialmente, em cada um existe um desejo ou um não desejo — não importa qual seja o destino futuro desse desejo ou não desejo de filhos —, e que depois sustentamos com argumentos mais ou menos articulados. Essa disposição nasce de uma alquimia complexa e misteriosa, que frustra todos os preconceitos. Tendo tido uma infância infeliz, poderíamos desejar repará-la simbolicamente

28 Eva Beaujouan et al., «La proportion de femmes sans enfants a-t-elle atteint un pic en Europe?», *Population & Sociétés*, n. 540, jan. 2017.

29 Charlotte Debest, *Le Choix d'une vie sans enfant*, op. cit.

ou interromper seus ônus. Um temperamento alegre e otimista poderia querer ficar sem descendência; um depressivo poderia querer uma. Quanto a isso, é impossível prever em que casa irá parar a grande roleta dos afetos. «Uma pessoa poderá querer ter filho e outra não querer exatamente pelos mesmos motivos: o desejo de desempenhar um papel, de exercer uma influência, de encontrar sua identidade, de criar uma intimidade com alguém, a busca por prazer ou por imortalidade», observa Laurie Lisle.[30] Além disso, o ser humano é capaz de grandes maravilhas, mas também de horrores insuportáveis; a vida é bela, mas dura, mas bela, mas dura, mas bela, mas dura etc., de maneira que é no mínimo invasivo e presunçoso julgar no lugar dos outros se eles querem ficar com a «bela» ou a «dura» e escolher transmiti-la ou não.

Alguns têm vontade de ver a si mesmos e seus parceiros refletidos em um novo ser e/ou são seduzidos pela perspectiva de um cotidiano com filhos, enquanto outros desejam levar suas vidas sozinhos, ou se dedicar plenamente à sua vida de casal. Tendo escolhido esta última configuração, a psicoterapeuta e escritora Jeanne Safer dizia em 2015 que há 35 anos vivia com seu marido em uma «intimidade intelectual e emocional rara».[31] Uns terão vontade de expandir a vida, acolher o que vier, assumindo a bagunça feliz, ou menos feliz, que vai derivar disso; outros escolherão uma existência mais concentrada, mais condensada, mais calma — duas formas diferentes de intensidade. Quanto a mim, e sem entrar nos debates sobre

30 Laurie Lisle, *Without Child*, op. cit.

31 Jeanne Safer, «Beyond Motherhood». Em Meghan Daum (org.), *Selfish, Shallow, and Self-Absorbed*, op. cit.

a eficácia ecológica de uma diminuição na natalidade, eu não poderia acrescentar um membro à sociedade quando ela fracassou de maneira tão espetacular em estabelecer uma relação harmoniosa com o seu meio vital, e parece disposta a destruí-lo de vez. Eu o desejo menos ainda visto que eu mesma me sinto um puro produto da sociedade de consumo e que meus filhos não poderiam contar comigo para ajudá-los a se adaptar ao paradigma da crise ecológica. Eu me reconheço muito nestas palavras da romancista americana Pam Houston: «Eu não queria ter relação alguma com as fraldas fabricadas com derivados de petróleo; eu não queria ser responsável por uma casa de veraneio dos sonhos, construída em uma terra que antes fora selvagem».[32] Mas quando vejo Hamza, que logo fará sete anos, pedalando entusiasmada na direção da praia, por um caminho da Ilha de Yeu, com seu capacetezinho, meu coração derrete: ainda que isso não me faça mudar de opinião, eu entendo que seja possível considerar que a beleza do mundo ainda existe e que ainda é tempo de compartilhá-la com uma criança, fugindo do hipnotismo da catástrofe.

Há espaço para todas as concepções, me parece. Só tenho dificuldade em entender por que aquela da qual sou adepta é tão pouco admissível e por que um consenso inabalável persiste em torno da ideia de que, para todo mundo, trinfar na vida implica ter uma descendência. Aqueles que infringem essa regra escutam o que já não ousam dizer aos homossexuais: «E se todo mundo fizesse como você?». Mesmo nas ciências humanas, encontra-se essa mentalidade obtusa. Quando a socióloga Anne

32 Pam Houston, «The trouble with having it all». Em Meghan Daum (org.), *Selfish, Shallow, and Self-Absorbed*, op. cit.

Gotman pergunta a homens e mulheres sobre sua «vontade de não procriar», ela multiplica os comentários maldosos que desabonam, mais ou menos insidiosamente, as declarações deles. Ela diagnostica neles, por exemplo, uma «relação problemática com a alteridade», ou recrimina o fato de eles «negligenciarem a dimensão constitutiva do princípio genealógico e antropológico da perpetuação da espécie» — o que quer que isso signifique. Quando ela escreve: «Como negar que os filhos tomem nosso tempo, isto é, o tempo do trabalho, da vida social e da vida pessoal?», ela logo acrescenta: «Mas será esse o ponto?». E quando uma mulher que ela entrevista declara: «Eu não quero ter filhos, não vejo onde está o problema», ela se converte em psicanalista de boteco e sugere que a segunda parte da frase «pode ser lida como a confissão de uma pergunta»... Ela acusa tais pessoas de se «vitimizar» e manifestar a «exigência» de que sua escolha seja validada...[33]

UMA ZONA DE NÃO PENSAMENTO

Com 7 bilhões e meio de seres humanos, todo perigo de extinção parece estar descartado — ou pelo menos todo perigo de extinção por *falta de nascimentos*. Como faz questão de ressaltar a autora e comediante Betsy Salkind, «quando Deus disse: 'Crescei e multiplicai-vos', só existiam duas pessoas na Terra».[34]

33 Anne Gotman, «Victimisation et exigences de validation». Em *Pas d'enfant. La volonté de ne pas engendrer*. Paris: Éditions de la MSH, 2017.

34 Betsy Salkind, «Why I didn't have any children this summer». Em Henriette Mantel (org.), *No Kidding. Women Writers on Bypassing Parenthood*. Berkeley: Seal Press, 2013.

No Ocidente, ao menos, a contracepção é amplamente acessível, e uma criança não tem mais nada de vantagem econômica indispensável — ao contrário. E, como se não fosse pouco, vivemos em uma época caracterizada pela perda da fé num futuro melhor (talvez até num futuro, simplesmente), em um planeta superpovoado, intoxicado por várias poluições, em que a exploração causa estragos, num Ocidente ameaçado pelo fascismo. Penso naquele desenho de Willem, de 2006: uma reunião de família burguesa numa sala opulenta, quente, acolhedora; de um lado, a parede da casa se abre a um mundo devastado, coberto de carcaças de carro e prédios em ruínas, onde seres desencarnados se arrastam em meio a ratos. Na porta de entrada, com um gesto amplo, o pai aponta esse horizonte desolador à sua filha e ao seu filho, pasmos: «Um dia, tudo isso será de vocês!». E, no entanto, confesse a menor hesitação em colocar alguém em um ambiente como esse, e todo mundo dará gritos de horror. Sim, é verdade, também existe sempre uma porção de razões para se desejar um filho; mas isso também não é tão óbvio assim. Não teremos esquecido de fazer uma pequena atualização de nossos pressupostos?

Uma extraordinária preguiça intelectual, uma espetacular ausência de reflexão envolve esse tema, sob a justificativa duvidosa de que ele deriva do «instinto». Não param de nos dar receitas que supostamente convêm a todos, observa a ensaísta e feminista americana Rebecca Solnit; essas receitas fracassam constantemente, sem que isso impeça «de nelas recairmos uma e outra vez». Ela observa: «A ideia de que a vida deveria ter um sentido raramente surge. Não apenas as atividades-padrão [o casamento e os filhos] são admitidos como tendo um sentido em si mesmas, como são consideradas as únicas a ter um sentido».

Ela deplora o consenso que aprisiona tanta gente em existências completamente conformes às prescrições sociais, «no entanto, inteiramente miseráveis». E lembra: «Tem tantas coisas para se amar além da própria descendência, tanta coisa que precisa de amor, tantos outros trabalhos de amor que precisam ser realizados no mundo».[35] É a falta de imaginação que revelava, implicitamente, a crítica furibunda de *No Kid*, o livro de Corinne Maier, publicada na *Elle* e assinada por Michèle Fitoussi:

> Não sai nada dessa ladainha pretenciosa além de uma ideologia pusilânime, que já estava presente na obra anterior [*Bonjour paresse*, sobre o tédio no trabalho e as maneiras de resistir a ele]. O direito ao prazer como único credo. E que se elimine tudo o que incomoda. [...] Assim, livres dos males da existência, todos os nossos dias seriam dedicados à diversão tola ou à contemplação de nosso próprio umbigo, mordiscando biscoitos de gengibre [?]. Sem amor e sem humor. Dois componentes essenciais da felicidade, mas que, pobrezinha, fazem-lhe uma falta tremenda.[36]

Aqui, como em *Casei com uma feiticeira*, a invocação do «amor» serve de fachada aos guardiões da ordem estabelecida para calar qualquer crítica.

Não ter filho é saber que quando você morrer não terá deixado atrás de si alguém que você terá trazido ao mundo, que você terá em parte constituído e a quem você terá legado uma atmosfera familiar, a enorme bagagem — às vezes

35 Rebecca Solnit, «The mother of all questions», *Harper's Magazine*, out. 2015.
36 Michèle Fitoussi, «Le pire de Maier», *Elle*, 25 jun. 2007.

massacrante — de histórias, destinos, dores e tesouros acumulados pelas gerações precedentes, os quais você mesma tinha herdado. Você pode esperar que chorem por você seu companheiro ou sua companheira, seus irmãos e irmãs, seus amigos, mas não é exatamente a mesma coisa. Talvez essa seja a única coisa difícil de aceitar nessa situação. «Meu único arrependimento é saber que ninguém pensará em mim como eu penso na minha mãe», diz Dianne, que dá seu depoimento em um livro dedicado às «famílias de duas pessoas».[37] Entretanto, isso não significa que nada será transmitido. A mesma falta de imaginação nos impede de ver que a transmissão — além do mais, nem sempre os filhos acabam fazendo-o, ou não de uma maneira que nos satisfaça — assume vários caminhos: cada existência humana derruba uma porção de pinos de boliche e deixa uma marca profunda, que nem sempre temos capacidade de cartografar. Dois americanos voluntariamente sem filhos contaram que pediram demissão de seus trabalhos para percorrer o mundo de bicicleta durante um ano por causa de uma conversa que tiveram com ciclistas que encontraram em uma praia, e que nunca poderiam imaginar as repercussões desse encontro: «Nós nunca sabemos como afetamos os outros».[38] Os filhos são apenas a manifestação mais evidente da passagem pela Terra da maioria de nós, a única que somos treinados para identificar. Além disso, mesmo eles têm sempre muito mais do que dois genitores: você não é um pouco responsável, por exemplo, pela

37 Laura Carroll, *Families of two. Interviews. With Happily Married Couples Without Children* by Choice. Bloomington: Xlibris, 2000.

38 Ibid.

existência do filho que seu companheiro ou companheira tiveram depois que vocês se separaram, ou daquele que geraram dois amigos que você apresentou?

Apesar da generalização da contracepção, aparentemente ainda é impensável que possamos amar e desejar uma pessoa sem querer ter filhos com ela. As mulheres que anunciam que não querem ser mães escutam repetidas vezes que é porque ainda «não encontraram a pessoa certa». Parece também sobreviver a convicção obscura segundo a qual somente uma relação fecundante é uma verdadeira relação sexual, o que comprovaria que seu protagonista masculino é um «homem de verdade» e sua protagonista feminina «uma mulher de verdade» — uma visão das coisas que contesta a resposta provocadora atribuída à Pauline Bonaparte: «Filhos? Prefiro começar cem do que terminar um que seja». Não se deve excluir a hipótese de que filhos são feitos para provar que se transa (um preço um tanto alto para a farsa, na minha humilde opinião). Ou para provar que não se é gay, permitindo-se, assim, mostrar-se discretamente homofóbico.

O ÚLTIMO BASTIÃO DA «NATUREZA»

A procriação nos casais heterossexuais, e mais precisamente a maternidade, é o último território em que, mesmo entre os progressistas, o argumento da «natureza», do qual aprendemos a desconfiar em todos os outros lugares, reina soberano. Sabe-se que, ao longo dos séculos, as teses mais delirantes — e mais opressivas — foram justificadas pelas provas «evidentes e indiscutíveis» que, supunha-se, a observação da «natureza» forneceria. Gustave Le Bon afirmava, por exemplo, em 1879: «Os cérebros de inúmeras mulheres são mais próximos em tamanho do cérebro dos gorilas do que dos masculinos mais desenvolvidos. Essa inferioridade é tão evidente que ninguém poderá contestá-la um minuto sequer; só vale a pena discutir o seu grau».[39] Com a distância, o caráter ridículo desse tipo de consideração nos aparece claramente. Já faz um tempo que se evita deduzir de uma conformação física um certo tipo de disposição ou um comportamento determinado. Nos meios progressistas, ninguém mais, por exemplo, iria explicar aos gays e às lésbicas que suas práticas sexuais são problemáticas, que eles e elas desejam as pessoas erradas e que seus órgãos não foram concebidos para serem usados de tal maneira, «desculpe, mas você não leu direito o manual de instruções, a natureza diz que...». Em compensação, quando se trata de mulheres e bebês, todo mundo se permite: é a festa da natureza — se posso chamar assim. Você só vai encontrar na sua frente partidários entusiastas do determinismo biológico mais limitado.

Elas têm um útero: é a prova irrefutável de que *devem* ter filhos, não é? Não avançamos nem um milímetro desde o artigo «Femme» da *Enciclopédia* de Diderot e d'Alembert, no século XVIII, que concluía, ao final de uma descrição física: «Todos esses fatos provam que o destino da mulher é ter filhos e alimentá-los».[40] Continuamos firmemente convencidos de que elas são programadas para desejar ser mãe. Antes, invocava-se a ação autônoma de seu útero, «animal temível», «possuído

39 Citado por Muriel Salle e Catherie Vidal, *Femmes et santé, encore une affaire d'hommes?*. Paris: Belin, 2017.

40 Ibid.

pelo desejo de ter filhos», «vivo, avesso ao raciocínio, que se esforça, impulsionado por seus desejos furiosos, para dominar tudo».[41] O útero leviano cedeu espaço nos imaginários a esse órgão misterioso chamado «relógio biológico», cuja localização precisa nenhuma radiografia conseguiu determinar, mas cujo tique-taque escutamos claramente em suas barrigas quando elas têm entre trinta e cinco e quarenta anos. «Nós desenvolvemos o hábito de considerar metáforas como 'relógio biológico' não como metáforas, mas como simples descrições, neutras e factuais, do corpo humano», observa a ensaísta Moira Weigel. Ora, a expressão «relógio biológico», aplicada à fertilidade das mulheres, apareceu pela primeira vez em 16 de março 1978, num artigo do *Washington Post*, intitulado «O relógio corre para a mulher que faz carreira».[42] Em outras palavras: ele é uma manifestação precoce do *backlash*, e sua integração fulgurante na anatomia feminina faz dele um fenômeno único na história da evolução, que chocaria até mesmo Darwin... Além disso, como o corpo das mulheres oferece a elas a possibilidade de carregar um filho, a Natureza quer igualmente que caiba a elas trocar as fraldas da criança quando nasce, marcar consultas no pediatra e também, já que é assim, lavar o chão da cozinha, lavar as louças e lembrar de comprar papel higiênico nos próximos 25 anos. Isso se chama «instinto materno». Sim, a Natureza ordena isso com precisão, e não, por exemplo, que a sociedade, para agradecê-las por assumir a parte mais pesada da perpetuação da espécie, empregue todos os meios para compensar os inconvenientes que

41 Ibid.

42 Moira Weigel, «The foul reign of the biological clock», *The Guardian*, 10 maio 2016.

sobram para elas; pelo contrário, *em absoluto*. Se você entendeu isso, é porque escutou mal a Natureza.

Representações arcaicas se arrastam nos espíritos com relação ao tema das mulheres que nunca gestaram. A insistência na «realização» e na «irradiação» atribuídas de praxe às futuras mães — enquanto, se acreditarmos no que dizem as concernidas, as experiências de gravidez são muito distintas — implica ter uma fé persistente, por contraste, nas imagens de solteironas como corpos ressecados pela vacuidade de seus úteros. É ignorar que, como escreve Laurie Lisle, o útero, mesmo vazio, é um órgão bem vivo, «ativo, com suas sensações menstruais e sexuais».[43] Além disso, lembremo-nos que, quando não está ocupado, ele se mantém com um tamanho reduzido, de maneira que a imagem de uma cavidade invadida por teias de aranha e varrida por ventos lúgubres que fazem «Vuu! Vuu!» derivam da fantasia. Mas se atribui à concepção a virtude de preencher as necessidades eróticas e emocionais das mulheres e, assim, regulá-las, sendo que, de outra forma, elas seriam incontroláveis. Esquivar a maternidade é, portanto, escapar de um processo de purificação e domesticação, da única redenção possível para um corpo que, ao longo dos séculos, cristalizou tantas perguntas, medos, repulsas. «O casamento e a maternidade são os antídotos que vêm sublimar esse corpo sempre equivocado», como escreve David Le Breton.[44] Recusar esses antídotos é continuar a semear o transtorno, a atrair olhares suspeitos ou compadecidos. Aqui

43 Laurie Lisle, *Without Child*, op. cit.

44 David Le Breton, «Le genre de la laideur». Prefácio a Claudine Sagaert, *Histoire de la laideur féminine*. Paris: Imago, 2015.

também, no entanto, as experiências individuais contradizem os preconceitos. Tendo acumulado problemas de saúde na minha vida, sinto um grande alívio por não ter que dividir com uma criança, carregando-a primeiro em minha barriga e depois em meus braços, os recursos físicos que me restam.

Durante um colóquio, quando eu acabava de defender que pudéssemos dissociar o destino feminino da maternidade, o próximo debatedor, um médico especialista em problemas de infertilidade, começou declarando com uma cara séria que a minha fala teria sido «terrível de escutar» para suas pacientes. Fiquei chocada. Eu achava que, ao contrário, pudesse ser de alguma utilidade para elas, se por fim não conseguissem engravidar: elas deveriam então superar a dor de não ter podido realizar seus desejos, mas não seria necessário acrescentar o sentimento de serem mulheres incompletas ou fracassadas. Muitos médicos se permitem passar um sermão para as mulheres que não querem ter filhos, dizendo-lhes que elas deveriam «pensar naquelas que não têm». Ora, «a maternidade não é um fenômeno de vasos comunicantes», como lembra Martin Winckler, em seu livro sobre os maus-tratos médicos na França.[45] Claro, uma mulher que tem dificuldades para engravidar poderá manifestar inveja por aquelas que desprezam essa possibilidade, mas bastam dois segundos de reflexão para calcular o que isso tem de irracional: forçar-se a fazer um filho por consideração a uma outra mulher que não o consegue só poderia duplicar a infelicidade. Qualquer outro raciocínio implica ver as mulheres como

45 Martin Winckler, *Les Brutes en blanc. La maltraitance médicale en France*. Paris: Flammarion, 2016.

representantes intercambiáveis de uma única essência, e não como pessoas singulares, dotadas de caráter e desejos distintos.

Essa visão é muito difundida, se considerarmos a resistência extraordinária a essa verdade que, contudo, é tão elementar: saber que estamos grávidas é maravilhoso quando queremos um filho, e é um golpe duro quando não queremos. Ora, as páginas na internet que descrevem os primeiros sinais de uma gravidez partem do princípio de que *todas* as leitoras que chegam ali naquela página desejam engravidar, sendo que, muito provavelmente, um número considerável delas as consulta com a coração na mão. «Você parou de usar seu contraceptivo e está esperando. Mas a espera lhe parece tão longa a cada ciclo...», presume, por exemplo, Aufeminin.com («Como detectar um início de gravidez»); os temas vinculados se intitulam «Intensificar a fertilidade: oitenta alimentos a serem privilegiados» ou «As melhores posições para engravidar».

Devido a um atraso na menstruação, um dia, uma amiga minha teve muito medo de estar grávida de seu amante. Porém, por vários motivos era quase impossível que ela estivesse realmente grávida. Uma pessoa conhecida, psiquiatra, interpretou seu medo como a manifestação do desejo inconsciente de conceber um filho com aquele homem, pelo qual ela estava muito apaixonada. Minha amiga, por sua vez, via as coisas de maneira distinta: a ideia de estar grávida lhe provocava tanto terror que ela entrava em pânico quando perdia a certeza absoluta de não estar. «Bem que eu gostaria de considerar a hipótese de uma ambivalência inconsciente — seria muito, mas realmente muito inconsciente mesmo... Mas será mesmo que a norma, salvo menção contrária, para todo mundo, é desejar um filho?», ela me perguntava, perplexa. Boa pergunta... que, para muitos, não merecia nem ser feita. Martin Winckler descreve seu espanto quando um dia escutou de seus colegas: «Tá, mas quando você receita um DIU ou um implante subcutâneo, você se dá conta de que isso é uma violência imposta ao desejo inconsciente das mulheres de engravidar? Pelo menos, aquelas que tomam a pílula podem se esquecer e satisfazer sua pulsão recalcada!». Uma jovem também lhe contou o que seu ginecologista lhe disse: «Se você passa mal nas menstruações, é que seu corpo está pedindo uma gravidez».[46]

Em *A mulher e o doutor Dreuf* — anagrama explícito —, o eminente ginecanalista criado pela romancista sueca Mare Kandre recomenda à sua paciente, para aplacar os tormentos que esgotam suas frágeis capacidades intelectuais, o remédio universal da maternidade, conhecido por sua «enorme santidade» e sua «ação purificadora no psiquismo feminino». Por pouco ele não cai da poltrona quando a jovem descerebrada lhe responde que não quer ter filhos. «Mocinha, TODAS as mulheres querem! [...] Por algumas razões, a mulher é, e continua sendo, geralmente inconsciente de seus sentimentos, de seus desejos e de suas necessidades reais. [...] Seus verdadeiros sentimentos devem ser interpretados por um analista do meu calibre, para que a mulher não se deixe levar totalmente por eles, para que não seja engolida, não perca o caminho, provocando desordem e sendo a origem do mais completo caos em todo o mundo civilizado!». Para sustentar seu argumento, ele coloca nas mãos dela um empoeirado volume da obra do seu mentor, o deplorável professor Popokoff. Ele a faz ler o trecho em que está escrito que «no fundo delas mesmas, todas as mulheres desejam ter filhos» —, antes de retirá-lo precipitadamente de suas mãos

46 Ibid.

porque lhe ocorreu a ideia de que talvez estivesse menstruada. Ele a alfineta: «Você não tem a intenção de se colocar acima da ciência médica, não é!? A avaliação da mulher precisou de séculos de trabalho de pesquisa intensa nos necrotérios e nos sanatórios para chegar nesse resultado. Inúmeras experiências foram realizadas, as teorias foram testadas várias vezes em porcos, sapos, solitárias e cabras. Você não pode imaginar o quanto esses fatos incontestáveis são provados!».[47] De fato, como não se deixar convencer?

Mais inesperados: até uma feminista como Erica Jong compartilha esse pressuposto. Voltando ao movimento das mulheres nos anos 1970 nos Estados Unidos, ela explicava o fracasso de uma aliança entre a corrente Betty Friedan (esposa e mãe) e a corrente Gloria Steinem (solteira sem filhos): «Aquelas que tinham rejeitado a vida de família desprezavam as que tinham optado por ela. Talvez essa raiva seja feita de amargura. Pois o desejo de filhos é tão forte que o preço a pagar por ter renunciado a ele é exorbitante».[48] Argumento estranho. Se fosse para encontrar vestígios de desprezo, raiva e amargura nessa história, seria mais do lado de Betty Friedan, que acusava Gloria Steinem de desabonar o movimento ao incluir sem-vergonhas, pobretonas e lésbicas. Muitas testemunhas a descrevem como uma personalidade mordaz e difícil, enquanto Steinem transpira serenidade, de maneira que essas figuras parecem particularmente mal escolhidas se é para ilustrar os preconceitos sobre a sistematização do desejo de maternidade e a tranquilidade que

47 Mare Kandre, *La Femme et le Docteur Dreuf* [1994]. Arles: Actes Sud, 1996.
48 Erica Jong, *La Peur de l'âge*, op. cit.

a sua realização proporcionaria. O fato de ser possível escrever tais afirmações falsas mostra a força do dogma.

Igualmente, na França, em 2002, para redigir um artigo, a psiquiatra Geneviève Serre entrevistou cinco mulheres voluntariamente sem filhos, as quais abordou com ceticismo. Sobre elas, escreveu: «O fato de que muitas delas tinham engravidado, às vezes em várias ocasiões, e que tenham tomado a decisão de abortar, pode permitir que se levante a hipótese de que o desejo de ter filho existia, mas não foi escutado».[49] A gravidez como manifestação de um desejo inconsciente de ter filho: isso vale também para aquelas que foram estupradas? Ou para aquelas que, quando o aborto é ilegal, arriscam a própria vida para se livrar do embrião? Além disso, se for para reconhecer uma ambivalência ou um desejo inconsciente, no caso da minha amiga atormentada pelo medo de estar grávida não se pode excluir a hipótese de uma aspiração passageira à normalidade: não é fácil remar contra a corrente a vida inteira. Uma jovem voluntariamente sem filhos descreve assim sua impressão persistente de «passar por um animal de circo».[50]

Um homem que não se torna pai transgride uma função social, enquanto, em tese, uma mulher arrisca na maternidade sua identidade profunda. Logicamente, se o desejo de ter filho é natural, deveríamos poder detectar uma anomalia biológica naquelas mulheres que não o sentem. Em geral, elas serão aconselhadas a consultar um médico; ou então, caso tenham interiorizado a norma, elas o farão por si mesmas. É preciso

49 Geneviève Serre, «Les femmes sans ombre ou la dette impossible. Le choix de ne pas être mère», *L'Autre*, v. 3, n. 2, 2002.

50 Charlotte Debest, *Le choix d'une vie sans enfant*, op. cit.

se tratar, cultivar o autocuidado, até que a vontade de ter filho surja. Vemos aqui o mesmo paradoxo observado no contexto das práticas de beleza: ser uma «mulher de verdade» implica suar sangue e água para que se realize o que se supõe que deve emanar de sua natureza profunda. Quando se trata de procriação, os discursos psicanalítico e psiquiátrico se mostram admiravelmente eficazes ao dar lugar aos discursos sobre a natureza, conferindo uma vaga aura de autoridade científica aos piores clichês. Tendo identificado nas mulheres que entrevistou qualidades que considerava «masculinas», como «a independência, a eficiência, a disciplina, interesses em política», Geneviève Serre escreve: «Esse lado masculino, autônomo e independente, talvez seja um entrave a uma posição feminina mais passiva, mais receptiva à aceitação da dádiva da vida, o que é provavelmente necessário para alcançar a maternidade».[51] As mães, criaturas indolentes e dependentes que se contentam em chafurdar no grande mistério da vida e deixam a política para os homens: vocês pediram o século XIX, pois não perdem por esperar.

NA CLAREIRA

Aquelas que recusam a maternidade também enfrentam o preconceito que diz que elas odeiam crianças, como as bruxas que devoram com sanha corpinhos assados durante o sabá ou lançam um feitiço mortal para os filhos do vizinho. É duplamente exasperante. Primeiro porque está longe de ser sempre o caso: às vezes, até mesmo uma forte empatia com as

51 Geneviève Serre, «Les femmes sans ombre ou la dette impossible», op. cit.

crianças pode impedir de colocá-las no mundo, enquanto outras pessoas poderão escolher tê-las por motivos discutíveis. Sobre isso, Lucie Joubert ironiza: «O que pode ser mais estimulante para a procriação do que a perspectiva aterradora de longos anos numa casa para idosos, sem visitas, sem distração? Pesadelo que alguns contornam tendo oito filhos, um para cada dia da semana, e mais um — precaução pouca é bobagem».[52] O número de crianças maltratadas, que apanham ou são violadas, leva-nos também a nos perguntar se realmente todas as pessoas que têm filhos os amam. Além disso, temos o direito de não aspirar à companhia das crianças, até mesmo de detestá-las abertamente, correndo assim o risco de desiludir sem dó as pessoas ao nosso redor, pisoteando a imagem de doçura e de devoção que associam à Mulher. Aqui também, em todo caso, não existe bom comportamento possível. Cansadas dos olhares e dos comentários que provocam («Tem tudo a ver com você», «Você seria uma mãe formidável») quando se enternecem com uma criança ou seguram uma em seus braços, algumas poderão preferir demonstrar um desprezo radical, mesmo que isso signifique parecer um monstro. Porque, sim, é possível gostar de crianças, e gostar de passar tempo com elas, sem por isso querer uma para si: «Eu também cozinho muito bem, e não tenho vontade de abrir um restaurante!», lança a heroína da HQ *Et toi, quand est-ce que tu t'y mets?* [E você, quando vai embarcar nessa?].[53]

A escritora Elizabeth Gilbert estima que existam três categorias de mulheres: «Aquelas que nasceram para ser mães,

52 Lucie Joubert, *L'envers du landau*, op. cit.

53 Véronique Cazot e Madeleine Martin, *Et toi, quand est-ce-que tu t'y mets?*. Vol. 1, *Celle qui ne voulait pas d'enfant*. Paris: Fluide.G, 2011.

aquelas que nasceram para ser tias, e aquelas que não deveriam em hipótese alguma se aproximar a menos de três metros de uma criança. E é muito importante entender a que categoria pertencemos, pois os erros nessa área geram sofrimento e tragédia». Ela mesma faz parte da «brigada das tias».[54] Em 2006, numa revista feminina francesa, uma jovem deu provas dos milagres de que essa brigada é capaz. Quando criança, ela foi passar férias na casa da tia de uma amiga. Ao descer do avião, descobriu que a tia em questão era Sabine Azéma — uma das raras atrizes francesas que, quando perguntada sobre o tema, assume serenamente sua escolha de não ter sido mãe. Essas férias se repetiram vários anos seguidos: «Sabine alugou para a gente uma câmera pequena e nos instigou a escrever roteiros que depois filmávamos. Passamos horas procurando figurino na feira. Sabine alugou um carrinho, mas, como ela odeia dirigir, fica horas atrás de um caminhão e a gente morre de rir. Não somos crianças, ela não é uma adulta, é mágico. Férias *à la* sr. Hulot, nada de McDonald's, mas salões de chá estilo *Este mundo é um hospício*, um jardim de hotel em vez de um parque abarrotado de gente. Sabine nos presenteia com objetos extraordinários, piões vindos de Nova York, lápis da Inglaterra. E, sobretudo, ela nos insufla o sentido da felicidade».[55] Existe uma riqueza subestimada nessa diversidade possível de papéis. Um dia, quando tinha por volta de quarenta anos, Gloria Steinem participou do *Tonight Show*, e foi interpelada pela apresentadora Joan Rivers: «Minha filha foi a maior alegria da minha vida e não consigo me imaginar sem

54 «What Elizabeth Gilbert wants people to know about her choice not to have children», *HuffPost*, 10 out. 2014.

55 *Cosmopolitan*, set. 2006.

ela. Você não se arrepende de não ter tido filhos?». Ao que ela respondeu: «Então, Joan, se todas as mulheres tivessem filhos, não haveria ninguém para contar como é não ter».[56]

Muitas mulheres expuseram as razões que faziam com que o sentido que queriam dar às suas vidas fosse incompatível com a maternidade. Chantal Thomas, amante da liberdade, da solidão, de viagens, expressa-o de maneira simples: «Nada nessa história me atraiu jamais, nem a gravidez, nem o parto, nem o cotidiano de alimentar uma criança, de cuidar dela, de educá-la».[57] O que impressiona na leitura de *A força da idade*, na jovem Simone de Beauvoir, é seu apetite absoluto, sem limite: ela devora os livros, se interessa pelos filmes, ela é obcecada pelo desejo de se tornar escritora. A mesma voracidade a habita com relação ao mundo físico. Nomeada professora em Marselha, ela descobre a caminhada. Sempre que pode, viaja para fazer excursões devorando quilômetros, embriagando-se de paisagens e sensações, às vezes sem nem ter o equipamento adequado, sem se frear (apesar de alguns avisos), nem por medo de acidentes nem por medo de roubos; ela foge dos amigos que queriam segui-la. Ela aprecia sua liberdade, como prova o prazer com que capta, em poucas palavras, o charme dos quartos sucessivos que vai ocupando. Ela adora viver sozinha, desde o tempo em que foi estudante em Paris: «Eu podia voltar ao amanhecer ou ficar lendo na cama a noite inteira, dormir em pleno meio-dia, ficar fechada em casa 24 horas seguidas, sair para rua bruscamente. Eu almoçava um borsch no Dominique, jantava um

56 Citada por Henriette Mantel, *No Kidding*, op. cit.

57 Chantal Thomas, *Comment supporter sa liberté*. Paris: Payot & Rivages, 1998.

chocolate quente no La Coupole. Amava o chocolate, o borsch, as longas *siestas* e as noites sem sono, mas sobretudo eu amava meu capricho. Quase nada o contrariava. Eu constatava com alegria que 'a seriedade da existência', que os adultos repetidamente me inculcaram, na verdade não era tão relevante.» Como não ver que uma gravidez teria interrompido esse movimento, esse entusiasmo, teria a distanciado de tudo o que ela amava, de tudo que era importante para ela? No mesmo livro, ela se explica sobre ter evitado a maternidade, tema sobre o qual «tantas vezes a atacaram»; diz ela: «Minha felicidade era compacta demais para que alguma novidade pudesse me atrair. [...] Eu não sonhava nem um pouco em me ver numa carne que saiu de mim. [...] Eu não achava que estava recusando a maternidade; ela não era minha sina; ficando sem filhos, eu realizava minha condição natural».[58] Esse sentimento de estranhamento que algumas mulheres experimentam, uma amiga me confirma ao me contar que, quando abortou, com vinte anos, a operação foi para ela totalmente abstrata: «É como se eu tivesse tido apendicite».

Quanto a Gloria Steinem, sua autobiografia *Minha vida na estrada*, publicada em 2015, termina com essas palavras:

> Este livro é dedicado ao dr. John Sharpe, de Londres, que, em 1957, uma década antes que os médicos ingleses fossem legalmente autorizados a praticar uma interrupção de gravidez por outro motivo que não a saúde das mulheres, correu o risco considerável de aceitar realizar um aborto numa norte-americana de 22 anos indo viajar para a Índia. Sabendo apenas que ela tinha terminado o noivado em seu país para se lançar

58 Simone de Beauvoir, *La force de l'âge* (1960). Paris: Gallimard, 1986.

a um destino incomum, ele lhe disse: «Você precisa me prometer duas coisas. A primeira é não falar o meu nome para ninguém. A segunda é fazer o que você quiser da sua vida». Caro dr. Sharpe, eu acho que você, que sabia que a lei era injusta, não vai se chatear se eu disser isso, tanto tempo depois da sua morte: fiz o melhor que pude com a minha vida. Esse livro é para você.[59]

No caso dela, o fato de não prolongar a cadeia das gerações, longe de representar uma traição com relação à sua própria mãe, constituía uma maneira de lhe fazer justiça, de assumir sua herança, de honrar sua história familiar. Antes de seu nascimento, sua mãe, Ruth, que tinha começado uma carreira de jornalista, por muito pouco não abandonou seu marido e sua primeira filha para buscar uma oportunidade em Nova York com uma amiga. «Se eu a pressionasse perguntando: 'Por que você não foi? Por que você não levou minha irmã com você para Nova York?', ela respondia que não tinha problema, que ela tinha a sorte de nos ter, minha irmã e eu, conta Steinem. Se eu insistisse, ela acrescentava: 'Se eu tivesse ido, você nunca teria nascido!'.» Depois da separação de seus pais, a jovem Gloria morou sozinha com sua mãe, que se tornou depressiva. Assim que conseguiu escapar, ela foi para Nova York e realizou o sonho da mãe em seu lugar. Ela escreve, como uma homenagem: «Como tantas mulheres antes dela — e como tantas outras ainda hoje —, ela nunca

59 Gloria Steinem, *My life on the Road*, op. cit.

teve uma viagem própria. Eu queria muito que ela pudesse ter seguido o caminho que gostaria».[60]

Agora que estou trabalhando neste capítulo, descubro, ao mexer em papéis que pertenciam ao meu pai, um caderno azul pálido contendo a inscrição «Escola superior de comércio de Neuchêtel». Dentro, nada além de uma extensa lista de referências literárias, registrada com sua escrita angulosa e elegante. Ele tinha copiado ali o índice de uma revista intitulada *O livro de amanhã*, com títulos de Maurice Maeterlinck ou Edmond Jaloux. A morte precoce do seu pai, quando ele tinha doze anos, e as transformações que isso provocou em sua vida o privaram dos estudos literários com os quais ele tanto sonhava. Ele, que era tão culto, tão curioso, foi obrigado a fazer estudos administrativos, para os quais não tinha nenhuma inclinação. Posteriormente, ganhou a vida muito bem, mas nunca conseguiu corrigir seu rumo, e nada pôde dissipar esse arrependimento, o sofrimento desses talentos não empregados. Muito antes de tomar claramente consciência desse suplício, eu também vivi imersa num mundo em que não havia nada de mais real, nada de mais digno de interesse do que os livros e a escrita. Talvez os pais nos comuniquem paixões tão violentas que não deixam espaço para mais nada — sobretudo quando eles mesmos não puderam se dedicar a elas como gostariam. Talvez haja aí necessidades de reparação que não suportam coisas pela metade; que exigem que se abra uma clareira no meio da floresta das gerações e que nela vivamos, esquecendo-nos de todo o resto.

60 Ibid. Cf. também «Ruth's song (because she could not sing it)». Em Gloria Steinem, *Outrageous Acts and Everyday Rebellions*. Nova York: Holt, Rinehart and Winton, 1983.

Para muitos, tudo isso continua sendo inaceitável. Em um livro em que considerava que «as mulheres que não engravidam são equívocos», «viúvas de si mesmas», a atriz Macha Méril considerou oportuno falar ao fantasma de Simone de Beauvoir nestes termos: «Genial Simone, aqui você pecou por má-fé. Você também teria amado ter filhos, mas as suas escolhas e esse diabo [*sic*] do Sartre a desviaram do caminho. Com o seu amor americano [o escritor Nelson Algren], você ficou por um fio de deixar sua carne de mulher se entregar à maternidade. Você não teria sido menos brilhante, e seu cérebro não teria girado com menos velocidade». (Lucie Joubert, que cita essas palavras, comenta: «O cérebro não, mas a caneta talvez, como sabê-lo?»).[61] Em 1987, Michèle Fitoussi, a jornalista da *Elle* que o livro de Corinne Maier enfureceu, tinha publicado *Le Ras-le-bol des superwomen* [O saco cheio das supermulheres], dedicado às dificuldades para conciliar família e trabalho e às duras consequências da emancipação. Mas estava fora de cogitação, aparentemente, que algumas se permitissem tornar a vida mais leve eliminando um dos elementos da equação. Ou, pelo menos, não este.

Quando não se duvida da «boa-fé» das mulheres voluntariamente sem filhos, procura-se para elas maternidades substitutivas: as professoras seriam mães para seus alunos, os livros seriam os filhos das escritoras etc. Em um ensaio no qual reflete sobre as maneiras de «superar o estigma da ausência de filho», Laurie Lisle menciona amplamente as maternidades simbólicas; isso aparentemente corresponde a uma necessidade pessoal

61 Lucie Joubert, *L'Envers du landau*, op. cit.

respeitável, mas, se considerarmos os comentários na internet, essa insistência irritou várias leitoras que não compartilhavam dessa ideia.[62] «Eu quero desaprender a maternidade», diz por sua vez Clothilde, voluntariamente sem filhos, quando comenta sua atividade de professora em escola de enfermagem e sua relação com as alunas.[63]

Para o senso comum, toda realização que não seja a maternidade aparece não apenas como substitutiva, mas como um último recurso. Uma ilustração está no filme *Coco antes de Chanel* (2009), sobre o início de Gabrielle Chanel. A jovem está apaixonada por um homem que, no fim do filme, morre em um acidente na estrada. Nós a vemos chorando e, em seguida, sem transição, passamos ao seu primeiro triunfo profissional. Depois de um desfile, o público aplaude e aclama, enquanto ela fica sentada num canto, com o olhar vazio, melancólica. Como conclusão, há um comentário que nos diz que ela teve em seguida um enorme sucesso, mas que nunca casou nem teve filhos. Ficamos com a impressão de que depois desse luto, com a perda de seu grande amor, ela viveu como uma freira, preocupada apenas com sua carreira. Ora, na realidade, Chanel teve uma vida rica e movimentada: teve amigos e amantes, que aparentemente amou, pelo menos alguns. Há algo de manipulador — ou, mais possivelmente, fruto do uso do clichê — em dar a entender que sua carreira teria sido um paliativo para sua infelicidade privada. Ela tinha começado a criar muito antes da morte de seu amante, movida por uma necessidade profunda, e esse trabalho, com toda a evidência, rendeu-lhe imensas satisfações.

62 Laurie Liesle, *Without Child*, op. cit.

63 Charlotte Debest, *Le Choix d'une vie sans enfant*, op. cit.

Quando ela as vê hesitar, Elizabeth Gilbert encoraja suas interlocutoras a interrogá-la sobre a não maternidade, pois considera necessário falar sobre esse tema. Rebecca Solnit, ao contrário, detesta que lhe façam essa pergunta: «Um de meus objetivos enquanto escritora é buscar formas de valorizar o que é escorregadio e negligenciado, de descrever as nuances e as variações de significação, de celebrar ao mesmo tempo a vida pública e a vida solitária, e — para usar as palavras de John Berger — de encontrar 'outra maneira de contar'. Isso contribui para explicar por que eu acho tão desanimador topar sem parar com as mesmas sempiternas maneiras de contar».[64] O próprio artigo que escreveu sobre o tema nasceu em uma conferência que deu sobre Virginia Woolf. Para sua surpresa, a discussão que se seguiu com o público rapidamente derivou para a ausência de filhos da autora de *Mrs Dalloway* e *Ao farol*. Deste lado do Atlântico, em 2016, Marie Darrieussecq teve a mesma surpresa. Quando foi convidada a falar de sua nova tradução de *Um quarto só seu* na rádio France Culture, o apresentador também abordou o tema. Ela começou a responder pacientemente que o sofrimento de Virginia Woolf de fato fora imenso, mas que nada permitia pensar que a falta de filhos teve algum papel nisso. Depois, como ele insistiu, ela explodiu: «Mas isso me irrita! Desculpe, não quero ser grosseira, mas isso me aborrece! Essa pergunta é feita aos escritores solteiros sem filhos? *Não me importa!* Eu acho que isso é realmente reduzi-la a seu corpo de mulher, e não é o que ela faz nesse ensaio».[65] Motivo para

64 Rebecca Solnit, «The mother of all questions», op. cit.

65 «Virginia Woolf (4/0). Un lieu pour les femmes», *La Compagnie des auteurs*, France Culture, 28 jan. 2016.

dar razão a Pam Grossman quando ela escreve, no prefácio a uma celebração das «bruxas literárias», dentre as quais Virginia Woolf tem um lugar de destaque, que «as mulheres que criam outras coisas que não filhos continuam sendo consideradas por muitos como perigosas».[66] Bom saber: nem ser Virginia Woolf pode nos redimir de não ter sido mãe. Leitora que consideraria não se reproduzir, ou que teria esquecido de fazê-lo, esteja prevenida: é inútil se consumir escrevendo obras-primas para tentar desviar a atenção dessa grave privação que certamente lhe fez muito infeliz, mesmo que involuntariamente. Se você quiser escrevê-las, faça-o por outras razões, pelo prazer; caso contrário, dedique o tempo livre de sua escandalosa existência a ler romances embaixo de uma árvore, tranquilona, ou a qualquer outra coisa que você queira.

O traumatismo causado pelo movimento feminista dos anos 1970 gerou muitos mitos. Por exemplo, nenhum sutiã foi queimado em público naquela época, no entanto, todo mundo continua absolutamente convencido de que, como escreve Susan Faludi, «o feminismo sacrificou em suas fogueiras toda a produção de *lingerie*».[67] Da mesma forma, acusa-se às vezes o feminismo de ter desprezado a maternidade ou culpabilizado aquelas que a ela aspiram. Ora, esse pode ter sido o caso em alguns comportamentos individuais — o que certamente é lamentável, mas não na teoria que era produzida. Nos Estados Unidos, a pesquisadora Ann Snitow não encontrou nenhum

66 Pam Grossman, «Avant-propos». Em Taisia Kitaiskaia e Katy Horan, *Literary Withes*, op. cit.

67 Susan Faludi, *Backlash*, op. cit.

rastro da suposta «raiva das mães» no *corpus* de textos da época.[68] Quanto à efêmera National Organization of Non Parents (NON), fundada em 1972 por Ellen Peck, ela não tinha vínculo com o movimento feminista. Na realidade, a possibilidade de não engravidar foi muito pouco, ou nada, defendida. Uma notável exceção: a «Declaração sobre a contracepção», assinada nos anos 1960 por um grupo de afro-americanas. A alguns homens negros que consideravam a contracepção uma forma de genocídio, elas respondiam que, ao contrário, era a «liberdade de combater o genocídio das mulheres e das crianças negras», pois aquelas que não tinham filhos tinham mais poder.[69] Na França, as manifestações exclamavam: «Um filho se eu quiser, quando eu quiser»: «O radicalismo do 'se eu quiser' era mitigado pelo 'quando eu quiser'», analisa Christine Delphy. «A campanha sempre enfatizou o controle do momento e do número de nascimentos, nunca o princípio. Em suma, o movimento feminista nunca ousou expressar a ideia de que uma mulher poderia não querer criança alguma».[70] Para Charlotte Debest, «o caldo reflexivo, social e psicanalítico dos anos 1970 levou, de certa maneira, a esta injunção: 'Façam como queiram, mas se tornem pais'». As mulheres, em particular, suportam uma paradoxal «injunção ao desejo de filho». E elas são mais sensíveis a essa injunção, como observa uma das que a socióloga entrevistou —

68 Anne Snitow, «Motherhood: reclaiming the demon texts». Em Irene Reti (org.), *Childless by Choice. A Feminist Anthology*. Santa Cruz: HerBooks, 1992.
69 Laurie Lisle, *Without Child*, op. cit.
70 Christine Delphy, «La maternité occidentale contemporaine: le cadre d'enfant». Em Francine Descarries e Christine Corbeil, *Espaces et temps de la maternité*. Montreal: Éditions du Remue-Ménage, 2002.

voluntariamente sem filhos: elas tendem a «não expressar o que elas querem nem o que querem delas».[71] Assim, Jeanne Safer diz ter um dia tomado consciência de que não desejava ter um filho: ela «*desejava querer* um filho».[72] A «liberdade de escolha» de que em teoria dispomos é, dessa forma, extremamente ilusória.

Acaba resultando desse contexto cultural uma ausência total de apoio para aquelas que se abstêm. «Eu não sei como você pode não desejar uma criança de maneira serena», diz para Charlotte Debest uma das mulheres que ela entrevista.[73] Essa legitimidade frágil, até mesmo inexistente, as levará a se perguntar, assim que alguma coisa der errado em suas vidas, se a causa de seu infortúnio não estará vinculada à sua falta de descendência. Percebo que eu mesma, quando bato o dedão do pé na mesa (exageros à parte), tenho o reflexo de assumir que aquilo é a punição chegando. De maneira mais ou menos consciente, estou sempre *esperando a punição* por eu ter me permitido viver a vida que eu queria viver. Em contrapartida, uma mãe, não importa o apuro em que esteja, raramente será levada a se perguntar se sua decisão de ter filho tem alguma relação com aquilo. Prova disso é essa anedota relatada por Chantal Thomas: «Uma mulher me procura só para me contar que por causa das intrigas de uma nora tacanha ela foi expulsa de sua própria casa, na Bretanha. Ao constatar que a história me deixa indiferente, ela ataca: 'E você? Está feliz com seus filhos? Vocês se

71 Charlotte Debest, *Le Choix d'une vie sans enfant*, op. cit.

72 Jeanne Safer, «Beyond Beyond Motherhood». Em Meghan Daum (org.), *Selfish, Shallow and Self-Absorbed*, op. cit.

73 Charlotte Debest, *Le Choix d'une vie sans enfant*, op. cit.

dão bem? — Eu não tenho filho. (Silêncio, olhar prolongado.) — Deve ser horrível', diz ela, dando as costas».[74]

Com quinze anos, embora eu tivesse certeza de não querer ser mãe, fiquei um pouco mexida com o filme *A outra* [*Another Woman*], do Woody Allen, em que a heroína, interpretada por Gena Rowlands, é uma professora de filosofia com cerca de cinquenta anos. Ao final do filme ela colapsa soluçando: «Eu acho que teria desejado um filho!». Precisei de um certo tempo para entender que essa cena não era reflexo de uma realidade objetiva e implacável, e que Woody Allen não era necessariamente uma referência feminista.[75] Mas é verdade que, diante das mulheres voluntariamente sem filhos, sempre paira essa ameaça: «Um dia você vai se arrepender!». O que traduz um raciocínio bastante estranho. É possível se forçar a fazer alguma coisa que não temos vontade alguma de fazer somente para prevenir um arrependimento hipotético situado num futuro distante? Esse argumento devolve essas pessoas precisamente à lógica de que buscam escapar, a lógica da prevenção que a presença de uma criança desperta e que pode consumir o presente na esperança de garantir o futuro: pedir um empréstimo, se matar de trabalhar, se preocupar com o patrimônio que lhe será legado, com como serão pagos os seus estudos...

Seja como for, e que seja ou não do agrado de Woody Allen, parece que a decisão de não ter filhos não gera, a longo prazo, a aflição tão prometida. Geneviève Serre teve que reconhecer, apesar de seus preconceitos, que as mulheres que ela tinha

74 Chantal Thomas, *Comment supporter sa liberté*, op. cit.

75 Sem entrar nas acusações de estupro, cf. Alain Brassart, «Les femmes vues par Woody Allen», *Le Monde diplomatique*, maio 2000.

entrevistado não sentiam «falta, nem arrependimento».[76] Pierre Panel, cirurgião ginecologista, constata, nas pacientes que foram esterilizadas, uma taxa «ínfima» de arrependimento: «Os arrependimentos acontecem essencialmente nas pacientes que sofreram — e digo isso mesmo, *sofreram* — laqueadura tubária antes da legalização,[77] isto é, num contexto em que fora, de maneira geral, decidido mais pelo médico do que pela própria mulher».[78] Quando o arrependimento se manifesta, claro que ele pode ser autêntico. Mas os pesquisadores também levantaram a hipótese de um arrependimento *forçado*: «É simples, as mulheres sentem que há algo faltando, ou se consideram desvalorizadas quando ficam mais velhas porque escutaram a vida inteira que uma mulher não é completa se não teve filho», resume Lucie Joubert, que acrescenta: «Talvez se mudarmos a mensagem vamos ver desaparecer o espectro do arrependimento».[79] Que a sociedade valide a liberdade das mulheres serem o que quiserem: e depois, o que mais? «Eu não quero que me peçam para eu me casar, ter filhos, trabalhar, isso, aquilo. Eu só quero ser alguém», diz Linda, 37 anos.[80]

76 Geneviève Serre, «Les femmes sans ombre ou la dette impossible», op. cit.

77 A legalização da esterilização voluntária na França, em 2001.

78 *J'ai décidé d'être stérile* [Eu escolhi ser estéril], webdocumentário de Hélène Rocco, Sidonie Hadoux, Alice Deroide e Fanny Marlier, www.lesinrocks.com, 2015.

79 Lucie Joubert, *L'envers du landau*, op. cit.

80 Charlotte Debest, *Le Choix d'une vie sans enfant*, op. cit.

Há um arrependimento que mal existe, ou que simplesmente não existe, do qual, no entanto, fala-se abundantemente; e depois há um arrependimento que parece existir de verdade, mas do qual é proibido falar: aquele que às vezes a maternidade gera. Pode-se falar de todos os horrores que se queira sobre a parentalidade, mas com a condição de nunca esquecer de concluir que, apesar de tudo, ela nos faz tão felizes. É precisamente essa regra que infringiu estrondosamente Corinne Maier em *No Kid*: «Se eu não tivesse filhos, estaria fazendo a volta ao mundo com o dinheiro que ganhei com os meus livros. Em vez disso, sou requisitada em minha casa, para servir refeições, obrigada a levantar às sete horas da manhã todos os dias da semana, tomar as lições de casa estupidíssimas e ligar a máquina de lavar. Tudo isso para meninos que pensam que sou sua empregada. Alguns dias, eu me arrependo e ouso dizê-lo». Ou, indo ainda mais longe: «Quem sabe o que eu teria me tornado se não tivesse tido filhos, se estivesse menos envolvida na logística, nas compras de mercados e nas refeições? Confesso que eu só espero uma coisa: que meus filhos entrem na universidade para que eu possa enfim dedicar mais tempo às minhas pequenas atividades criativas. Vou ter cinquenta anos. Mais tarde, quando eu for mais velha, a vida vai começar para mim».[81] A transgressão desse tabu desencadeou a vindita de Michèle Fitoussi: «Quem de nós nunca sentiu vontade de fazer desaparecer os filhos que nos cansam e arruínam nossa vida? Para a revista *Elle*, as canetas mais cáusticas escreveram páginas e mais páginas sobre isso,

81 Corinne Maier, *No Kid*, op. cit.

mas com a graça e o talento necessários para não chegar com o pé na porta».[82] «Graça» e «talento» são aqui pseudônimos de «moderação» e «conformismo». O desabafo só é autorizado se ele se coloca a serviço da reafirmação da norma. Porém, Maier não foi a única que ousou ir além. «Sem me dar conta, dei um golpe baixo em mim mesma», clamava em 2011 a atriz Anémone. Ela tinha se resignado a ir até o fim de uma gravidez depois de ter feito três abortos, dos quais dois foram realizados em más condições. Ela explicava que sendo a solidão e a liberdade suas duas maiores necessidades, ela teria sido «muito mais feliz» se não tivesse tido filhos (ela teve dois). «É preciso contar vinte anos», diz ela. «Depois do bebê gordinho, tem a criança ossuda que é preciso inscrever e levar a pequenos cursos disso e daquilo. É muito cansativo, a vida passa voando, e não é a sua.»[83] A jornalista Françoise Giroud também dizia de seu filho: «Desde o dia em que ele nasceu eu passei a andar com uma pedra em volta do pescoço».[84]

«Essa mulher deveria ser arrastada pelas ruas, seus dentes arrancados com um martelo, e depois todas as crianças da cidade deveriam formar uma fila e ser convidadas a cortar um pedaço de seu corpo com uma faca. Em seguida, ela deveria ser queimada viva.» Esse foi um dos ataques anônimos que miraram, num fórum alemão de discussão, a socióloga israelense Orna Donath, autora de uma pesquisa que deu voz a mulheres

82 Michèle Fitoussi, «Le pire de Maier», op. cit.

83 Nolwenn Le Blevennec, «Être mère et regretter : 'Je me suis fait un enfant dans le dos'», *Rue89*, 28 jun. 2016.

84 Ibid.

que se arrependeram de ter se tornado mães.[85] Muitos se escandalizaram com a abordagem de Corinne Maier, que impunha a seus filhos, sem grandes precauções, a revelação pública de seu arrependimento de os ter posto no mundo e do peso que isso representava para ela; ao contrário, as mães que dão seu testemunho no estudo de Orna Donath são todas anônimas; mas sem que as hostilidades tenham sido menores, como vemos. Se as reações nem sempre foram tão violentas, de tudo quanto é lugar tentaram negar os resultados do trabalho dela. Na rádio francesa, uma debatedora declarou por exemplo que os sentimentos das mulheres entrevistadas se explicavam certamente pela situação de guerra em que se encontravam seus países; ora, a ocupação da Palestina e suas repercussões na sociedade israelense nunca são mencionadas entre os motivos do arrependimento. Outros presumiam que Donath tinha falado com mães de crianças pequenas, e que, alguns anos depois, com o distanciamento, passariam a experimentar sentimentos melhores; ora, algumas já eram avós. Nas redes sociais alemãs, onde este estudo suscitou infinitos debates em 2016, com a hashtag #RegrettingMotherhood, uma mãe de dois adolescentes repreendia as participantes do estudo: «É muito triste que essas mulheres não consigam se engrandecer convivendo com seus filhos, aprender a evoluir, descobrir sentimentos profundos com eles, ser capazes de ver o mundo com novos olhos, apreciar ainda as pequenas coisas da vida, redefinir o que significa o respeito, a atenção e o amor, mas também ser capazes de viver uma grande alegria. Na realidade, trata-se de colocar de lado o egoísmo delas

85 Orna Donath, *Regretting Motherhood*, op. cit. Salvo menção contrária, a mesma referência vale para as próximas citações.

e mostrar sua humildade». Ela concluiu com essas palavras: «O AMOR NÃO SE DISCUTE!».[86] Em que momento, ao certo, o «amor» virou uma mordaça na boca das mulheres? O amor não merece mais do que isso? As mulheres não merecem mais?

«A sociedade tolera apenas uma resposta das mães à pergunta sobre a maternidade: 'Eu adoro'», resume Orna Donath. Ora, o arrependimento existe; e como todos os segredos, quando não é dito, ele supura, ou explode em momentos de crise ou conflito. É ilusório pensar que as crianças possam não o sentir, não o adivinhar. Muitos escritores americanos — homens e mulheres, homo e heterossexuais — que falaram sobre sua recusa de procriar na obra coletiva *Égoïstes, superficiels et nombrilistes* [Egoístas, superficiais e umbiguistas] contam que nunca conseguiram acreditar nas representações idealizadas da família por serem testemunhas da frustração e da amargura de seus próprios pais, em particular de suas mães. «Por meio do exemplo da minha mãe, eu aprendi que não existe garantia na maternidade», diz Danielle Henderson.[87] Michelle Huneven conta como a sua, que «claramente desejou ter filhos», viu-se desamparada com a presença deles. Qualquer coisa era suficiente para enraivecê-la: «Um problema de criança, um livro fora do lugar». Quando Michelle era adolescente, sua mãe entrava em seu quarto toda hora para acusá-la de uma coisa ou de outra, dizer que estava errada. Um dia, ela se sentiu mal por causa da diabetes. Retorcida em sua cama, com o marido ao lado, ela percebe que as duas filhas estão na porta do quarto e grita: «Quem são essas

86 «Regretter d'être mère? 'L'amour n'est jamais à débattre'», *Rue89*, 1 jul. 2016.

87 Danielle Henderson, «Save yourself». Em Meghan Daum (org.), *Selfish, Shallow and Self-Absorbed*, op. cit.

malditas crianças? Faça com que desapareçam! Não quero filhos! Livre-se delas!». Michelle, que tinha então dez anos, disse que sentiu uma espécie de alívio: «Finalmente, o que eu suspeitava há tanto tempo tinha sido dito».[88] Dar a esse sentimento um contorno em que ele pudesse se expressar talvez permitisse domesticá-lo, canalizá-lo e minimizar, tanto quanto possível, a dor que ele podia causar. As mulheres que vivem isso poderiam fazer confidências para uma pessoa próxima, ou mesmo se abrir com seus filhos, no momento oportuno. Dizer ao seu filho, em uma conversa tranquila: «Sabe, eu adoro você, estou muito feliz que você exista, mas não tenho certeza de ter sido feita para esse papel», não é o mesmo que gritar que ele nos impede de viver e que preferiríamos que ele nunca tivesse nascido. Essa conversa poderia, inclusive, dissipar nele o temor de que algum defeito dele pudesse estar na origem daquele arrependimento (que ele poderia eventualmente sentir de maneira obscura); o temor de ter decepcionado, de não ter estado à altura das expectativas maternas.

A própria Orna Donath não quer ser mãe e escutou sem parar que iria se arrepender. «O arrependimento é usado como ameaça para forçar as recalcitrantes à maternidade, mesmo quando o aborto não é um problema», ela analisa. Impressionando-se com o fato de que ninguém parece levar em conta que se possa, ao contrário, se arrepender de ter trazido ao mundo um ou mais filhos, ela decidiu pesquisar sobre o assunto. Sua própria posição criou um vínculo de empatia e compreensão mútua com as mulheres que responderam ao seu anúncio: suas aspirações compartilhadas de «não ser mãe de ninguém»

88 Michelle Huneven, «Amateurs». Ibid.

as aproximou. Ela observa que, do mesmo modo, as mulheres que não podem ter filhos e que o desejam teriam sem dúvida maior afinidade com mães felizes de sê-lo do que com mulheres voluntariamente sem filhos. Isso a leva a observar que nosso *status* familiar não diz necessariamente grandes coisas sobre nossa identidade profunda. De maneira geral, ela se recusa a opor mãe e não mãe: a edição americana de seu livro começa com uma homenagem à sua avó que morrera há pouco tempo, Noga Donath, que tinha adorado ser mãe, e com quem ela tivera longas conversas, na quais ambas se escutavam com curiosidade e boa vontade, procurando se entender, desejando a felicidade e se alegrando uma com as conquistas da outra. Adrienne Rich também escreveu: «Opor a 'mulher sem filho' à 'mãe' expressa um falso antagonismo, que beneficiou as instituições da maternidade e as da heterossexualidade. Empresta-se a essas categorias mais simplicidade do que elas têm».[89]

O tema do estudo de Donath é mesmo o do arrependimento, e não a simples ambivalência. As mulheres com quem ela conversou dizem que, se pudessem voltar atrás, não teriam tido filhos. Enquanto se supõe que a maternidade faz você passar de «defeituosa» a «completa», no caso delas aconteceu o contrário. «Se um pequeno duende surgisse e me perguntasse se eu queria que eles desaparecessem, fazendo de tal maneira que seria como se nada nunca tivesse acontecido, eu responderia 'sim', sem hesitar», diz Sophia, que tem dois filhos pequenos. «É simplesmente um fardo insuportável para mim», declara Sky, mãe de três adolescentes. Todas elas amam seus filhos; o que não amam é a experiência da maternidade, o que faz com elas

89 Adrienne Rich, *Naître d'une femme*, op. cit.

e com suas vidas. «Eu não queria que ele não existisse, só não queria ser mãe», resume Charlotte. «Eu sou uma ótima mãe, não há dúvida», pontua Sophia. «Sou uma mãe cujos filhos são importantes para ela; eu os amo, leio histórias para eles, procuro conselhos profissionais, faço o melhor que posso para dar-lhes uma boa educação, muito afeto e amor. Mas eu odeio ser mãe. Odeio ser mãe. Odeio ser aquela que determina os limites, que tem que punir. Detesto a falta de liberdade, de espontaneidade.» Anémone também faz essa distinção: «Quando estão na minha frente, não posso olhar para eles pensando que me arrependo deles, não tem sentido, mas eu me arrependo de ter sido mãe».[90] Tirtza, cujos filhos têm por volta de trinta anos e já são pais, tomou consciência de seu erro desde o nascimento de seu primeiro bebê: «Imediatamente eu entendi que aquilo não era para mim. E não apenas que não era para mim: que era o pesadelo da minha vida». Carmel, mãe de dois adolescentes, viveu uma experiência parecida: «Naquele dia comecei a entender o que eu tinha feito. Isso foi se intensificando com o passar dos anos». Diante desses depoimentos, Donath conclui que, se algumas mulheres têm depressão pós-parto sem que isso atinja seu desejo profundo de ser mães, e sem que isso antecipe um julgamento de sua felicidade futura, em outras, o nascimento de um filho é o momento de um choque que não leva a reconciliações posteriores. Ela defende que isso seja reconhecido e que elas sejam autorizadas a se abrir sobre o que vivem.

Algumas questionam o condicionamento sofrido, as verdades habitualmente aceitas sobre a parentalidade: «Quando

90 Nolween Le Blevennec, «Être mère et le regretter: 'Je me suis fait un enfant dans le dos'», op. cit.

dizem 'nada vale mais do que o sorriso de uma criança', é balela. Não tem uma gota de verdade», assevera Sunny, mãe de quatro crianças. Mas, dentre as raras vantagens que elas veem na maternidade, está o fato de se sentirem integradas, conforme as expectativas sociais. Elas têm a sensação «de ter cumprido com seu dever», como diz Debra; pelo menos, são deixadas em paz. Brenda, que teve três filhos, lembra de sua alegria depois de cada nascimento: «A proximidade e a intimidade com o bebê, o sentimento de pertencimento, o orgulho: você realizou um sonho. É o sonho de outra pessoa, mas, mesmo assim, você o realizou». Muitas confessam que, se tiveram vários filhos, quando desde o primeiro tinham entendido que não eram feitas para aquilo, foi por causa da pressão social. Rose, que teve dois, diz que nunca faria de novo se soubesse melhor o que esperar e se tivesse «um entorno capaz de apoiá-la e aceitar esse tipo de decisão». Temos aqui a situação oposta àquela descrita por Geraldine, a jovem que conversou com Charlotte Debest e que considerava quase impossível «não desejar filhos de maneira serena».[91] De um lado, uma escolha alienada, dolorosa, mas (um pouco) suavizada pela aprovação social que a cerca; de outro, uma escolha condizente consigo mesma, que poderia ser bem vivida, mas minada pela reprovação mais ou menos difusa das pessoas próximas. «Enquanto mulher que escolheu não ter filhos, tenho somente um problema: os outros adultos», diz também Danielle Henderson.[92]

91 Charlotte Debest, *Le Choix d'une vie sans enfants*, op. cit.

92 Danielle Henderson, «Save yourself». Em Meghan Daum (org.), *Selfish, Shallow, and Self-Absorbed*, op. cit.

Em suma, no estado de coisas atual, apenas um tipo de mulher pode viver sua situação numa total tranquilidade de espírito, conjugando a harmonia consigo mesma e a aprovação da sociedade: aquela que tem um ou mais filhos que desejou, que se sente enriquecida com essa experiência e que não paga por ela um preço muito alto, seja por uma situação financeira confortável, graças a um trabalho que a preenche ao mesmo tempo que deixa tempo para que se dedique à sua vida familiar, graças a um ou uma parceira que participa das tarefas educativas e domésticas, graças a um círculo de pessoas próximas — parentes, amigos — que a ajudam, ou graças a tudo isso junto. (Se é devido à sua boa situação financeira, há, contudo, grandes probabilidades que seu bem-estar advenha de uma empregada doméstica ou de uma babá que sacrifica o seu filho num emprego mal pago e pouco gratificante.) Todas as outras são condenadas a uma forma de tormento maior ou menor, e a invejar umas às outras, o que contribui para dividi-las. Adrienne Rich relatou, assim, uma conversa que teve com uma «erudita brilhante» e sem filhos de sua geração: «Ela fala de suas impressões durante as reuniões e encontros com as esposas de professores, cuja maioria tem ou gostaria muito de ter filhos. Parecia-lhe naquele momento que suas pesquisas apaixonadas e o valor reconhecido de seu trabalho faziam dela, única mulher solteira do grupo, a mulher 'estéril' que, em meio a tantas mulheres que eram mães, tinha fracassado humanamente. Eu perguntava: 'Vocês têm ideia do número de mulheres que gostaria de possuir sua independência, para trabalhar, meditar, viajar, entrar num lugar como você faz, como você mesma, e não como mãe de crianças ou esposa de um homem?'».[93] Para todas elas, é muito difícil não se pegar, pelo menos em alguns momentos, desejando o que não têm, sem saber muito bem onde estão.

Todas as mulheres que dão seus depoimentos no livro de Orna Donath se sentem ao mesmo tempo atormentadas pela culpa e aliviadas por ter finalmente a oportunidade de falar. Elas têm horror a pensar que seus filhos possam ficar sabendo o que elas estão confessando. Maya, grávida de seu terceiro filho, também insiste no fato de que é uma boa mãe, e afirma: «Ninguém pode adivinhar [que ela não gosta de ser mãe]. E se ninguém pode adivinhar quanto a mim, então é impossível adivinhar quanto a qualquer pessoa». Algumas estão decididas a nunca falar de seus sentimentos aos filhos, persuadidas de que eles nunca poderiam entender e que ficariam terrivelmente machucados; mas não todas. Assim, Rotem fica satisfeita com a publicação do estudo, pois considera importante difundir a ideia de que a parentalidade não deveria ser uma passagem obrigatória, precisamente para o bem de suas filhas: «É tarde demais para mim, eu já tenho dois filhos, mas quero que ao menos minhas filhas tenham essa opção».

A pesquisadora convida a ver na experiência das mães que entrevistou o sinal não apenas de que a sociedade deveria tornar a maternidade menos difícil, mas também de que seria preciso repensar a obrigação imposta às mulheres de se tornarem mães. O arrependimento de algumas «indica que existem vias que a sociedade as impede de tomar, apagando de saída os caminhos alternativos como a não maternidade». Se abríssemos esses caminhos condenados, não é garantido que o mundo desabaria.

93 Adrienne Rich, *Naître d'une femme*, op. cit.

Talvez até mesmo muitos dramas fossem evitados, sofrimentos inúteis, desperdícios. E veríamos surgir possibilidades de felicidade inesperadas.

3. A EMBRIAGUEZ DOS CUMES. ROMPER COM A IMAGEM DA «BRUXA VELHA»

Em uma noite de verão, há alguns anos, eu estava jantando com a minha amiga D. no terraço de um restaurante em que as mesas ficam muito próximas umas das outras. D. é uma espécie de virtuose da conversação: apaixonada, generosa, perspicaz, dotada de uma capacidade de escuta prodigiosa e quase ilimitada. Mas, no calor da discussão, e talvez porque ela esteja acostumada ao palco de cima do qual ela se dirige aos seus estudantes, ela tende a esquecer de controlar o volume de sua voz — o que pode ser ligeiramente constrangedor quando ela recapitula, para analisá-los melhor, os últimos episódios de sua vida pessoal, submetendo assim seus problemas afetivos à perspicácia de uma assembleia de desconhecidos. Nesta noite, um casal está jantando ao nosso lado, a mulher mal se contém, antes de explodir:

— Senhorita, por favor! Não é possível! Nós não estamos conseguindo nos escutar!

Minha amiga logo pediu mil desculpas e abaixou a cabeça, envergonhada. Mas, pouco depois, ela levantou para mim uma cara radiante. Os olhos brilhando, ela murmurou, triunfante:

— Ela me chamou de «senhorita»!

Eu entendo exatamente o que ela quer dizer. Nós duas estamos na primeira metade dos quarenta, isto é, em um período de nossas vidas em que, enquanto intelectuais com uma situação profissional estável, que não realizam um trabalho duro, que têm condições de comer de maneira saudável, de se cuidar e fazer esporte, ainda temos direito a alguns «senhoritas» perdidos no meio dos «senhoras» que viraram a regra. Eu também os noto. Como não os notar? Um homem é chamado de «senhor» de seus dezoito anos até o fim da vida; mas, para uma mulher, sempre chega o momento em que, inocentemente, as pessoas que encontra no cotidiano confabulam para informá-la que deixou de parecer jovem. Lembro de ter me sentido contrariada, e até ofendida, com os primeiros «senhora». Eu fiquei chocada. Precisei de um certo tempo para me convencer de que não era um insulto e que meu valor não dependia de minha juventude. Por mais que tenha rido de Alix Girod de l'Ain quando ela confessou candidamente seu apego pelo «senhorita» do vendedor de fruta, a verdade é que eu tinha me acostumado ao privilégio mais precioso que a juventude representa para uma mulher. Sem que eu me desse conta, ele tinha se mesclado profundamente ao sentido que eu dava a minha própria identidade, e tive dificuldades para renunciar a ele.

Eu suspiro ao enfrentar este capítulo. Uma parte de mim não quer enfrentar já o tema da idade: afinal de contas, digo para mim mesma, ainda não tenho nem 45 anos. Como observava nos anos 1980 a autora americana Cynthia Rich, «nós aprendemos bem cedo a ter orgulho de nossa distância — e nossa superioridade — com relação às mulheres mais velhas».[1] Não é nada fácil se desfazer desse aprendizado. Pouco a pouco, vou entendendo a que ponto eu tinha refletido pouco, até hoje, sobre os preconceitos e os medos que a velhice me provoca. Muitas vezes se diz que o envelhecimento e a morte são tabus na nossa sociedade; mas somente o envelhecimento *das mulheres* é escondido. Mesmo quando a revista anglófona chiquérrima *Sabat*, que trata da bruxaria contemporânea,[2] dedica um número ao arquétipo da «bruxa velha» («The Crone»), cuja força celebra, ela consegue colocar majoritariamente, inclusive na capa, mulheres jovens, com rosto liso e corpo firme; uma delas é — um clássico — uma modelo da agência Elite. Por meio de suas fotos, a imprensa feminina, semana após semana, mês após mês, convida suas leitoras a se identificar com modelos que têm entre dezesseis e vinte e cinco anos, ignorando a idade e a aparência de muitas delas.

Companheira de Cynthia Rich e autora de textos fundamentais sobre etarismo, Barbara Macdonald (1913-2000) contava, em 1984, como, ao envelhecer, tinha enfrentado uma nova forma de invisibilidade: «Eu tinha vivido toda a minha vida sem que os romances, os filmes, o rádio ou a televisão tivessem me dito que as lésbicas existiam ou que era possível se sentir feliz sendo lésbica. Agora, nada me dizia que as mulheres velhas existiam ou que era possível ser feliz sendo uma mulher

1 Cynthia Rich, «Ageism and the politics of beauty». Em Barbara Macdonald (com Cynthia Rich), *Look me in the eye. Old Woman, Aging and Ageism*. São Francisco: Spinsters Ink., 1983.

2 «The Crone issue», *Sabat*, primavera-verão, 2017. www.sabatmagazine.com.

velha».[3] Ela estava particularmente triste e furiosa por ver que o silêncio e os preconceitos não poupavam os meios feministas — longe disso. Nas reuniões, ela sempre constatava que era a mais velha, o que a levava a se perguntar para onde tinham ido todas as outras, todas aquelas com quem militou na juventude. Em Cambridge, Massachusetts, quando tinha sessenta anos, ela frequentava um café-cinema feminista cujos muros eram decorados com cartazes representando Virginia Woolf, Mary Wollstonecraft, Gertrude Stein ou Emma Goldman. Sobre as outras frequentadoras, todas mais jovens do que ela, escreve: «Elas não têm lugar em suas cabeças para mim, e nenhuma ideia das minhas motivações para participar. No entanto, tenho mais ou menos a idade da maioria das mulheres nos cartazes, nas quais elas encontram inspiração».[4]

Ela relata uma experiência dolorosa. Antes do começo de uma manifestação feminista noturna em Boston, quando tinha sessenta e cinco anos, ela percebe de repente que uma das organizadoras está falando com Cynthia Rich (que tem vinte anos a menos que ela) e que ao que parece falam dela. A organizadora teme que ela não seja capaz de aguentar o ritmo e diz que quer deslocá-la para outra parte da comitiva. Barbara se irrita. Ela se sente humilhada: porque a jovem assumiu que ela não sabia avaliar por conta própria suas próprias forças e porque ela não foi capaz de se dirigir diretamente a ela. As desculpas repetidas mil vezes pela organizadora mortificada, que entendeu sua

3 «Barbara's introduction». Em Barbara Macdonald (com Cynthia Rich), *Look me in the Eye*, op. cit.

4 Barbara Macdonald, «Do you remember me?». Em Barbara Macdonald (com Cynthia Rich), *Look me in the eye*, op. cit.

indelicadeza, não conseguiram dissipar o mal-estar. Ela fica desalentada: depois de ter se sentido, a vida inteira, como mulher, um problema num mundo de homens, ela se sente, como mulher idosa, um problema num mundo de mulheres. «Se não posso me sentir em casa aqui, então onde poderei?»[5]

Ela faz também uma observação interessante, quando comenta uma listagem proposta em 1979 pela *Ms. Magazine*: «Oitenta mulheres para seguir na década de 1980». Dentre elas, somente seis têm por volta de cinquenta anos, e uma sessenta: «Isso é a invisibilidade», diz ela. Mesmo para as quadragenárias citadas, a mensagem é desencorajadora: elas podem deduzir que elas mesmas se tornarão invisíveis daqui a dez anos. Mas tem pior: a revista pediu que se fizesse essa listagem para personalidades com mais idade e a justifica explicando que «as mulheres proeminentes têm a responsabilidade de promover as outras». Barbara Macdonald percebe nessa lógica um indício «de sacrifício e de invisibilidade maternos».[6] De maneira geral, Cynthia Rich e ela defendem que as feministas se libertem das referências e dos papéis da família patriarcal. Rich observa que, quando duas mulheres conversam livremente, elas podem ficar bruscamente paralisadas se uma delas pensar: «Ela poderia ser minha filha» ou «Ela poderia ser minha avó». Mesmo a noção de «sororidade» lhe inspira desconfiança. «Os rótulos dizem que continuaremos sendo boas criadas — a controlar-nos a nós mesmas e a controlar os outros, como sempre fazem as boas criadas. Iremos nos aferrar aos nossos papéis mútuos. Vamos nos negar mutuamente o poder subversivo que reside nas

5 Ibid.
6 Ibid.

possibilidades.» E, de fato, eu me lembro da minha surpresa levemente desconsolada ao ver o título preguiçoso de um retrato dedicado recentemente a Gloria Steinem na imprensa francesa: «Vovó resiste».[7] Não é apenas inexato, visto que Steinem não é avó de ninguém — e isso ressalta o quanto esses casos não estão contemplados pelo nosso vocabulário —, como a reduzia a um estereótipo condescendente do qual ela não podia estar mais longe. «Cada vez que vemos [uma mulher idosa] como uma 'avó', nós negamos a coragem de sua independência, invalidamos sua liberdade», escreve Cynthia Rich. «Nós lhe dizemos, indo de encontro a sua própria escolha, que seu verdadeiro lugar é a casa.»[8]

SEMPRE-VELHAS

Em 1972, a intelectual norte-americana Susan Sontag escreveu um artigo brilhante sobre os «dois pesos, duas medidas» do envelhecimento dos homens e das mulheres.[9] Ali ela menciona uma de suas amigas que, quando fez 21 anos, se lamentou: «A melhor parte da minha vida acabou. Já não sou mais jovem!». Com trinta anos, a mesma amiga decretou que, daquela vez, era «realmente o fim». Dez anos depois, ela contou a Susan (que não fora) que seu aniversário de quarenta anos tinha sido o pior de sua vida, mas que ela estava decidida a aproveitar os poucos anos que

7 No site da *Vanity Fair*, 3 fev. 2017.

8 «Cynthia afterword». Em Barbara Macdonald (com Cynthia Rich), *Look me inside the eye*, op. cit.

9 Susan Sontag, «The double standard of aging», *The Saturday Review*, 23 set. 1972.

lhe restavam. E me vejo novamente no dia da festa que organizei para os meus vinte anos, incapaz de falar de outra coisa aos meus convidados que não fosse da minha angústia diante da ideia de ter ficado velha — eu, a alma da festa; coitados deles, devem ter se arrependido de ter ido. Eu não consigo mais entender o meu estado de espírito naquela noite, mas me lembro muito claramente. Nos últimos anos, duas grandes figuras que se viram confrontadas pelo tema, Thérèse Clerc, a fundadora da Maison de Babayagas — um asilo de anciãs autogerido por mulheres — no bairro de Montreuil, em Paris, e a escritora Benoîte Groult (ambas mortas em 2016) fizeram emergir a questão da idade no feminismo francês.[10] Mas é preciso também falar desse sentimento de obsolescência programada, desse medo da expiração que marca *toda* a existência das mulheres e que lhes é próprio: é difícil imaginar um homem se contorcendo pelo chão na noite de seus vinte anos lamentando porque já é velho. «Desde que tenho 22 anos, os jornalistas me perguntam: 'Você tem medo de envelhecer?'», conta a atriz Penélope Cruz.[11] Barbara Macdonald observava em 1986: «As mensagens que as jovens recebem é que é maravilhoso ser jovem e horrível ser velha. Mas como você pode começar bem a vida se ao mesmo tempo lhe dizem que o fim é terrível?».[12]

Em grande medida, o medo da expiração nas mulheres tem a ver com a capacidade de engravidar, claro. E, à primeira

10 Cf. Juliette Rennes, «Vieillir au féminin», *Le Monde diplomatique*, dez. 2016.

11 Klhoé Dominguez, «Penélope Cruz agacée par l'obsession pour l'âge de Hollywood», *Paris Match*, 9 out. 2017.

12 Jean Swallow, «Both feet in life: interviews with Barbara Macdonald e Cynthia Rich». Em Collectif, *Woman and Aging. An Anthology by Woman*. Corvallis: Calyx Books, 1986.

vista, nesse terreno, ela parece justificada por dados biológicos: maiores dificuldades para engravidar depois dos trinta e cinco anos, maiores riscos de má-formação da criança depois dos quarenta. Martin Winckler chama a atenção, porém, para o alarmismo excessivo dos médicos: «Com trinta e cinco anos, oitenta e três mulheres de cada cem podem ter filho, e com quarenta elas ainda são sessenta e sete de cem! Está longe de ser o quadro catastrófico que muitos médicos pintam!».[13] Além disso, os casos de homens famosos que viraram pais numa idade avançada — como Mick Jagger, que reconheceu seu oitavo filho em 2016, quando tinha setenta e três anos e já era bisavô — dão a ilusão de que, para os homens, a idade não conta. Ora, a fertilidade deles também declina com o tempo: ela atinge seu auge entre 30-34 anos, depois diminui pouco a pouco e, entre 55-59 anos, ela é duas vezes mais fraca. A demora para efetivar a concepção e mesmo o risco de aborto espontâneo, de anomalia cromossômica ou doença genética do feto aumentam com a idade do pai.[14] Claro que uma mulher também deve estar bastante em forma para aguentar a gravidez e o parto; mas, depois do nascimento, é melhor que ambos os pais estejam aptos para cuidar da criança. Se preocupar apenas com a idade da mãe significa reforçar um modelo no qual a parte difícil dos cuidados e da educação recai unicamente sobre ela. (Os últimos dois filhos de Mick Jagger, aliás, são criados por suas respectivas mães, das quais ele já estava separado quando nasceram. Ele se contentou em lhes dar um teto e pagar uma pensão alimentícia à altura

13 Martin Winckler, *Les Brutes en blanc*, op. cit.

14 Daphnée Leportois, «L'anormal silence autour de l'âge des pères», *Slate.fr*, 2 mar. 2017.

de seus meios.)[15] Enfim, a ideia, sem equivalente para os homens, de que só é possível ser realmente «mulher», e realizada, se formos mães gera uma pressão suplementar, que não tem nada de natural.

Mas a angústia também concerne à aparência física. Em certa medida, a jovialidade ambiente afeta as mulheres e os homens, que também podem sofrer os efeitos da idade. Mas o olhar da sociedade sobre umas e outros é bem diferente. Um homem nunca é desqualificado no plano amoroso e sexual por sua idade e, quando começa a apresentar os sinais de envelhecimento, não suscita nem os mesmos olhares compadecidos nem a mesma repulsa. Admiram o belo rosto bronzeado de Clint Eastwood, com oitenta e sete anos no momento em que escrevo. Um estudo mostrou que, em Hollywood, as estrelas femininas veem seu salário aumentar até os 34 anos, e depois cair rapidamente, enquanto seus pares masculinos atingem seu maior salário com 51 anos e conservam uma renda estável em seguida.[16] Durante as primárias do partido democrata para as eleições presidenciais norte-americanas de 2008, o editorialista conservador Rush Limbaugh lançou o seguinte comentário sobre Hillary Clinton: «Será que esse país quer mesmo ver uma mulher envelhecer sob seus olhos dia após dia?». Ora, ao longo dos dois mandatos de Barack Obama, o mundo testemunhou comovido ao mesmo tempo o esbranquiçar dos cabelos do presidente norte-americano e a elegância com que ele os assumia

15 «À 73 ans, Mick Jagger est papa pour la huitième fois mais séparé de la maman», *Gala.fr*, 8 dez. 2016.

16 Irene E. De Pater, Timothy A Judge e Brent A. Scott, «Age, gender, and compensation: a study of Hollywood movie stars», *Journal of Management Inquiry*, 1 out. 2014.

(«É o efeito Casa Branca»). Talvez Rush Limbaugh não tenha se comovido, mas ao menos nunca teria tido a ideia de usá-lo como argumento contra ele.

«Os homens não envelhecem melhor do que as mulheres; eles têm somente *autorização* para envelhecer.» A arrependida Carrie Fisher tinha retuitado essa reflexão quando, em 2015, espectadores do novo episódio da saga *Star Wars* se escandalizaram ao constatar que Leia não era mais a jovem morena de biquíni intergaláctico de quarenta anos atrás (alguns até pediram o dinheiro de volta).[17] Às vezes, os homens que tingem os cabelos são ridicularizados: depois da eleição de François Hollande, seu antecessor Nicolas Sarkozy bradou às pessoas ao seu redor: «Você conhece homens que tingem o cabelo?». Cinco anos depois, o antigo porta-voz do presidente «socialista» ainda jurava que era falso, para poupá-lo dessa vergonha. Mas ninguém considera ridículo o fato de a maioria das mulheres tingir o cabelo. Nos últimos seis meses de 2017, na França, 2% dos homens com mais de quarenta e cinco anos diziam que já tinham tingido, contra 63% das mulheres.[18] Na época em que Susan Sontag escrevia seu artigo, Pablo Picasso, que morreu alguns meses depois, foi fotografado de cueca em seu ateliê,

17 Lauren Said-Moohouse, «Carrie Fisher shuts down body-shamers over *Star Wars: The Force Awakens* appearance», *Cnn.com*, 30 dez. 2015. Para esse filme, a produção tinha pedido para a atriz perder quinze quilos, o que poderia ter sido um dos fatores que explicam sua morte por uma parada cardíaca em 27 de dezembro de 2016, com sessenta anos. Joanne Eglash, «Carrie Fisher autopsy: did Star Wars weight loss, drugs, bipolar disorder contribute to death at 60?», *Inquisitr.com*, 2 jan. 2017.

18 Guillemette Faure, «Teinture pour hommes, l'impossible camouflage?», *M le Mag*, 29 dez. 2017.

ou flertando de sunga com sua última companheira, Jaqueline Roque, quarenta e cinco anos mais jovem que ele: «Não imaginamos uma mulher de noventa anos se deixar fotografar como ele, ao ar livre, em sua propriedade no sul da França, vestido apenas com *shorts* e sandálias», comentava Susan Sontag.[19]

«O CORAÇÃO TEM SUAS RAZÕES»

A data de validade das mulheres também se reflete na diferença de idade que se observa em tantos casais. Na França, em 2012, entre aqueles que vivem sob o mesmo teto, o homem era mais velho (mesmo que apenas um ano) em oito casos de dez.[20] Em 19% dos casais, o homem tinha entre cinco e nove anos a mais do que sua companheira, enquanto a situação inversa acontecia só em 4% dos casos. É verdade que a proporção daqueles em que a mulher é mais velha aumenta: 16% daqueles formados nos anos 2000 contra 10% daqueles formados nos anos 1960. Mas, desde os anos 1950, o número de uniões em que mais de dez anos separam os parceiros quase dobrou, passando de 8% a 14%.[21] Alguns assumem sem rodeios seu gosto pela juventude. Um fotógrafo de 43 anos, separado recentemente, revela, por exemplo: «A ideia de começar uma relação com uma mulher da minha idade me perturba completamente. Uma vez, no Tinder, eu ampliei a margem para 39 anos, mas

19 Susan Sontag, «The double standard of aging», op. cit.

20 Fabienne Daguet, «De plus en plus de couples dans lesquels l'homme est plus jeune que la femme», *Insee Première*, n. 1613, 1 set. 2016.

21 Vincent Cocquebert, «L'irrésistible attrait pour la jeunesse», *Marie Claire*, set. 2016.

realmente não dava».[22] Frédéric Beigbeder, que aos 48 anos se casou com uma mulher de 24, proclama que «a diferença de idade é o segredo dos casais que duram». Ele dedicou um romance à relação entre J. D. Salinger e a jovem Oona O'Neill, que mais tarde se tornou esposa de Charles Chaplin, do qual 36 anos a separavam. Aos 74 anos, o escritor suíço Roland Jaccard (além de membro fundador da revista de extrema direita *Causeur*) registrou com sua companheira Marie Céhère, cinquenta anos mais nova, um relato de seu encontro; ele diz ter «observado que as mulheres envelheciam muito rapidamente, e pior que os homens».[23] E quando a revista *Esquire* teve uma epifania e decidiu celebrar as «mulheres de 42 anos», decretadas enfim como não tão repulsivas assim, o site *Slate* respondeu com uma ode irônica ao «homem de 56 anos»... que era a idade do autor do artigo da *Esquire*.[24]

O cinema ajuda a normalizar esse estado de coisas. Em 2015, a atriz norte-americana Maggie Gyllenhaal protestou publicamente depois de ter sido julgada velha demais, aos 37 anos, para poder interpretar a amante de um homem de 55 anos.[25] Vários meios de comunicação americanos fizeram gráficos mostrando a rotineira enorme diferença das idades nos filmes, muito maiores do que na vida. Eles viam ali o indício de que o cinema continua sendo uma indústria de homens, que traduz, portanto,

22 Ibid.

23 Ibid.

24 «Breaking news: les femmes de 42 ans sont belles», *Meufs*, 11 jul. 2014. http://m-e-u-f-s.tumblr.com.

25 Sharon Waxman, «Maggie Gyllenhaal on Hollywood ageism: I was told 37 is 'too old' for a 55-year-old love interest», *The Wrap.com*, 21 maio 2015.

suas fantasias.[26] O *HuffPost* fez o mesmo com o cinema francês e publicou gráficos muito eloquentes — em particular para autores como Daniel Auteuil, Thierry Lhermitte ou François Cluzet —, embora as diferenças sejam um pouco menores do que do outro lado do Atlântico. Ele concluía: «Não encontramos nem um só peso pesado do cinema francês atual que tivesse tido predominantemente parceiras de sua idade».[27] Ao apresentar a cerimônia do Globo de Ouro em Hollywood em 2014, as humoristas Tina Fey e Amy Poehler resumiram nestes termos a trama de *Gravity*, na qual George Clooney e Sandra Bullock interpretam astronautas: «Esse filme conta como George Clooney ainda prefere ficar à deriva no espaço e morrer a passar um minuto sequer preso com uma mulher da idade dele».

Quando, muito mais raramente, uma mulher tem um parceiro mais jovem do que ela, a diferença de idade, longe de passar despercebida, é destacada e comentada abundantemente. Ela é chamada de «leoa», termo que não tem equivalência para os homens. Um amigo me contou que, na escola primária de sua filha, uma aluna apaixonada por um menino de uma classe abaixo ganhou este rótulo... Em 2017, o mundo político ofereceu uma ilustração perfeita dessa diferença de tratamento. 24 anos mais velha que seu marido, Brigitte Macron foi alvo de incessantes «piadas» e comentários sexistas. Numa do *Charlie Hebdo* (10 de maio de 2017), um desenho de Riss, com o título

26 Cf. Kyle Buchanan, «Leading men age, but their love interests don't», *Vulture.com*, 18 abr. 2013; Christopher Ingraham, «The most unrealistic thing about Hollywood romance, visualizes», *Wonkblog*, 18 ago. 2015. www.washingtonpost.com.

27 «Et dans le cinéma français, les hommes tombent-ils amoureux de femmes de leur âge?», *HuffPost*, 22 maio 2015.

«Ele vai fazer milagres!», mostrava o novo presidente da República apontando orgulhosamente para a barriga redonda de sua esposa: maneira, ainda e sempre, de reduzir as mulheres à sua utilidade procriadora e de estigmatizar as mulheres que passaram da menopausa. Ao contrário, Donald Trump foi objeto de inúmeras gozações (legítimas) sobre quase todos os aspectos de sua pessoa, mas nunca sobre os 23 anos que o separavam de sua esposa, Melania.[28]

Livros de mulheres que abordaram o tema nos últimos anos lançam luz sobre o grau de misoginia e a violência das relações de força que podem se manifestar nos vínculos ditos amorosos. A heroína do romance deprimente de Camille Laurens *Celle que vous croyez*, que se aproxima dos cinquenta anos, inventa uma identidade no Facebook de uma solteira sedutora de 24 anos. O editor apresenta o livro como a história de uma mulher «que não quer renunciar ao seu desejo».[29] Não sei qual pressuposto chama mais a minha atenção: aquele segundo o qual, com 48 anos, seria preciso evitar envergonhar todo mundo querendo ainda ter uma vida amorosa, ou aquele segundo o qual «não renunciar» implicaria dividir sua idade por dois. Seja como for, o verdadeiro tema do romance me parece ser o nível de abjeção de seus protagonistas masculinos, todos odiosos. A geógrafa Sylvie Brunel, por sua vez, publicou um livro fruto de sua própria história:[30] em 2009, quando dirigia o infelizmente famoso «Ministério da Imigração e da Identidade Nacional», seu esposo

28 Clément Boutin, «Les hommes sont-ils eux aussi victimes d''age-shaming'?», *LesInrocks.co*, 17 jun. 2017.

29 Camille Laurens, *Celle que vous croyez*. Paris: Gallimard, 2016.

30 Sylvie Brunel, *Manuel de guérilla à l'usage des femmes*. Paris: Grasset, 2009.

Éric Besson, com quem teve três filhos, deixou-a depois de 26 anos de casados por uma estudante de 23 anos. Ela lembra de todas as mulheres «repudiadas» dessa maneira ao redor dela, como Agnès, cujo marido declarou, quando ela fez 45 anos, que ela não passava de uma «vaca gorda», antes de empregar todos os meios para expulsá-la de casa a fim de poder refazer sua vida com outra, vinte anos mais nova.

Sylvie Brunel se pergunta se a libertação das mulheres não foi sobretudo a dos homens: antes da disseminação do divórcio, ela observa, eles tinham amantes sem deixar suas esposas, o que garantia a elas ao menos uma certa segurança material. Seu ex-marido, com pressa de se ver livre, deixou para ela todos os bens deles, mas ela constata que, para muitas outras, a separação implica um empobrecimento brutal: «Conheço um número impressionante de mulheres que não apenas foram abandonadas, como têm que enfrentar a má-fé de um marido tacanho, egoísta, briguento, que organiza sua insolvência e se recusa até mesmo a assumir as necessidades mais elementares de seus filhos» — filhos cuja responsabilidade, evidentemente, é dela. Em geral, essas esposas assumiram o grosso das tarefas domésticas e educativas, mas também negligenciaram ou sacrificaram suas carreiras. Sylvie Brunel conta que Besson nunca soube como funciona a máquina de lavar e que, quando ele foi eleito representante local, as pessoas da localidade *a* paravam no meio da rua para falar de seus problemas, por meio dessa fórmula mágica: «Como eu sei que o seu marido é muito ocupado...». O filme de Blandine Lenoir, *Aurora* (2016), mostra a mesma situação, mas num contexto menos burguês. Agnès Jaoui interpreta uma mulher de cinquenta anos, mãe de dois filhos, que se encarregou durante muito tempo da contabilidade da pequena empresa de seu marido. Não resta nenhum vestígio desses anos de atividade — nenhuma contribuição para a previdência social, em particular —, porque seu marido, que depois a deixou para construir outra família, nunca considerou necessário preencher as folhas de pagamento. Quando bate à porta do restaurante onde era garçonete, ela se vê numa solidão e numa precariedade totais. A separação se torna então aquele momento da verdade em que se revela o desequilíbrio que reinava no casal, e é quando o vencedor sai por cima em todas as frentes. Na França, 34,9% das famílias monoparentais, isto é, 2 milhões de pessoas, vivem abaixo da linha da pobreza, contra 11,8% das pessoas em casal. Em 82% dos casos trata-se de mulheres solteiras com filhos.[31]

A psicologia evolucionista, sempre pronta a justificar as desigualdades pela genética, simplesmente ignorando a influência da cultura,[32] vai explicar que os homens são programados para disseminar seus genes no máximo de espécimes femininos jovens, isto é, apresentando todos os sinais exteriores de fecundidade, e que se desfazer dos espécimes pré-menopausa nada mais é do que o efeito colateral das exigências da perpetuação da espécie, efeito triste, mas ao qual é preciso resignar-se. Aqui, mais uma vez, a existência de um único homem que ama e deseja uma companheira que passou da menopausa — e nem precisa dizer que existem muitos — é suficiente para invalidar essa teoria, a menos que se detecte nele um defeito genético. É mais

31 «Famille monoparentale rime souvent avec pauvreté», *Inegalites.fr*, 30 nov. 2017.

32 Cf. Irène Jonas, Moi Tarzan, toi Jane. *Critique de la réhabilitation scientifique de la différence hommes/femmes*. Paris: Syllepse, 2011.

fácil ver nessa situação a persistência de uma ordem patriarcal antiga. Na França, até 2006, a idade legal para o casamento era de dezoito anos para os rapazes, mas de quinze anos para as moças.[33] A diferença de idade nos casais atuais representa para o sociólogo Éric Macé o vestígio da época «em que a definição social das mulheres se fazia pela conjugalidade reprodutiva»; quando, ao envelhecer, o homem «aumentava seu poder econômico e social», enquanto a mulher «perdia seu capital corporal: sua beleza e sua fecundidade».[34] Esse estado de coisas aparentemente não é tão pretérito assim. Agora livres, em teoria, para ganhar sua vida e acumular poder econômico e social, muitas vezes as mulheres são impedidas de fazê-lo pelo fato de que a responsabilidade pelas crianças recai sobre elas, isto é, pelo fato de que elas ainda são «definidas pela conjugalidade reprodutiva». Sendo assim, a possibilidade de se divorciar facilmente, ainda que evidentemente continue sendo uma coisa boa, permite aos seus companheiros abandoná-las na metade da vida por uma mulher com «capital corporal» intacto.

Ao estudar o uso do critério da idade no site de encontros Meetic, outra socióloga, Marie Bergström, constatou que, a partir dos quarenta anos, a parte dos usuários que depois de uma separação procura exclusivamente mulheres mais novas não para de crescer. Ela explica isso pelo fato de que em geral são as ex-mulheres que têm a guarda dos filhos e que os homens são menos afetados do que elas pelo dever de educá-los. Um homem

33 Michel Bozon e Juliette Rennes, «Histoire des normes sexuelles: l'emprise de l'âge et du genre», *Clio*, n. 42, dossiê «Âge et sexualité», 2015.

34 Citado por Clément Boutin, «Les hommes sont-ils eux aussi victimes d'"âge shaming'?», op. cit.

de quarenta anos, divorciado, conta, por exemplo, que quando encontrou sua nova companheira, a primeira coisa com que ela se preocupou foi com o fato de ele morar longe da casa dela. Ele garantiu para ela que isso não seria um problema, pois «nada o segurava» na cidade em que morava, ainda que fosse pai de dois adolescentes. «Por amor eu poderia até atravessar oceanos», diz ele... «A separação faz os homens jovens novamente», conclui a pesquisadora. «Solteiros e sem filhos para cuidar, eles estão prontos para um novo começo e solicitam mulheres que, 'igualmente' jovens, são aptas a compartilhar suas ambições.» Um fato interessante é que esse sentimento de juventude também se encontra nas mulheres solteiras sem filhos, como aquela escritora de 49 anos que, querendo encontrar um novo companheiro, determinou a idade mínima de 35 anos e máxima de cinquenta: «Mas eu já não lidava bem com aquilo. Via as fotos de homens de cinquenta anos e todos tinham um aspecto tão velho!».[35]

A desigualdade entre os sexos vinculada à idade é ao mesmo tempo uma das mais fáceis de constatar e uma das mais difíceis de contestar. Não podemos obrigar as pessoas a achar bonitos os sinais de envelhecimento nas mulheres, vocês dirão. Na época em que Sophie Fontanel tomou seus seguidores no Instagram como testemunhas do lento embranquecimento de sua cabeleira, fiquei perplexa diante de um comentário que dizia: «Não vamos mentir: é feio». (Fontanel tem a inteligência para considerar que os comentários agressivos dizem algo sobre aqueles que os proferem, da raiva que sentem de si mesmos, e não dela.) Como é possível não se dar conta tanto assim do

35 Marie Bergström, «L'âge et ses usages sexués sur les sites de rencontres en France (années 2000)», *Clio*, n. 42, dossiê «Âge et sexualité», 2015.

condicionamento, dos preconceitos, da longa história das representações que determinam nosso olhar e forjam nossas concepções do que é bonito ou feio? Os anônimos que hostilizam as feministas no Twitter lhes dizem sempre que são «feias»: «Todas as insubmissas são feias», desvenda David Le Breton.[36] E a filósofa americana Mary Daly observava que a «beleza das mulheres criativas e fortes» é «'feia', segundo os critérios de beleza misóginos».[37] Envelhecer, isto é, perder a fecundidade, a sedução — ao menos segundo os critérios dominantes — e seu papel de provedora de cuidados para um marido ou crianças, é ser uma insubmissa, mesmo que seja contra a nossa vontade. É despertar o medo que uma mulher sempre suscita quando ela «não existe unicamente para criar outros seres e cuidar deles, mas também para criar a si mesma e cuidar de si mesma», como escreve Cynthia Rich. O corpo feminino envelhecendo age como «um lembrete do fato de que as mulheres têm um 'eu próprio' que não existe somente para os outros».[38] Nessas condições, como ele poderia não ser considerado feio?

O mesmo problema é colocado quanto à diferença de idade nos casais e às mulheres abandonadas quando chegam à metade ou ao final dos quarenta anos. A opinião geralmente aceita é a de que se trata de uma espécie de fatalidade. A banalidade desse cenário contribui para que seja aceito. «Meu marido foi embora com uma mais nova, rá rá», lança com amargura Erica, a heroína do filme de Paul Mazursky, *Uma mulher livre*

36 David Le Breton, «Le genre de la laideur», prefácio a Claudine Sagaert, *Histoire de la laideur féminine*, op. cit.

37 Mary Daly, *Gyn/Ecology*, op. cit.

38 Cynthia Rich, «The woman in the tower». Em Barbara Macdonald (com Cynthia Rich), *Look me in the Eye*, op. cit.

(1978). Apesar de tudo, não vamos proibir os homens de largar as mulheres que não amam mais, nem tolerar que as feministas queimem ainda mais seu filme pretendendo se meter nas escolhas amorosas das pessoas. No fim das contas, como dizia Woody Allen sobre sua relação com Soon-Yi Previn, filha adotiva de sua ex-companheira Mia Farrow e 35 anos mais nova do que ele, «o coração tem suas razões».[39] Além disso — e falando mais seriamente —, a diferença de idade a favor dos homens está tão profundamente inscrita nos costumes que abarca situações bem diversas. Mesmo quando a diferença é muito grande, não se pode excluir a possibilidade de que alguns desses casais existam simplesmente porque a sociedade permite, sem que a idade de cada membro do casal seja determinante na atração que exerce sobre o outro. É impossível assumir que todos os homens em questão sejam canalhas dominadores e todas as mulheres, idiotas submissas ou oportunistas — isso implicaria, aliás, brigas com cerca de 80% do meu círculo de relações, se não comigo mesma, e eu não aguento. Mesmo assim, esse esquema merece ser questionado.

UM PONTO FINAL NA IMAGEM ETERNA?

A série americana *Broad City* exibe as aventuras de duas jovens nova-iorquinas sem grana, Ilana e Abbi. No começo de um episódio lançado em outubro de 2017,[40] Ilana descobre o primeiro cabelo branco de Abbi e expressa sua inveja: «Você

39 *Time Magazine*, 24 jun. 2001.

40 «Witches», *Broad City*, 4ª temporada, ep. 6, Comedy Central, 25 out. 2017.

está virando uma bruxa! Uma bruxa muito estilosa e poderosa! Você é mágica!». Abbi não compartilha desse entusiasmo. No mesmo dia, mais tarde, como se gozasse de um novo *status*, ela encontra de fato uma bruxa, mas também cruza com seu ex-namorado que passeia com sua companheira e o filho deles. Deprimida, ela desaba e vai a uma dermatologista para injetar Botox. (Enquanto isso, Ilana vai consultar uma grande entendida de sexo porque ela não consegue mais gozar desde que o Trump foi eleito.) A dermatologista tem 51 anos, mas parece ter vinte a menos: «Parecer jovem é o segundo trabalho em tempo integral de muitas mulheres. Aquele em que *se perde* dinheiro», diz ela, animada. Horrorizada com as imagens «antes/depois» um tanto radicais que decoram seu consultório, Abbi começa a se arrepender de ter ido. Antes de fugir, ela declara para a médica: «Eu te acho maravilhosa, e tenho certeza de que você seria igualmente maravilhosa sem tudo isso a que você se submete». Ao escutar essas palavras, a dermatologista cai na gargalhada, antes de ficar paralisada, consternada: «Ai, não! Eu dei risada...», e de apalpar a pele do rosto, aflita. (O episódio termina com um grande sabá no meio do Central Park onde se encontram Ilana, a entendida de sexo e outras bruxas. Abbi leva a dermatologista.)

Para tentar evitar o triste destino da colega abandonada e humilhada, e mais amplamente o opróbio ligado à idade, as mulheres que têm condições fazem o possível para manter sua aparência tão inalterada quando possível. Elas aceitam esse desafio absurdo: evitar que o tempo passe, portanto, parecer com o que a nossa sociedade considera a única forma aceitável para uma mulher de mais de trinta anos — uma jovem embalsamada viva. A maior ambição que podemos ter é a de ser «bem conservada». A pressão sobre as celebridades é com certeza particularmente forte. Com mais de sessenta anos, Inès de la Fressange mantém o corpo longilíneo, o rosto liso e o corte dos cabelos castanhos da época em que ela desfilava para a Chanel, há quarenta anos. As *top models* dos anos 1990 dedicam provavelmente sua existência inteira (e boa parte de sua fortuna) a fazê-lo de tal maneira que, a cada uma de suas aparições, o mundo exclame: «Uau! Ela não mudou nada!». Esse era o sentido declarado do desfile Versace de setembro de 2017, que reunia Carla Bruni, Claudia Schiffer, Naomi Campbell, Cindy Crawford e Helena Christensen, todas elas usando o mesmo vestido dourado e superjusto, revelando suas silhuetas ainda esbeltas e suas pernas ainda finas. Donatella Versace explicou que tinha se inspirado em uma campanha de 1994 na qual Cindy Crawford pousava com outras modelos da época com o mesmo modelo de vestido. Nas redes sociais, alguns viram nesse evento uma volta das «mulheres de verdade». Sophie Fontanel comentou:

> É engraçado, no fundo, considerar «verdadeiras» mulheres que são quase todas remasterizadas pela medicina estética. Digo isso sem maldade, cada um faz o que quer e pode. É só que, com essa imagem viral, nos dão uma visão engraçada da mulher, uma mulher que em 25 anos mudara o mínimo possível, que não tem rugas, pelanca, cabelos brancos, como se mudar fosse realmente a coisa a não ser feita.

E ela concluiu: «A representação da mulher de cinquenta anos, de sua beleza, de sua liberdade ainda é um terreno inexplorado».[41]

Na contramão dessa lógica, o fotógrafo americano Nicholas Nixon faz todos os anos um retrato em preto e branco de sua esposa, Bebe Brown, e de suas três irmãs, Heather, Mimi e Laurie. Ele documenta assim, serenamente, seu envelhecimento, mostrando-o como um objeto de interesse e de emoção, deixando imaginar o estado emocional interior de cada uma, suas relações umas com as outras, os acontecimentos que viveram. «Todos os dias somos bombardeados com imagens de mulheres, mas as representações de mulheres que envelhecem de maneira visível ainda são muito raras», observa a jornalista Isabel Flower. Ela segue:

> Mais estranho ainda, mulheres que sabemos bem que envelheceram são mostradas suspensas em uma juventude quimérica, flertando com o biônico. Nicholas Nixon, por sua vez, se interessa por aquelas mulheres enquanto sujeitos, não apenas enquanto imagens. O que ele quer é mostrar a passagem do tempo, e não desafiá-la. Ano após ano, suas fotografias das irmãs Brown vem para cadenciar a progressão de nossas próprias vidas.[42]

41 Sophie Fontanel, «Les super-models défilent pour Versace: l'image la plus virale de la mode», *L'Obs*, 25 set. 2017.

42 Isabel Flower, «Looking at Nicholas Nixon's forty-third portrait of the Brown sisters», *The New Yorker*, 12 dez. 2017.

Acontecimento notável, a revista americana *Allure* anunciou em 2017 que proibiria em suas páginas o qualificativo «anti-idade» para falar de tratamentos ou cosméticos:

> Se tem um fato inevitável na vida, é que nós envelhecemos, escreveu a redatora-chefe, Michelle Lee. A cada minuto. A cada segundo. E envelhecer é uma coisa maravilhosa, pois significa que temos a possibilidade, cada dia, de viver uma vida plena e feliz. [...] As palavras são importantes. Quando falam de uma mulher de mais de quarenta anos, as pessoas tendem a dizer: «Ela é maravilhosa... para a idade que tem». Na próxima vez em que você se pegar querendo pronunciar essa fórmula, considere a possibilidade de dizer simplesmente: «Ela é maravilhosa». [...] Não se trata de achar que tudo é formidável no fato de envelhecer; mas precisaríamos parar de considerar a vida como uma colina que a partir dos 35 anos a gente desce ladeira abaixo.[43]

Uma coleção de lugares-comuns? Talvez; mas acontece de esses lugares-comuns virarem uma questão de vida ou morte. Na Suíça, em 2016, a associação de assistência ao suicídio Exit ajudou a morrer uma octogenária que não sofria de nenhuma doença incurável, o que levou a uma investigação. O médico explicou que aquela senhora, «extremamente elegante», «não suportava envelhecer».[44] Como confirmaram que estava

43 Michelle Lee, «Allure magazine will no longer use the term 'anti-aging'», *Allure.com*, 14 ago. 2017.

44 Christine Talos, «Elle ne supportait pas de vieillir, Exit l'a aidée à partir», *La Tribune de Genève*, 6 out. 2016.

completamente lúcida, o caso foi arquivado. Mas será que veríamos um homem pedir para morrer pelas mesmas razões?

Em *Uma aparição*, Sophie Fontanel expõe a sua filosofia: «As mulheres não são condenadas a se manter como eram em sua juventude. Elas têm o direito de se engrandecer com um outro aspecto, com uma outra beleza».[45] (Ela especifica: «Não digo que seja um dever, cada uma faz o que bem quiser». Igualmente, eu me esforço aqui em evidenciar o que a sociedade espera de nós e aquilo que ela nos proíbe de ser, sem pretender, com isso, dizer que seria preciso opor-se sistematicamente a ela. Ser uma mulher não tem nada de simples e cada uma de nós faz seus julgamentos — sempre passível de evolução, em um sentido ou outro — como pode ou deseja.) Mesmo uma feminista sem medo e irrepreensível como Benoîte Groult não pensou que beleza e juventude pudessem ser duas coisas diferentes: «A questão da beleza não é em si antifeminista», argumentava ela para explicar seu *lifting*[46] — e, com o que ela contava sobre a dureza do destino reservado às mulheres que envelheciam em seu contexto, ninguém poderia recriminá-la. Sophie Fontanel, por sua vez, reivindica essa distinção: «Eu não busco a juventude, eu busco a beleza», ela escreve.[47] Quanto a mim, quando vejo fotos minhas com 25 anos, primeiro sinto um aperto no coração de nostalgia pela minha pele de bebê e meu cabelo completamente castanho. Mas, no fim das contas, eu gosto mais de mim com minhas mechas brancas. Me acho menos banal. Ignorando o olhar dos outros, às vezes perplexo

45 Sophie Fontanel, *Une apparition*, op. cit.

46 Citada por Juliette Rennes, «Vieillir au féminin», op. cit.

47 Sophie Fontanel, *Une apparition*, op. cit.

ou reprovador, adoro a ideia de deixar meus cabelos se metamorfosearem lentamente, desenvolverem suas nuances e seus reflexos, com a suavidade e a luminosidade que isso lhes confere. A ideia de cobrir esse traço distintivo com uma tinta padronizada me deprime. Eu adoro essa impressão de me deixar levar, com toda confiança, pelos braços do tempo que passa, em vez de me revoltar, de me incomodar.

A preocupação ansiosa em conservar a aparência da juventude extrema tem como efeito polarizar as categorias das «jovens» e das «velhas». Os cabelos brancos são mais associados à velhice e à infecundidade porque nós os vemos quase sempre somente em mulheres mais velhas; ora, não é raro que apareçam a partir dos vinte anos, inclusive mais cedo. No outono de 2017, Sarah Harris, diretora de moda da *Vogue* britânica, conhecida por seus compridos cabelos cinzas, postou no Instagram uma foto surpreendente dela na maternidade, a filha recém-nascida aninhada em seus braços. Ela diz ter tido seus primeiros cabelos brancos com dezesseis anos e ter deixado de pintá-los por volta dos 25.[48] Mas, sobretudo, a imposição delirante da eterna juventude — uma das várias quadraturas do círculo que elas são obrigadas a resolver — condena as mulheres a viver num simulacro e com vergonha de si mesmas. A americana Anne Kreamer publicou, em 2007, um livro sobre a aceitação de seus cabelos brancos. A revelação aconteceu quando ela tinha 49 anos, ao ver uma foto em que estava pousando entre sua filha loira e uma amiga com cabelos brancos, enquanto ela tingia os seus há anos sem hesitar. Ela teve um choque: «Eu parecia um buraco negro

48 «Sarah Harris: 'I've had grey hair since I was 16'», *The Telegraph*, 16 set. 2016.

entre Kate, vestida de maneira alegre, e minha amiga Aki, surpreendida quando ia começar a gargalhar. Meu capacete acaju escuro e profundo e minhas roupas sombrias aspiravam toda a luminosidade da minha presença. Ver aquela pessoa, aquela versão de mim mesma, teve o efeito de um soco no meu estômago. Em um segundo, todos os meus anos de artifícios meticulosos, com o objetivo de preservar o que eu achava que era uma aparência jovem, voaram pelos ares. O que sobrava era uma mulher de meia-idade, parecendo confusa e descuidada, com os cabelos tingidos de uma cor escura demais. [...] Kate parecia real. Aki parecia real. Eu parecia fingir ser alguém que eu não era».[49] Foi também esse confinamento na dissimulação que acabou deprimindo Sophie Fontanel — ela diz que não «podia mais se ver com cabelos tingidos». Essa imposição destruía sua vida: ao sair da água, nas férias, em vez de aproveitar o mergulho e o sol, ela ficava com medo de que vissem as raízes brancas de seus cabelos molhados. A injunção feita para as mulheres para parecerem eternamente jovens lhe parece ser uma forma sutil de neutralizá-las: elas são obrigadas a enganar, depois usam o pretexto de suas enganações para acusar suas falsidades e melhor desqualificá-las.[50] E, de fato, as atrizes, se não quiserem ser bombardeadas com comentários raivosos por terem envelhecido, devem correr o risco de virarem objetos de gozação caso seus cirurgiões estéticos tenham a mão pesada demais. (Susan Sontag define as atrizes como «profissionais que recebem muito

49 Anne Kreamer, *Going Gray. What I learned about Beauty, Sex, Work, Motherhood, Authenticity, and Everything Else that Really Matters*. Nova York: Little, Brown and Company, 2007.

50 «Dans le genre de... Sophie Fontanel», entrevista com Géraldine Serratia, Radio Nova, 14 maio 2017.

dinheiro para fazer o que se ensina às outras mulheres a fazerem como amadoras».)[51]

QUANDO AS MULHERES COMEÇAM A *RESPONDER*

Além disso, surge uma pergunta: e se todos esses esforços não servissem para nada? «Fingir ser jovem e ser jovem são duas coisas diferentes, e quem olhar de perto verá a diferença», escreve Anne Kreamer.[52] Existe uma perversidade em lançar as mulheres nessa corrida que já começa perdida. Além do mais, mesmo quando uma delas consegue a façanha de conservar a aparência de seus trinta anos ou, segundo a opinião geral, «continua» maravilhosa «para a idade que tem», para seu parceiro, refazer a vida com uma mais nova sempre parece representar uma oportunidade irresistível. As primeiras imagens de *Uma mulher livre*, o filme de Paul Mazursky já citado, mostram um casal *a priori* ideal: depois de dezessete anos de casamento, Erica e Martin, nova-iorquinos ricos, pais de uma adolescente, continuam ligados por uma grande cumplicidade. Eles têm uma vida sexual plena, riem e conversam juntos. Mas o mundo desabou de repente para Erica quando seu marido se desfez em lágrimas diante dela e confessou que se apaixonou por uma mulher de 26 anos. Ela ter conservado um corpo de jovem não evitou nada. Na vida real, mesmo Sharon Stone, sem dúvida a mulher famosa que mais se esforça seriamente para *não envelhecer*, e cujas conquistas nessa área são aclamadas regularmente pela

51 Susan Sontag, «The double standard of aging», art. cit.

52 Anne Kreamer, *Going Gray*, op. cit.

imprensa feminina ou de fofoca, viu seu casamento naufragar quando seu esposo apareceu em público com uma amante jovem. Jane Fonda também foi deixada por seu segundo marido por uma mulher vinte anos mais nova. E o ator Vincent Cassel, ao se separar da sublime Monica Bellucci — que tem dois anos a mais do que ele — após uma relação de dezoito anos, arrumou uma nova companheira que tem trinta anos a menos do que ele.

Em seu livro, Sylvie Brunel menciona a impressão, quando seu marido a deixou, de não reconhecer aquele com quem dividiu sua vida, de se encontrar diante de um estranho. De fato, quando um homem, na metade da vida, troca sua companheira por uma mais nova, isso pode pôr em dúvida, retrospectivamente, as motivações que o fizeram permanecer naquela primeira relação. A mulher abandonada pode se perguntar se o que ele amou nela não foi apenas sua juventude; se o que ele apreciava não eram só os favores e o *status* que o casal e a paternidade lhe davam. Mas, sobretudo, uma questão emerge: e se ele só pudesse amar uma mulher que ele domina? Porque esse esquema implica uma dupla violência: com relação à esposa abandonada, mas também, de maneira mais silenciosa, com relação à nova companheira. Quando mencionou sua relação com Soon Yi Previn, Woody Allen esclareceu que não considera a igualdade como um pré-requisito para um casal: «Às vezes, a igualdade numa relação é formidável, mas às vezes também é a desigualdade que faz com que funcione».[53] Mesmo que o desequilíbrio não seja sempre enorme, e não seja (felizmente) sempre buscado de forma deliberada, a diferença de idade aumenta a probabilidade de que o homem tenha vantagem ao menos em

53 *Time Magazine*, 24 jun. 2001.

alguns destes planos: social, profissional, financeiro, intelectual. Sendo assim, o que alguns homens procuram talvez não seja tanto um corpo feminino jovem como dá a entender: mas um *status* inferior, uma menor experiência. (O foco erótico exclusivo sobre os corpos jovens repousa sobre uma falsa premissa, pois, mais uma vez, assume-se que corpos masculinos de mais de 45 anos sejam considerados desejáveis.)

Na maneira como os homens são criados e socializados, como dissemos, «não há princesa encantada». Ao contrário: eles aprendem a desconfiar do amor, a vê-lo como uma armadilha, como uma ameaça para sua independência; e o casal quase como um mal necessário.[54] Já as mulheres são condicionadas a esperar o amor que lhes fará felizes, que lhes fará conhecer as riquezas e os prazeres da intimidade compartilhada, que as revelará para si mesmas. Elas se mostrarão então prontas a todos os sacrifícios, até ao masoquismo, para que «funcione». Quando uma mulher entra em uma relação desejando-a com todo seu ser e o outro se compromete com um pé atrás, todos os ingredientes de um mercado de ilusões estão reunidos. (Sylvie Brunel conta que, em seu casamento, Éric Besson a humilhou publicamente contestando em alto e bom som a obrigação de fidelidade exigida dos maridos.) Mesmo quando consentirem com a relação e aparentarem estar implicados, os homens que tiverem integrado esse modelo continuarão profundamente sozinhos, no sentido em que não desejarão, particularmente, compartilhar da maneira como aspiram suas companheiras. Eles entenderão isso como um tormento, um incômodo, uma ameaça.

54 Sobre este tema, cf. o quadrinho de Liv Strömquist, *Les sentiments du prince Charles* [2010]. Paris: Rackham, 2016.

Tudo o que eles vão querer é paz. Os manuais de psicologia que ensinam à leitora a arte de se comunicar com um homem sem irritá-lo, obcecados pela figura da «perseguidora», dizem-no claramente. Um deles aconselha, por exemplo: «Quando ele volta para casa, exausto depois de um longo e cansativo dia de trabalho, não se jogue sobre ele para sobrecarregá-lo com perguntas sobre temas que são tão importantes pra você, como o futuro de vocês e os sentimentos que ele nutre por você».[55] Está subentendido que acima de tudo foi *ela* quem pediu para estar ali, e que, portanto, tem que se esforçar. (Pela mesma razão, não se deve pedir ao homem que prepare o jantar ou leve o lixo para fora; ou, se for o caso de fazê-lo, deve-se usar de digressões, arrulhos e bajulações.)

Sendo assim, para esses homens, o problema de uma companheira que fica mais velha é que ela não pode mais passar por uma representante da categoria, sempre um tanto genérica, da «jovem», com as qualidades morais de frescor, ingenuidade, inofensividade que a ela são associadas mais ou menos conscientemente — e nem sempre com razão, aliás. Com o tempo, sua dimensão de indivíduo vai se tornando mais clara. Ela ganhou experiência, segurança. Ora, o umbral de tolerância é baixo: uma mulher segura de si, que emite suas opiniões, seus desejos e suas recusas, logo é considerada uma harpia, uma megera, simultaneamente pelo seu marido e por aqueles ao seu redor. (Uma amiga me conta que, quando por alguma razão ela corrige ou contradiz seu companheiro diante dos amigos, estes nunca deixam de repreendê-la; em contrapartida, quando acontece o contrário, eles nem mesmo notam.) Valéria Solanas

55 Citado por Irène-Jonas, *Moi Tarzan, toi Jane*, op. cit.

descrevia assim as consequências dessa moderação imposta às mulheres: «A gentileza, a polidez, a 'dignidade', o sentimento de insegurança e o confinamento mental têm pouca chance de se aliar à intensidade e ao humor, qualidades que não podem faltar a uma conversa digna de assim ser chamada. E a conversa digna de assim ser chamada não se encontra todos os dias, sendo que somente as mulheres realmente seguras de si, arrogantes, exuberantes e astutas são capazes de ter uma conversa intensa e espiritual de verdadeiras putas».[56]

Um homem que não tem interesse numa troca de igual para igual vai preferir, então, uma mais nova. Ele poderá encontrar nela uma admiração incondicional, considerada mais gratificante do que o olhar daquela que o conhece intimamente por ter vivido com ele dez, quinze ou vinte anos, mesmo que ela ainda o ame. Eu já defendi no livro *Beauté fatale* [Beleza fatal] a hipótese de que os amantes de jovens procuram acima de tudo preservar um conforto mental, citando estas palavras de uma colaboradora próxima de John Casablancas (1942-2013), o fundador da agência de modelos Elite: «Aos dezoito anos, começamos a refletir e a ficar inteligentes. No dia em que as meninas ficavam um pouco mais maduras e começavam a ter opiniões próprias, estava tudo acabado. John queria ser adulado, e elas se metiam a responder-lhe».[57] Esse conforto mental integra aquele «erotismo de ventríloquos» tão difundido que o confundimos com o erotismo em geral.[58] Personagem no mínimo nebuloso,

56 Ibid.

57 Citado por Michael Gross, *Top model. Les secrets d'un sale business*. Paris: A Contrario, 1995.

58 Mona Chollet, *Beauté fatale*, op. cit.

em 2016 fizeram um *biopic* hagiográfico de Casablanca, chamado *O homem que amava as mulheres* — ou, mais precisamente, as mulheres menores de dezoito anos. O cantor Claude François sustentava a mesma coisa: «Eu gosto das meninas de até dezessete, dezoito anos, depois disso começo a desconfiar. Se tenho aventuras com mulheres de mais de dezoito anos? Felizmente sim, claro. Mas depois dos dezoito eu desconfio porque elas começam a refletir, não são mais naturais [*sic*]. Às vezes isso começa até mesmo antes».[59]

Se as caças às bruxas perseguiam sobretudo mulheres mais velhas, foi porque elas manifestavam uma segurança intolerável. Diante de seus vizinhos, dos padres ou dos pastores, e mesmo diante dos juízes e carrascos, elas *respondiam*, escreve Anne L. Barstow — «elas respondiam, em uma época em que se esperava cada vez mais que as mulheres se mostrassem submissas». Elas podiam fazê-lo quanto menos estivessem condicionadas por um pai, um marido ou filhos. Eram mulheres «que falavam alto e com firmeza, que não tinham papas na língua, que tinham um espírito independente».[60] Não é de se estranhar que essa palavra tão temida, tão mal interpretada, tenha podido ser relacionada à maldição. Para o historiador John Demos, o principal motivo das acusações de bruxaria contra as mulheres de idade mediana ou madura na Nova Inglaterra era sua «arrogância», em particular com relação a seus maridos.[61] Encarnar o arquétipo da megera, tão persistente ainda hoje, podia levar à morte. No século XVI, na Inglaterra e na Escócia, a insolência

59 Cloclo, «40 ans, ultimes révélations», *TMC*, 31 jan. 2018.

60 Anne L. Barstow, *Witchcraze*, op. cit.

61 Citado em Ibid.

feminina era igualmente punida com a «rédea da megera» (*scold's bridle*) ou «rédea de bruxa»: um dispositivo metálico que segurava a cabeça, cheio de elementos pontiagudos que atravessavam a língua ao menor movimento.

AS GUARDIÃS DAS FRONTEIRAS

De maneira mais difundida, o que parece definitivamente intolerável na idade de uma mulher é a *experiência*. Foi o que levou à fogueira tantas mulheres mais velhas: «O malefício era uma arte. [As bruxas] tinham então que seguir cursos, aprender seu conhecimento, tornar-se experimentadas: as mulheres mais velhas eram, então, naturalmente, mais suspeitas que as jovens», explica Guy Bechtel.[62] Os desenhos clássicos dos estúdios Disney, como *Branca de neve e os sete anões* e *A bela adormecida*, «mostram um enfrentamento geracional entre velhas bruxas e jovens beldades, fazendo assim com que o valor de uma mulher repouse em sua fertilidade e sua juventude — nunca em uma sabedoria conquistada a duras penas», observa Kristen J. Sollee.[63] Eis aqui, sem dúvida, uma das razões pelas quais os cabelos brancos são bem-aceitos nos homens e malvistos nas mulheres: porque a experiência que denotam é considerada sedutora e tranquilizadora nos primeiros, e ameaçadora nas segundas. Na França, o político de direita Laurent Wauquiez, indignado que pudessem «atacar o seu físico» (tadinho...), negou ter pintado os cabelos de cinza para parecer mais experiente e inspirar mais

62 Guy Bechtel, *La Sorcière et l'Occident*, op. cit.

63 Kristen J. Sollee, *Witches, Sluts, Feminists*, op. cit.

confiança, como tinha afirmado o *Le Monde*.[64] O simples fato de que essa desconfiança possa ser plausível é eloquente.

Existe uma raiz comum entre a palavra alemã *Hexe* (bruxa) e as palavras inglesas *hag* (sinônimo de *crone*: «velhota») e *hedge* («cerca» e, por extensão de sentido, «fronteira», «limite»). Em sua origem, *hag* não tinha sentido pejorativo: designava a «mulher sábia que ficava na fronteira — entre o vilarejo e a área selvagem, entre o mundo humano e o mundo espiritual», explica Starhawk.[65] Com as caças às bruxas, esse conhecimento sagrado e esse poder, antes admirados, foram apresentados como perigosos, mortíferos. Ao analisar o quadro de Hans Baldung, *Les Trois Âges et la Mort* (século XVI), no centro do qual está representada uma velha, a historiadora Lynn Botelho observa: «Descendo um pouco, o olhar do espectador encontra uma coruja, animal notoriamente associado com a noite, a escuridão e o mal. O segundo plano do quadro confirma o presságio nefasto da coruja. Desolação, devastação e ruínas. Mostra árvores mortas cobertas de musgo e muralhas destruídas pela guerra. O sol é ocultado pelas nuvens. A velha reina nessa cena apocalíptica, de declínio e destruição, como se a tivesse provocado».[66]

A desqualificação da experiência das mulheres representa uma perda e uma mutilação imensas. Incitá-las a mudar o mínimo possível, a censurar os sinais de sua evolução, é confiná-las em uma lógica debilitante. Basta refletir um minuto para

64 Bruno Jeudy, «Laurent Wauquiez: l'horizon se dégage», *Paris Match*, 11 out. 2017.

65 Starhawk, *The Spiral Dance. A rebirth of the Ancient Religion of The Great Goddess*. Nova York: HarperCollins, 1999.

66 Lynn Botelho, «Les trois Âges et la Mort du peintre Hans Baldung (XVIe siècle)», *Clio*, n. 42, dossiê «Âge et sexualité», 2015.

calcular a idealização louca que implica o culto da juventude.

Uma das razões que me fazem fugir da maternidade é que por nada no mundo eu gostaria de acompanhar um novo ser nos períodos tão ingratos da infância e da adolescência, e ter que revivê-los através dele, vê-lo passar pelas mesmas provações, os mesmos calvários, deparar-se com as mesmas decepções ligadas à descoordenação, à ingenuidade, à ignorância. A infância se caracteriza por uma capacidade de percepção e de imaginação fabulosas, das quais podemos ser nostálgicos o resto da vida, mas também por uma vulnerabilidade e uma impotência francamente penosas. Existe um certo prazer em medir tudo o que entendemos, aprendemos, ganhamos ao longo dos anos, e em sentir que essa fluidez aumenta progressivamente.

É evidente que o tempo que passa também dá lugar à tristeza, às decepções e aos arrependimentos. Mas, se temos a sorte de não ter vivido um drama maior — ou, às vezes, *inclusive* se o vivemos —, ele também aumenta o distanciamento, e com ele a margem de manobra em nossa própria existência. Eu penso em tudo o que se acalmou em mim, equilibrou-se, amansou-se, de tudo aquilo de que eu me livrei, com cada vez menos escrúpulo e hesitação, feliz de ter enfim os caminhos abertos, de poder ir ao que é essencial. Cada acontecimento, cada encontro ecoa os acontecimentos e os encontros anteriores, aprofunda seus sentidos. As amizades, os amores, as reflexões ganham amplitude, se desenvolvem, se afinam, se enriquecem. A passagem do tempo dá a mesma impressão de uma caminhada na montanha, quando você chega perto do topo e começa a pressentir a paisagem que irá ver lá de cima. Sem dúvida, nunca haverá topo, morremos sem atingi-lo, mas a simples sensação de sua proximidade é embriagante. Imitar eternamente a impotência e a vulnerabilidade extremas da juventude é o passaporte para acessar uma sociedade que condena as mulheres seguras de si; mas isso obriga a se privar do essencial de sua força e de seu prazer de viver. Há alguns anos, a revista *Marie Claire*, numa reportagem cujo título proclamava: «Mais bonita com 45 anos do que com 25!», apresentou um argumento estranho. As mulheres de cinquenta anos têm dificuldade em acreditar que elas agradam mais do que nunca os homens, explicava a jornalista, antes de acrescentar: «Mas quanto mais duvidam disso, mais comovem. Ora, sabe-se que, em questão de sedução, a vulnerabilidade é uma arma fatal...». Em todas as idades, aparentemente, o essencial seria, portanto, conservar sua capacidade de se passar por uma pobre coisa indefesa.

Mesmo que a sociedade a censure, ganhamos uma força que, às vezes, permite até mesmo transformar as adversidades da vida. Vítima de um câncer de mama em 1978, quando tinha 44 anos, isto é, a «idade em que as mulheres, segundo a descrição dos grandes meios de comunicação, murcham e veem declinar sua identidade sexual», a ensaísta e poeta afro-americana Audre Lorde destacava:

> Ao contrário da imagem propagada por esses meios de comunicação, eu me percebo como uma mulher em plena posse dos meus recursos, que atingiu o máximo de suas capacidades, de suas forças psíquicas, e satisfazendo seus desejos da melhor maneira possível. Liberei-me de boa parte das imposições, dos medos e das indecisões da minha juventude, e a prática da sobrevivência, ao longo dos anos, ensinou-me a apreciar minha própria beleza e a reconhecer a dos outros. Também aprendi a apreciar as lições que a sobrevivência

> ensina, assim como minhas próprias percepções. Percebo mais coisas, sabendo estimá-las melhor por seu valor, e vinculo essa percepção ao que conheço para formar minha própria visão do mundo, traçar um caminho capaz de dar lugar a verdadeiras mudanças. Numa tal fase de afirmação e abundância, até mesmo o surgimento de um câncer potencialmente mortal e o trauma de uma mastectomia chegam a ser integrados como um acelerador para uma existência mais essencial, mais dinâmica.[67]

Os anos trazem um sentimento de amplificação, captado magnificamente por Gloria Steinem num trecho de seu livro *A revolução interior*, escrito quando ela estava chegando aos sessenta anos. Ela rememora seus encontros fugazes em Nova York, em lugares familiares que ela percorre há décadas, com antigas versões dela mesma:

> Ela não pode me ver no futuro, mas eu a vejo claramente. Ela passa por mim com pressa, preocupada com a ideia de chegar atrasada numa reunião à qual ela não quer ir. Ela está sentada na mesa de um restaurante e verte lágrimas de raiva brigando com um namorado que não era para ela. Ela se precipita na minha direção, vestida com calça jeans e botas de couro cor vinho que usou durante uma década, e eu me lembro da sensação exata daquelas botas nos meus pés. [...] Ela corre na minha direção na saída de uma sala de conferência, falando, rindo, transbordando de otimismo.

67 Audre Lorde, *Journal du cancer* [1980]. Genebre/Laval: Mamamélis/Éditions Trois, 1998.

Valendo-se do tempo que passou desde então, ela pondera sobre esse antigo eu com sentimentos ambivalentes:

> Por muito tempo, ela me irritava. Por que perdia todo esse tempo? Por que ficava com aquele homem? Naquele encontro? Por que ela esquecia de dizer a coisa mais importante? Por que ela não era mais sensata, mais produtiva, mais feliz? Mas nos últimos tempos comecei a sentir ternura, um acúmulo de lágrimas atrás da garganta quando a via. Eu penso: «Ela está fazendo o melhor que pode. Ela sobreviveu — e se esforça tanto». Às vezes eu queria voltar atrás e segurá-la em meus braços.[68]

A «FIGURA PRIVILEGIADA DA ABJEÇÃO»

Que as mulheres mais velhas sejam temidas por sua experiência não significa que o corpo feminino envelhecendo não inspire uma verdadeira repulsa — reveladora daquela provocada pelo corpo feminino em geral. A Sylvie Brunel real, em seu livro, e a Aurore personagem fictícia, no filme de mesmo nome, se dão conta do horror que sua idade parece provocar. Quando vai visitar seu ex-marido, que cuida das duas menininhas que teve com sua nova companheira, Aurore tem que tirar o casaco por causa de uma lufada repentina de calor. Ela quer explicar-lhe as razões, mas ele a detém instantaneamente e tapa os ouvidos para não ter que escutar a palavra «menopausa». Sylvie Brunel conta que um editor a quem ela explicava seu projeto de livro

68 Gloria Steinem, *Revolution from Within*, op. cit.

respondeu: «Eu acho que você não ganharia nada ao falar dessas coisas. Você vai arranhar sua imagem... Tem palavras que chocam, ponto final. 'Menopausa' é como 'hemorroidas', coisas sobre as quais não se fala». E que uma de suas amigas, que ficou na dúvida de seguir um tratamento contra os transtornos da menopausa, conhecido por ser cancerígeno, ouviu de seu médico: «Mais vale um câncer do que a menopausa. Um câncer, pelo menos, tem cura».[69]

Uma das interpretações do cenário da mulher abandonada na meia-idade é que seu companheiro não aguenta ver refletido nela, como num espelho, seu próprio envelhecimento. Ou que ele espera se regenerar por meio de uma nova companheira: «Amar a geração anterior é uma forma de vampirismo», declara por exemplo Frédéric Beigbeder, que menciona seu «lado Drácula».[70] Mas também podemos formular outra hipótese: ele vê o envelhecimento de sua mulher, mas não o seu próprio. Porque ele não tem corpo. «Os homens não têm corpo»: é uma frase de Virginie Despentes que, a meu ver, deve ser levada muito a sério.[71] Ocupar uma posição dominante na economia, na política, nas relações amorosas e familiares, mas também na criação artística e literária, permite-lhes serem sujeitos absolutos e fazer das mulheres objetos absolutos. A cultura ocidental decidiu muito cedo que o corpo era repugnante, e que o corpo é a mulher (e vice-versa). Os teólogos e filósofos projetavam nas mulheres seu horror aos corpos, fingindo assim que eles mesmos eram desprovidos de um. Santo Agostinho explica que, no

69 Sylvie Brunel, *Manuel de guerrilla à l'usage des femmes*, op. cit.

70 Olivia de Lamberterie, «Immortel Frédéric Beigbeder», *Elle*, 29 dez. 2017.

71 Virginie Despentes, *King Kong Théorie*. Paris: Grasset, 2006.

homem, o corpo reflete a alma, mas não na mulher.[72] «O homem é espírito, a mulher, sensação», afirma Santo Ambrósio. Odon de Cluny (morto em 942) interpela vigorosamente seus semelhantes: «Nós que repugnamos o toque, mesmo com a ponta dos dedos, no vômito e no esterco, como podemos desejar apertar nos nossos braços esse saco de titica?». Essa desconfiança e esse arcaísmo continuam muito persistentes. Nas imagens artísticas, midiáticas e publicitárias que nos cercam, como antigamente, «só há corpos femininos», observa David Le Breton.[73] E o gosto pelas plásticas perfeitas não impede — ao contrário — a repulsa pelo corpo feminino. Como um eco a Odon de Cluny, no dia 21 de dezembro de 2015, durante um encontro da campanha presidencial nos Estados Unidos, Donald Trump comentou assim uma breve ausência de Hillary Clinton, que tinha aproveitado o intervalo publicitário durante um debate do Partido Democrata para ir ao banheiro: «Eu sei aonde ela foi. É muito nojento, não quero falar sobre isso. Não, não vou dizer!». (Os americanos se salvaram por pouco: quase foram dirigidos por alguém que vai ao banheiro.)

Para Jean Delumeau, «a repulsa pelo 'segundo sexo' era reforçada pelo espetáculo da decrepitude de um ser mais próximo que o homem da matéria e, portanto, mais rapidamente e mais visivelmente 'perecível' que aquele que pretende encarnar o espírito».[74] Quanto crédito ele dá a esse raciocínio não fica muito claro, mas vemos bem que, considerado friamente, ele é

72 Jean Delumeau, *La Peur en Occident*, op. cit.

73 David Le Breton, «Le genre de la laideur », prefácio a Claudine Sagaert, *Histoire de la laideur féminine*, op. cit.

74 Jean Delumeau, *La Peur en Occident*, op. cit.

absurdo. Por mais que os homens pretendam «encarnar o espírito», eles estão tão «próximos da matéria» quanto as mulheres, e seu definhamento não é nem menos rápido, nem menos visível. Só que eles têm o poder para fazer com que isso não conte. Na esfera privada, na rua, no trabalho, na Assembleia Nacional..., eles podem dar a conhecer escandalosamente às mulheres o prazer ou o desprazer que proporciona o espetáculo de seus corpos ou de suas roupas, criticá-las por seu peso ou idade, sem que em nenhum momento seus próprios corpos, suas próprias roupas, seu próprio peso ou sua própria idade sejam levados em consideração. Para atacar Hillary Clinton sobre o fato de que às vezes ela tem que aliviar uma necessidade natural, Donald Trump deve poder presumir, ao menos implicitamente, que ele mesmo não tem nem bexiga nem intestino. É preciso ter uma desfaçatez impressionante, que mais de dois milênios de cultura misógina lhe forneceram. Eis aí um exemplo quimicamente puro do arbitrário que uma posição de dominação permite: os homens não têm corpo porque sim. Isso é tudo.

Jean Delumeau ressalta que «o Renascimento e o período barroco deixaram, especialmente sob a pena de poetas pertencentes à casta aristocrática — Ronsard, Du Bellay, Agrippa d'Aubigné, Sigogne, Saint-Amant etc. —, um retrato ignóbil da mulher velha e feia, na maioria das vezes representada como uma carcaça esquelética». Ronsard já aconselhava o leitor a «deixar a velha» e «pegar uma nova».[75] Seu poema «Contra Denise bruxa» nada mais é do que uma longa ladainha feita de injúrias contra uma mulher velha do Vendôme que tinha sido suspeita de bruxaria e açoitada nua. «A velhice feminina vira

75 Citado por Claudine Sagaert, *Histoire de la laideur féminine*, op. cit.

no Ocidente a figura privilegiada da abjeção», escreve Antonio Dominguez Leiva. Sua diabolização em sermões e pastorais instaura um «código de fealdade física que vai levar diretamente ao ginecídio do século XVI».[76] Esse «código de fealdade» continua em vigor. Numa pesquisa sociológica sobre o «mundo social das mulheres velhas», publicada em 1979 nos Estados Unidos, uma das entrevistadas contava por exemplo que um grupo de crianças para o qual ela sorriu na rua gritou para ela: «Você é feia, feia, feia!».[77]

Por que os cabelos brancos numa mulher dariam a entender com tanta frequência que ela é «descuidada», senão porque eles evocam imediatamente a imagem da bruxa vestida de farrapos? Analisando a forma como um grupo de mulheres velhas era descrito numa reportagem da imprensa local de Boston, em 1982, Cynthia Rich notou que uma delas tinha, segundo as palavras da jornalista, «cabelos cinza *bem cuidados*»:[78] será que esse esclarecimento seria necessário se se tratasse de cabelos loiros ou castanhos? Sophie Fontanel conta que, quando parou de pintar os seus, uma de suas amigas ficou tão chocada como se ela tivesse «parado de tomar banho».[79] Em seu caso, a suposição de «negligência» é mais reveladora por ser despropositada: está sendo empregada para uma mulher elegante e bem cuidada,

76 Ibid.

77 Sarah H. Matthews, *The Social World of Old Woman*. Beverly Hills: Sage Publications, 1979. Citado por Cynthia Rich, «Aging, ageism and feminist avoidance». Em Barbara Macdonald (com Cynthia Rich), *Look Me in the Eye*, op. cit.

78 Cynthia Rich, «The Woman in the tower». Em Barbara Macdonald (com Cynthia Rich), *Look Me in the Eye*, op. cit.

79 «Sophie Fontanel, une beauté jaillissante», *MaiHua.fr*, dez. 2015.

que tem gosto, que trabalha com moda... Durante seu período de transição entre as tintas e o branco, a derrota dessa suposição arcaica deixava, portanto, os que passavam por ela perplexos: «Desconcertados, os olhares iam direto para as minhas raízes. Daí, muito rapidamente, pulavam dos meus cabelos às minhas roupas, como se ali estivesse um sinal de um 'desleixo' global que eu poderia ter tido. E que poderia explicar. Mas se observassem meu estilo, como se diz, deparavam com minhas roupas bem passadas, com uma elegância. Eu não tinha renunciado a nada mais além da tintura».[80]

A associação espontânea da velhice feminina com a morte conserva assim uma vivacidade impressionante, como testemunha essa logorreia de uma jornalista italiana, de uma violência impressionante: «Vocês sabem que, quando morremos, os cabelos e as unhas continuam a crescer, e que dá agonia... É assustador. Um conto de terror. Três centímetros de cabelos brancos saltam na sua jugular se você abrir o caixão alguns dias depois do enterro. Bom, ao mesmo tempo, vocês me dirão, ninguém nunca abre o caixão, quer dizer, é muito raro, graças a Deus. E você aí, você queria passear sem tampa para todo mundo ver!».[81] Igualmente, uma amiga me sugeriu faz pouco tempo que, se ela não aguentava ver a mãe com cabelos brancos, talvez fosse porque isso a levava a pensar na morte dela. Mas quem pensa na morte vendo o Richard Gere ou o Harrison Ford?

Frequentemente, também, na literatura ou na pintura, encontramos uma justaposição espetacular entre imagens de sedução feminina e imagens de decrepitude e morte. Jean

80 Sophie Fontanel, *Une apparition*, op. cit.
81 Ibid.

Delumeau identifica «a permanência e a antiguidade do tema iconográfico e literário da mulher aparentemente viva, mas cujas costas, seios ou ventre já estão em putrefação».[82] No século XIX, Charles Baudelaire retoma esse tema no poema «Uma carniça». Seu narrador, caminhando com sua amante, se depara com uma carcaça de um animal em decomposição, que ele descreve com um luxo de detalhes complacente. O reflexo que ele tem é ver o futuro destino da mulher que o acompanha, e não o seu próprio: «Pois [você] há de ser como essa coisa apodrecida,/ Essa medonha corrupção,/ Estrela de meus olhos, sol da minha vida,/ Tu, meu anjo e minha paixão!».[83] Esse comportamento não desapareceu nos dias de hoje. Permaneceu como uma espécie de reflexo narrativo quase maquinal, como vemos em uma cena de *Game of Thrones* na sexta temporada, em 2016. Na privacidade de seu quarto, à luz de velas, Melisandre, a «bruxa vermelha», que usou seu charme para dominar vários personagens masculinos da série, tira seu colar e contempla no espelho aquela que ela realmente é: uma velha encurvada e triste, de cabelos brancos e rarefeitos, com seios caídos e barriga solta. É possível ver nesses paralelos uma espécie de conjuração, de desafogo, talvez até de triunfo, porque este corpo do qual se antecipa ou do qual se constata o desbotamento perde sua atração e, portanto, o poder que ele exercia sobre o sujeito masculino. Mas pode também significar que o envelhecimento revela a perversidade e a maldade fundamentais da mulher. «Parecem pensar que a natureza acaba sempre prevalecendo; que a mulher, bela e jovem, acaba, mais cedo ou mais tarde, parecendo

82 Jean Delumeau, *La Peur en Occident*, op. cit.

83 A tradução, aqui, é de Ivan Junqueira. [N. T.]

com o que realmente é, alguém cujo coração é feio», comenta

Guy Bechtel.[84]

O DESEJO DEMONIZADO

A sexualidade das mulheres mais velhas era uma coisa que também suscitava um medo particular. Não tendo mais o direito legítimo a uma vida sexual, porque já não podiam dar à luz e porque às vezes eram viúvas, mas experientes e ainda desejosas, elas eram consideradas figuras imorais e perigosas para a ordem social. Eram vistas como amargas, pois tinham perdido o *status* respeitado que acompanhava o papel de mãe, e invejosas das mais jovens. No século XV, escreve Linn Botelho, um paralelo direto é feito «entre as mulheres pós-menopausa e as bruxas, que ressalta a infecundidade tanto de umas como das outras».[85] Elas são vistas como «obcecadas por sexo, insaciáveis a ponto de não conseguirem se satisfazer com simples mortais».[86] Erasmo, em seu *Elogio da loucura*, faz uma descrição eloquente: «As velhas apaixonadas, esses cadáveres que quase não se mexem, que parecem ter voltado dos infernos, e que já fedem como carniças, têm um coração que ainda as tenta: lascivas como uma cadela no cio, elas só transpiram prazeres imundos, e vão dizer que sem estes a vida não é mais nada». Mais uma vez encontramos vestígio desse imaginário na fala assustadora da jornalista italiana

84 Guy Bechtel, *La Sorcière et l'Occident*, op. cit.

85 Lynn Botelho, «Les Trois Âges et la Mort du peintre Hans Baldung (XVIe siècle)», op. cit.

86 Anne L. Barstow, *Witchcraze*, op. cit.

para Sophie Fontanel: «Como você vê sua vida sexual? Você se imagina montada num cara com cabelo de bruxa? Os homens já têm medo das mulheres, mas ainda mais se a gente começar a assustá-los, coitados, não será de espantar se um dia eles pararem completamente de ficar de pau duro!».[87]

Essas visões infernais levam a se perguntar se não existe outro sentido por trás do termo «desleixada», tão frequentemente associado aos cabelos brancos. Em novembro de 2017, a revista feminina *Grazia* colocou Sophie Fontanel na capa, o que representava um progresso digno de nota. Mas, no miolo, uma reportagem de conselhos capilares recomendava àquelas que ficassem tentadas a imitá-la que «escolhessem um corte curto e estruturado, no máximo na altura do ombro; senão fica muito desleixado».[88] Essa recomendação é clássica. Trata-se de minimizar a abrangência dessa cabelereira ofensiva, e também de impor uma linha de demarcação clara entre duas categorias de mulheres: de um lado, as que podem manter sua sensualidade, seu desejo de sedução, graças a cabelos loiros, castanhos, ruivos ou escuros, naturais ou tingidos; de outro, as que «renunciam» e que devem indicá-lo com um corte sóbrio. Podemos supor que uma cabeleira branca faz ressurgir o espectro do sabá, de uma bruxa que deixa seus desejos rolarem, que foge de todas as travas. Alguns anos antes, outra revista insistia, aliás, mais na «disciplina»: «O cinza é bonito num corte preciso e em cabelos disciplinados (sem necessariamente serem curtos). Os enrolados devem evitar».[89]

87 Sophie Fontanel, *Une apparition*, op. cit.

88 Gabrielle Lafarge, «Alors, heureuse?», *Grazia*, 17 nov. 2017.

89 Valentine Pétry, «La couleur de l'argent...», *L'Express Styles*, 19 mar. 2014.

«Cabelos despenteados, desobedientes ou indisciplinados dão a entender que se trata de uma bruxa», escreve a autora esotérica americana Judika Illes. «Ainda que tente controlá-los, os cabelos de uma bruxa escapam de seu lenço ou se recusam a ficar amarrados num rabo de cavalo».[90] Nas *Bruxas de Eastwick*, quando Jane Spofford (Susan Sarandon) enfim assume plenamente seus poderes e seus desejos, ela deixa cair, como uma cascata, sua cabeleira ruiva e frisada, que antes ficava presa numa trança bem apertada. Com sua cabeleira branca indomável, extraordinária tanto pela cor quanto pela liberdade, a cantora Patti Smith, que se contenta em fazer sua arte sem se preocupar em exibir o menor sinal de graça, contenção e delicadeza que se espera das mulheres, tem tudo de uma bruxa moderna. Em 2008, a *New York Times Magazine* não conseguiu evitar perguntar a essa lenda viva do *rock* por que ela não usa condicionador — acho que para dar uma *amaciada* na conversa.[91] Sendo assim — da mesma forma que, no caso de uma mulher solteira, «patética» significa na realidade «perigosa» —, será que «desleixada» não significa na realidade «liberada», «incontrolável»?

Em sua descrição das «velhas apaixonadas», Erasmo acrescentava: «Essas cabras velhas vão atrás dos bodes, e quando encontram um Adonis, pagam generosamente a repugnância e o cansaço dele».[92] Ainda hoje, quando uma mulher famosa de mais de quarenta anos tem um namorado mais novo do que ela,

90 Judika Illes, *The Weiser Field Guide to Witches*, op. cit.

91 Sheila, «Patti Smith forced to explain her hair to NYT», *Gawker.com*, 11 jul. 2008.

92 Citado por Claudine Sagaert, *Histoire de la laideur féminine*, op. cit.

mesmo que esteja longe de apresentar o aspecto de uma velha como descrito acima, o vocabulário utilizado pela imprensa de fofoca insinua claramente que se trata de um gigolô: falam do *toy boy* («brinquedo») da Sharon Stone, da Demi Moore, da Robin Wright ou da Madonna. Aliás, quando era casado com Demi Moore, o ator Ashton Kutcher, dezesseis anos mais novo do que ela, foi ridicularizado em um filme chamado *Toy Boy*. Não acusam — pelo menos não abertamente — de venalidade as jovens companheiras de homens famosos, sendo que eles se dão muito menos ao trabalho de conservar uma aparência jovem, como suas correspondentes femininas.

Quando a atriz Monica Bellucci, com 51 anos, confessou que via algo «muito erótico» na «força» que emanam os homens mais velhos como Mick Jagger, a *Paris Match* se surpreendia, incrédula: «Será que temos que deduzir que você tem tanto desejo hoje quanto aos vinte anos?».[93] O mundo treme nas bases com essa simples hipótese. Como a norma dominante decidiu que as mulheres não são mais sedutoras depois dos 45 anos — quando muito — presume-se ingenuamente que nessa idade a sua libido desaparece. Isso corresponde a associar o desejo que elas sentem àquele que elas supostamente suscitam: erotismo de ventríloquos, sempre. E explica o tabu persistente sobre a sexualidade das mulheres mais velhas: como observa Sylvie Brunell, é difícil imaginar Mona Ozouf vangloriar-se de seu ardor sexual intacto como alardeava Jean d'Ormesson. E é especialmente injusto, diz Susan Sontag, visto que, em geral, as mulheres encontram satisfação sexual mais tarde do

93 Dany Jucaud, «Monica Bellucci: 'Quelque chose d'érotique chez les hommes d'expérience'», *Paris Match*, 7 set. 2016.

que os homens, «não por razões biológicas, mas porque esta

cultura as retarda»:

> Privadas da maioria das válvulas de escape oferecidas aos homens para sua energia sexual, elas precisam de todo esse tempo para eliminar algumas de suas inibições. O momento em que começam a ser desprezadas enquanto pessoas sexualmente atraentes é precisamente aquele em que chegam na maturidade do ponto de vida sexual. O «dois pesos, duas medidas» do envelhecimento as priva desses anos, entre 35 e cinquenta anos, que poderiam ser os melhores de suas vidas sexuais.[94]

Em 2000, em Portugal, uma empregada doméstica, Maria Ivone Carvalho Pinto de Sousa Morais, fez uma denúncia na corte administrativa de Lisboa. Cinco anos antes, quando tinha por volta de cinquenta anos, um erro cirúrgico a deixara com dificuldades para sentar-se e andar, dores intensas e problemas ginecológicos, que impediam que tivesse qualquer vida sexual que fosse. A corte deu razão a ela e concedeu-lhe reparações, que no ano seguinte foram reduzidas pela corte suprema. Os argumentos da revisão foram os seguintes: «Com todas as considerações pelos danos causados à denunciante, entendemos que as reparações concedidas são excessivas. Não foi demonstrado, na realidade, que a denunciante perdeu suas capacidades de realizar as tarefas domésticas, [...] e se levarmos em conta a idade de seus filhos, provavelmente ela só deverá cuidar de seu marido, o que exclui a necessidade de uma ajudante doméstica em tempo integral. [...] Além disso, não devemos esquecer que,

94 Susan Sontag, «The double standard of aging», op. cit.

na época da operação, a denunciante já tinha cinquenta anos, havia tido dois filhos, e que, nesta idade, não apenas o sexo já não é tão importante quanto na juventude, mas que seu interesse diminui com a idade». No verão de 2017, o Tribunal europeu de direitos humanos acabou dando ganho de causa para a denunciante. Dos sete juízes europeus, dois (representando Luxemburgo e Eslovênia) se opuseram, o que acabou provocando uma briga intensa entre eles e suas colegas mulheres (representando, respectivamente, a Ucrânia e a Romênia).[95]

«INVENTAR A OUTRA LEI»

«Nós nos amamos loucamente. Poucas vezes conheci uma paixão tão física, tão intensa. Assim que nos encontrávamos, nós nos devorávamos, literalmente. Podíamos passar dias seguidos sem sair do meu quarto...»

Em *Aurore*, a heroína, que virou empregada doméstica, é contratada numa casa de repouso autogerida por mulheres — é a Casa das Babayagas do bairro de Montreuil, em Paris, fundada por Thérèse Clerc e inaugurada em 2012, mesmo que não seja nomeada no filme. Tendo enfrentado em sua vida pessoal tanto rechaço e decepção, um dia, ao limpar o piso, ela desaba e começa a chorar. Uma das moradoras, interpretada por uma das verdadeiras «Babayagas», Arghyro Bardis, conhecida como Iro (morta logo depois da filmagem), levanta-a para consolá-la.

95 Sylvie Braibant, «Quand la justice européenne doit réaffirmer le droit des femmes de plus de cinquante ans à une sexualité épanouie», *Terriennes*, TV5 Monde, 10 ago. 2017. http://information.tv5monde.com.

Na sequência, elas têm uma longa conversa, ao longo da qual a velha, com mais de setenta anos, relata uma história de amor. «Quando foi isso?», pergunta-lhe Aurore, sonhadora. Como ela, nós esperamos que seja uma lembrança de juventude. Resposta: «Faz três anos. Que felicidade tivemos! E a vida nos separou...». A surpresa deliciosa que teve Aurore se lê em seu rosto. Quando vai embora, mais tarde, andando pela rua, protegida pelo guarda-chuva, sorri sozinha. Tendo vivido até aquele momento rejeição após rejeição, defrontando-se sem parar com preconceitos que a desqualificavam, de repente ela abria uma porta para um universo onde reinavam outras leis — uma fantasia, uma liberdade, uma generosidade de cuja possibilidade ela não desconfiava.

Em 2006, Thérèse Clerc, que era bissexual, trabalhou no (maravilhoso) filme de Jean-Luc Raynaud *L'art de vieillir* [A arte de envelhecer]. «São histórias ousadas», explicava ela maliciosamente três anos depois. «Nós fizemos uma apresentação na semana passada para os jovens na escola, que ficaram pasmos. Eu disse a eles: 'Escutem, crianças, isso os perturba a esse ponto?'. Juro, não conseguimos tirar nada deles. Já os velhos ficam muito felizes...».[96] Numa sequência do filme de Camille Ducellier, *Sorcières, mes soeurs* [Bruxas, minhas irmãs], a mesma Thérèse Clerc se masturba na frente da câmera. Foi em 2010; ela tinha 83 anos. Ela não apenas afirmava tranquilamente sua sexualidade, sua força vital, mas a beleza de seu rosto filmado em plano fixo preenche a tela, e é perturbador. Ela

96 Catherine Achin e Juliette Rennes, «La vieillesse: une identité politique subversive. Entretien avec Thérèse Clerc», *Mouvements*, n. 59, dossiê «La tyrannie de l'âge», 2009.

revela a vacuidade de todas aquelas imagens raivosas impostas pela horda de padres, pintores e escribas misóginos que durante muito tempo tiveram o monopólio da palavra e da representação. «Ser bruxa é ser subversiva à lei, diz ela com sua voz grave. É inventar a *outra lei*.»

A heroína do filme de Paul Mazursky *Une femme libre* [Uma mulher livre] também encontra uma porta secreta no universo de sua obsolescência programada. Desolada depois da partida de Martin, que foi embora com sua amada de 26 anos, pouco a pouco Erica se refaz. Ganha coragem, volta a sair e, depois de todos aqueles anos em que só transou com o marido, decide testar o sexo sem sentimento; só que se depara com o grande amor. Na galeria onde ela trabalha, conhece Saul, um pintor diletante e carismático (encarnado pelo ator inglês Alan Bates). Os amantes começam uma dança fascinante (Jill Clayburgh, que encarna Erica, ganhou merecidamente o prêmio de interpretação no Festival de Cannes, em 1978). Eles brincam, envolvem-se, dão voltas em si mesmos, descobrem-se; enfrentam-se também. Ao longo de várias cenas, parecem esticar a corda: uma briga se anuncia, explode, e pressentimos que sua história poderia durar pouco. Mas, toda vez, recuperam-se no último momento. Com um olhar, uma brincadeira, um sorriso, renovam uma cumplicidade que parece ser irresistível. No final de um de seus duelos, Erica pragueja: «Os homens!». Ao que Saul, evidentemente, imediatamente retruca: «As mulheres!». Como saltadores com varas, eles encontram juntos uma liberdade que lhes permite passar por cima do que existe de armadilha e opressor nos papéis convencionais de mulher e homem, mas também nas situações que vivem — o jantar em que Erica apresenta Saul para sua filha adolescente, por exemplo. Em comparação, o casal formado por Martin e sua companheira mais nova de repente parece banal, desprezível, limitado. A partida de seu marido, tendo parecido inicialmente a Erica como o fim do mundo, da maneira ofensiva e humilhante como foi, deu-lhe a oportunidade de um renascimento. Para poder dizer, como fazem alguns, que lutar contra o sexismo de muitos roteiros implicaria produzir apenas filmes puritanos, didáticos e entediantes, é preciso não apenas carecer gravemente de imaginação, mas também ignorar toda essa esfera do cinema à qual pertence *Une femme libre*.

Num gênero completamente diferente, encontramos um exemplo de derrota da lei patriarcal num clássico hollywoodiano: *A malvada* (*All About Eve*, 1950), de Joseph L. Mankiewicz. Reinando na cena nova-iorquina, Margo Channing (Bette Davis) é uma atriz zombadora, de personalidade espirituosa e chamativa. No auge de sua glória, ela escolhe como sua protegida a jovem Eve Harrington, fanática pelo teatro, e a introduz em seu círculo mais próximo. Mas rapidamente se dá conta do seu erro. Atrás da admiradora humilde e tímida esconde-se uma víbora sem escrúpulos, decidida a roubar-lhe tudo: seus papéis, e também seu companheiro, Bill Sampson, igualmente ator.[97] Ora, Margo está fragilizada: acaba de fazer quarenta anos e já teme o declínio de sua carreira. Além disso, Bill, por quem é apaixonada, é oito anos mais novo que ela. A sequência parece deduzida com antecipação. Eva se mostra uma atriz superdotada, e tem o frescor que Margo está perdendo. Seria de esperar que ela triunfasse e que se desfizessem de sua precursora — aliás, a jovem anuncia esse objetivo numa

97 Embora feminista em certos aspectos, o filme continua sendo bem convencional quando recorre ao clichê da rivalidade feminina.

entrevista, em termos quase tão crus quanto estes. Ela poderia formar com Bill um casal mais clássico, cheio de futuro, capaz de seduzir a imprensa e o público. Diante dessa perspectiva, Margo fica aterrorizada, e é incapaz de escondê-lo. Ela se enfurece, vocifera, embriaga-se, multiplica os escândalos e enche Bill de cenas de ciúme antecipado. Conclui-se que dessa forma ela vai precipitar o golpe que tanto queria evitar: farto, ele vai se refugiar mais rapidamente nos braços da doce Eva. Enquanto isso, ele tenta tranquilizá-la, apela ao seu amor, mas sem conseguir aplacar seu sentimento de insegurança. Ele a acusa de paranoia, o que só em parte é verdade: existe sim uma ofensiva sem piedade do lado de sua rival, e todos os indícios estão reunidos para que essa ofensiva dê certo. Num raro momento de calma, Margo, confessando-se a uma amiga, lamenta esse temperamento que a leva a «descer a pique em cima de uma vassoura gritando com todas as suas forças». Ela reconhece que agiu de maneira excessiva quando viu Eve «tão jovem, feminina e indefesa»: tudo o que ela mesma gostaria tanto de ser para seu amado, diz. Em suma, parece-lhe impossível que a bruxa, a «megera» leve a melhor sobre a jovem aparentemente dócil e inofensiva. Ela se recusa a acreditar que a ligação que tem com Bill possa se revelar mais forte do que as inflexíveis leis da sociedade; ela tem muito medo de se desiludir. No entanto, quando Eve se joga sobre ele, Bill a repele com um desprezo engraçado. E, quando eles se reencontram, Margo aceita enfim seu pedido de casamento. Nos palcos, Eve conheceu o sucesso fulgurante com que sonhou, mas sem por isso provocar a queda da sua precursora — e, de passagem, vendeu a alma.

Às vezes, também, a vida desmente os preconceitos. Até mesmo Colette, tão pouco conformista, parecia ter incorporado a ideia de que a velhice das mulheres é uma degradação irremediável, fazendo delas seres repulsivos. Seus romances *Chéri* e *La Fin de Chéri* [O fim de Chéri] (1920 e 1926) relatam a ligação de Léa, que se aproxima dos cinquenta anos, com um homem jovem que, depois de alguns anos, mesmo que ainda a ame, vai deixá-la para se casar com uma mulher jovem. A história acaba mal. Cinco anos depois do seu término, Chéri vai impulsivamente à casa de Léa, que ele não consegue esquecer. Ao revê-la, fica traumatizado com sua transformação. «Uma mulher escrevia, de costas [...]. Chéri discerniu umas costas largas, as dobras granulosas da nuca, em cima grossos cabelos cinzas vigorosos, cortados como os de sua mãe. 'Ah, nossa, ela não está sozinha. Quem será essa mulher?' [...] A senhora de cabelos cinza se vira, e Chéri recebe na cara o golpe de seus olhos azuis.» O envelhecimento tem o poder de arrancar a identidade inteira das mulheres, de esvaziá-las de sua substância: ele colocou no lugar da antiga Léa uma criatura desconhecida, assexuada. «Ela não era monstruosa, mas vasta e abarrotada por um copioso desenvolvimento de todas as partes de seu corpo. [...] A saia presa, o vestido comprido e impessoal entreaberto em linho com babados, anunciava a abdicação e a retração normais da feminilidade, uma espécie de dignidade sem sexo.» Durante a troca de olhares, suplica a ela internamente: «Pare! Reapareça! Acabe com essa farsa! Você está em algum lugar aí embaixo, porque a escuto falar».[98] Alguns dias depois, num quarto coberto de fotos de Léa jovem, Chéri põe fim aos seus dias.

Evidentemente, podemos considerar que o drama que transparece na nova aparência de Léa não é tanto aquele do envelhecimento feminino como o do abandono, da ruptura

98 Colette, *La Fin de Chérie* [1926]. Paris: Flamarion, 1983.

amorosa. E que ela revela ao jovem sobretudo o erro que ele cometeu ao deixá-la: se tivesse sido mais corajoso, menos cínico (ele se casou para aumentar sua fortuna), sua amada não teria envelhecido daquele jeito. É o sofrimento, a decepção, e não apenas a idade, que a transformaram desse jeito. Durante as semanas de errância que separam esses breves e desastrosos encontros do seu suicídio, aliás, Chéri pensa com arrependimento em todo o tempo que irremediavelmente perdeu por sua culpa: se tivesse ficado com ela, «seriam três, quatro anos intensos, centenas e centenas de dias e de noites, ganhos, dedicados ao amor...». Mas também é verdade que os dois romances estavam assombrados desde o começo pelo horror, o pavor que a figura da velha provoca. De manhã, nos últimos tempos de sua relação, Léa se preocupava em colocar seu colar de pérolas antes de Chéri acordar, para dissimular a frouxidão de seu pescoço. Ao estar diante da velha fuxiqueira que conheciam, horrenda e grotesca, junto de um jovem de olhar vazio, ela teve a impressão de ver sua imagem futura. E, depois, nesse ambiente mundano, cruel e superficial onde ninguém se trata bem, o envelhecimento é um signo de fraqueza que não perdoa.

Seja como for, na própria vida de Colette, as coisas aconteceram bem menos tragicamente. Pouco antes de fazer cinquenta anos, ela encontrou Maurice Goudeket, que na época tinha 36 anos e que virou seu terceiro marido. Eles viveram juntos até a morte da escritora, em 1954, aos 81 anos.[99] Em suma, se a idade despojou Léa de sua identidade, sua criadora, por sua vez, permaneceu plenamente em posse de tudo o que a fazia digna de

99 Claude Benoit, «L'art de 'bien vieillir' chez deux grandes femmes de lettres: George Sand et Colette», *Gérontologie et société*, Inegalites.fr, 5 set. 2013.

ser amada. Aliás, ficaram tantas imagens da velhice de Colette quanto de sua juventude, e não são as que têm menos charme: elas a mostram escrevendo em sua cama em seu apartamento parisiense, as janelas abertas para os jardins do Palais-Royal, rodeada por seus gatos, saboreando ainda tudo o que a vida podia lhe oferecer, apesar dos vários problemas físicos que a afligiam.

Hoje, a possibilidade de as mulheres envelhecerem em boa saúde e em boas condições materiais é gravemente comprometida pela situação de suas aposentadorias, 42% inferiores que as dos homens, em média. Isso se explica pelo fato de que elas trabalham mais em meio período e porque são elas que param para cuidar dos filhos — o «teto de mãe», sempre.[100] Mas não precisa somar a essa desigualdade objetiva uma outra, que as leva a se convencer de que a idade diminui o seu valor. A força dos estereótipos e dos preconceitos pode ter algo de profundamente desmoralizante; mas também oferece a oportunidade de traçar novos caminhos. Ela permite provar das alegrias da insolência, da aventura, da invenção e sacar quem se dispõe a estar junto — evitando perder seu tempo com os outros. Ela convida a se mostrar iconoclasta, no primeiro sentido do termo, isto é, a romper as antigas imagens e a maldição que elas propagam.

No final de seu artigo, em 1972, Susan Sontag escreve:

> As mulheres têm outra opção. Elas podem aspirar a ser sábias, e não apenas gentis; a ser competentes, e não apenas úteis; a ser fortes, e não apenas graciosas; a ter ambições para si mesmas, e não apenas para si mesmas com relação a homens e crianças. Elas podem se deixar envelhecer naturalmente e

100 «Les inégalités face aux retraites», Inegalites.fr, 5 set. 2013.

sem vergonha, protestando assim ativamente, desobedecendo-os, contra as convenções nascidas do «dois pesos, duas medidas» da sociedade com relação à idade. Em vez de serem meninas, meninas o máximo de tempo possível, que depois viram mulheres de meia-idade humilhadas, e na sequência velhas obscenas, elas podem se tornar mulheres muito mais cedo e continuar sendo adultas ativas, gozando da longa carreira erótica de que são capazes, por muito mais tempo. As mulheres deveriam permitir aos seus rostos contarem a vida que viveram. As mulheres deveriam dizer a verdade.

Quase meio século depois, esse programa continua à disposição de todas as que queiram de se apropriar dele.

4. COLOCAR ESTE MUNDO DE PERNAS PARA O AR. GUERRA CONTRA A NATUREZA, GUERRA CONTRA AS MULHERES

Em vários aspectos, eu sou idiota.

Em qualquer circunstância, e desde sempre, quando se trata de fazer uma pergunta estúpida, ou de dar uma resposta totalmente despropositada para uma pergunta, ou de fazer um comentário absurdo, sistematicamente eu sou a mulher em evidência. Acontece de eu flagrar um olhar incrédulo sobre mim e de adivinhar o que aquela pessoa está pensando: «No entanto, parece que ela escreve livros...»; ou «senhor, eles contratam cada um no *Le Monde Diplomatique*...». Tenho o mesmo sentimento de vergonha que se tivesse tropeçado e caído de cara sob os olhares de um público boquiaberto (coisa que, aliás, *também* sou perfeitamente capaz de fazer). Esse aspecto de mim mesma me exaspera ainda mais porque ele teima em fugir do controle. Em geral, meio segundo depois que as palavras saíram da minha boca, eu já compartilho da consternação do meu — ou dos meus — interlocutor; mas é tarde demais. É mais forte do que eu e, depois de quase 45 anos dessas irrupções constantes, cheguei à conclusão de que devo aceitar. Mas não é fácil.

Por um lado, essa besteira tem a ver sem dúvida com características pessoais. Uma total falta de senso prático, associada a uma falta de experiência dramática. Uma atenção um pouco flutuante, um nível de distração que fascina todos os observadores e que aumenta mais ainda quando esqueço de colocar meus óculos, a confusão visual fazendo crescer a confusão mental na qual vivo. Uma timidez que rapidamente me faz entrar em pânico e que não favorece os bons reflexos. Uma disposição geral que faz com que eu seja mais capaz de entender e analisar os elementos de uma situação com o máximo de distanciamento, e não no mesmo momento em que se dá — em suma: sou devagar. Mas acho que há também uma forte dimensão de gênero na minha estupidez. Sou impulsiva, emotiva, às vezes ingênua. Sou um clichê sexista ambulante, uma autêntica cabeça de vento, o arquétipo da mina irracional. Sou uma nulidade em todos os campos em que as mulheres são conhecidas por serem nulas. Na escola, quase repeti de ano por causa das ciências. Não tenho nenhum sentido de orientação. Se eu tivesse carteira de motorista (agradeçam aos céus por eu não ter), seria uma vaca leiteira para o meu mecânico, que poderia me vender os consertos mais mirabolantes. Na minha vida profissional, mantenho relações de forte desconfiança recíproca com a economia e a geopolítica — isto é, os típicos bastiões masculinos, o mais próximo possível das engrenagens do poder.

Precisei de tempo para entender que a inteligência não é uma qualidade absoluta, podendo conhecer variações espetaculares em função dos contextos nos quais nos encontramos e das pessoas que temos diante de nós. As circunstâncias e os interlocutores têm o poder de revelar ou de imantar partes muito distintas de nós mesmas, de estimular ou paralisar nossas capacidades intelectuais. Ora, a sociedade determina para as mulheres e para os homens campos de atuação muito diferentes, e muito diferentemente valorizados, de maneira que as primeiras se encontram com mais frequência passíveis de ser burras. São elas que correm mais riscos de se revelar deficientes em campos prestigiosos, os que se assume que realmente contam, enquanto aqueles nos quais elas desenvolveram aptidões serão negligenciados, desprezados ou às vezes simplesmente invisibilizados. Elas terão também menos segurança de si mesmas. Nossa nulidade é uma profecia autorrealizadora. Às vezes digo besteiras por ignorância, mas às vezes as digo porque meu cérebro se paralisa, porque meus neurônios se dispersam como uma revoada de estorninhos e eu perco o controle. Sou prisioneira de um círculo vicioso: sinto a condescendência ou o desprezo do meu interlocutor, então falo um absurdo, confirmando assim esse julgamento, ao mesmo tempo para os outros e para mim mesma. O interlocutor em questão poderia muito bem ser tanto um colega jornalista quanto o consertador de máquinas de lavar que, mal chegou, fez uma pergunta sobre o funcionamento do aparelho e, antes mesmo que eu tivesse tempo de abrir a boca para responder, repetiu-a com um tom brusco e impaciente, como se tivesse muita certeza de estar diante de uma pessoa não muito inteligente (porém, de maneira inabitual, eu estava tentando elaborar uma resposta sensata). O sexismo se manifesta em todos os pontos da escala social, oferecendo-nos, em um delicioso efeito estéreo, a lembrança permanente de nossa debilidade profunda. E tenho que me preparar para a terceira idade, porque, aparentemente, a única coisa que existe que é mais idiota do que uma mulher é uma mulher idosa. Cynthia Rich contou que foi a uma loja de produtos de informática com Barbara Macdonald e, quando Barbara fazia uma pergunta ao vendedor, ele respondia para ela, Cynthia (que na época tinha quarenta anos, enquanto Macdonald tinha por volta de sessenta).[1]

Depois de séculos em que os cientista ou religiosos, os médicos, os políticos, os filósofos, os escritores, os artistas, os revolucionários, os humoristas martelaram, em todos os tons, a estupidez congênita e a incompetência intelectual sem remédio das mulheres, justificando-as, se necessário fosse, com as mais loucas elucubrações sobre os defeitos de sua anatomia, seria muito estranho se não nos sentíssemos ligeiramente intimidadas. Numa ladainha impactante que resume os discursos sustentados ao longo do tempo sobre as mulheres, a autora americana Susan Griffin escreve:

> Ficou decidido que o cérebro das mulheres é defeituoso. Que as fibras de seus cérebros são fracas. Que, por causa da menstruação, o fluxo sanguíneo em seus cérebros diminui.
>
> Todo o conhecimento abstrato, o conhecimento complicado, informam-nos, deve ser deixado ao espírito sólido e industrioso do homem. «Por essa razão», acrescentam, «as mulheres nunca irão aprender geometria.»
>
> Existe uma controvérsia para saber se, sim ou não, deve ser ensinada a elas a aritmética.

1 «Cynthia's introduction». Em Barbara Macdonald (com Cynthia Rich), *Look me in the eye*, op. cit.

Para uma mulher que tem um telescópio é sugerido que ela se livre dele, e que «pare de querer saber o que acontece na Lua».[2]

As considerações sobre o «espírito sólido e industrioso» e a proibição da geometria são relacionadas a Immanuel Kant, enquanto a referência ao telescópio foi tirada de um discurso de Chrysale a Philaminte nas *Sabichonas*, de Molière (1672): «Você devia queimar toda essa porcaria, toda essa falsidade / e deixar a ciência com os sábios de verdade./ Quebrar ou botar fora a luneta imensa que está lá no/ sótão e as outras bugigangas com que vê não sei o quê./ Esquecer um pouco o que se faz na lua/ e preocupar-se mais com a arrumação da casa, obrigação sua».[3] As duas citações não são exatamente equivalentes, visto que, na segunda, é um personagem que fala, e não é o caso de retomar aqui o debate sobre a misoginia de Molière. Não obstante, algumas imagens parecem resistir. Agora que estou mergulhada nessas leituras, uma publicidade para um *site* de vendas *online* mostra a visão seccional de um cérebro de mulher em que estão escritos seus pensamentos: «A astronomia não é para mim. Mas a anatomia do meu vizinho, sim...». Estão vendendo um telescópio por 49,99 euros.[4]

Esses pressupostos explicam também por que as mulheres continuam a receber «explicações sobre a vida» dos homens, com uma arrogância absoluta, para retomar o título de um texto

2 Susan Griffin, *Woman and Nature. The Roaring Inside Her* [1978]. Londres: The Woman'ss Press Ltd, 1984.

3 Em tradução, aqui, de Millôr Fernandes. [N. T.]

4 Marine Le Breton, «Une pub de Cdiscount pour les soldes accusée de véhiculer un cliché sur les femmes et les sciences», *HuffPost*, 10 jan. 2018.

célebre de Rebecca Solnit.[5] Esse artigo nasceu em 2008, no dia seguinte a uma noitada em que seu interlocutor lhe falou sobre um livro recentemente publicado sobre o tema que estavam discutindo, cuja sinopse ele tinha lido no *New York Times*... sem se dar conta de que a autora estava na frente dele. Ele demonstrou tamanha segurança que, por um momento, ela quase pensou que poderia ter negligenciado a publicação de um livro importante sobre o tema dela. «Essa síndrome, ela comenta, é uma guerra que quase todas as mulheres enfrentam no cotidiano, uma guerra travada também nelas mesmas, por meio da convicção de serem desimportantes, do convite a se calarem, uma guerra da qual eu mesma não estou livre, apesar de uma carreira bastante bela como escritora (rica em pesquisas e fatos bem trabalhados). Afinal, num piscar de olhos, fiquei propensa a que o sr. Importante e sua confiança desmedida destroçassem minha certeza vacilante.» Na manhã seguinte, ao sair da cama, ela redigiu seu artigo em um só fôlego e, desde que subiu na rede, ele se espalhou rapidamente: «Tocou num ponto sensível. Deixou os nervos à flor da pele». Dentre as inúmeras reações que recebeu, teve essa de um homem de certa idade, morador de Indianápolis, que lhe enviou uma mensagem para dizer que «ele nunca tinha sido injusto com uma mulher, seja no plano pessoal ou profissional» e para recriminá-la por «não frequentar homens mais normais» e por só ter «se informado pouco antes de falar». «Depois disso, me deu conselhos sobre como eu deveria levar minha vida e se estendeu sobre o meu 'complexo de inferioridade'.»

5 Rebecca Solnit, *Ces hommes qui m'expliquent la vie* [2014]. Paris: L'Olivier, 2018.

Acabamos assimilando esse olhar sobre nós mesmas, essa evidência de nossa própria vacuidade, de nossa própria incompetência. Quando, na rua, turistas totalmente amáveis e inocentes me pedem uma informação, na primeira hesitação eu já lhes digo que é mais prudente eles perguntarem para outra pessoa; mas, em geral, assim que eles se distanciam eu me dou conta de que teria sabido muito bem indicar-lhes o caminho. «Sentido de orientação», «economia»: assim que um termo desses começa a cintilar no meu espírito, entro em pânico, como antigamente com a palavra «matemática». Há alguns anos, pesquisadores da universidade de Provence propuseram a dois grupos de alunos da escola primária que reproduzissem de memória uma figura geométrica bastante complicada. Para um dos grupos, eles anunciaram que seria um exercício de «geometria»; para o outro, um exercício de «desenho». No primeiro grupo, as meninas foram piores que os meninos. No segundo, livres da sombra aterradora da matemática e, portanto, não antecipando seu próprio fracasso, elas tiveram melhores resultados do que eles.[6] Quando estava no final do colégio, eu também tive uma oportunidade de me libertar brevemente dessas limitações paralisantes, que acabei achando que eram imutáveis. Tive uma professora apaixonada pela matéria que dava, tão paciente quanto bondosa, muito distante dos caubóis vaidosos aos quais eu estava acostumada. Coisa inconcebível, graças a ela, dois anos antes da formatura, eu quase me tornei *boa em matemática*, e tirei uma nota bem decente na prova. No teste oral, depois de fazer a minha apresentação sem incidentes,

6 «Les hommes et les femmes sont-ils égaux face aux mathématiques?», *FranceTVInfo.fr*, 29 nov. 2013.

acertei a resposta de uma pergunta um pouco capciosa, e ela exclamou: «Muito bem!». Isso aconteceu há 25 anos, e eu nunca esqueci esse «muito bem», tão improvável para mim diante de uma lousa cheia de números. Minha estupidez não era uma fatalidade: vertigem. (Em 2014, a iraniana Maryam Mirzakhani — que morreu de câncer três anos depois, foi a primeira mulher a receber a medalha Field, equivalente ao prêmio Nobel para matemática.)

«EXCELÊNCIA *EM QUÊ?*»

Ao lado das disciplinas nas quais eu me sentia perdida, sempre existiram aquelas em que eu me sentia em casa, que me davam motivo de orgulho — na escola, depois de quase me ferrar em ciências, ganhei o prêmio de versão grega na prova do vestibular. Mas eu tinha assimilado a ideia de que aqueles eram campos subalternos, o que justificava a minha posição de satelitezinho intelectual obediente, condenado a girar indefinidamente em torno do Planeta do Verdadeiro Conhecimento, tocando sua bonita música flautada. Pouco a pouco, porém, comecei a questionar essa verdade habitualmente aceita. Hoje, algumas das minhas inaptidões ainda me inspiram puro desapontamento. Assim, estou longe de sentir pelas coisas práticas o desprezo que às vezes julgam que eu sinto (como todos os intelectuais), e fico mal por ser tão ruim no assunto. Mas, para além disso, cada vez mais eu tenho coragem para contestar os critérios dominantes de avaliação da inteligência.

Enquanto leitora, por exemplo, me apaixonei pelo *Le Monde Diplomatique* por causa dos seus textos literários e filosóficos, sua visão sobre a época e a sociedade, seus engajamentos, pelos ensaios de grandes intelectuais, por sua iconografia sofisticada e diferente. Eu via ali um tipo de jornalismo poético que me agradava muito. Quando comecei a trabalhar lá, fiquei desconcertada com a paixão dos meus colegas por números, mapas, tabelas, tantas coisas nas quais eu mal tinha prestado atenção até aquele momento. Eu não apenas fico impenetrável diante deles, como, nas raras vezes em que me debruço sobre eles e em que um raio de luz de compreensão arranha as trevas do meu cérebro, não me sinto minimamente satisfeita no meu desejo de conhecimento. Não nego sua utilidade ou sua qualidade, nem o fato que são muito apreciados por uma parte dos leitores; mas também existem pessoas, das quais faço parte, a quem eles não falam e que preferem outros modos de apreensão do mundo, não menos ricos em ensinamentos. No começo, eu tinha vergonha disso, mas agora o assumo. De maneira geral, ao envelhecer, no que diz respeito ao conhecimento, cada vez mais vejo os limites, os pontos cegos, as fraquezas daqueles que me menosprezam. Eu contesto — pelo menos no meu íntimo — ao mesmo tempo o valor absoluto da minha estupidez diante deles, e o valor absoluto da inteligência deles diante de mim, enquanto, para eles, ela é evidente. O que é compreensível: por que se preocupariam com essas sutilezas se eles têm a sorte de estar do lado certo da fronteira da inteligência? Talvez seja esta a razão pela qual escrevo livros: para criar lugares em que sou competente (enfim, assim eu espero...); para fazer emergirem temas que não estavam nem constituídos ou identificados como tais, afirmando sua pertinência, sua dignidade.

Quando se fala do lugar das mulheres na universidade, menciona-se, em geral, a proporção de estudantes ou professoras, ou a presença quase exclusiva de homens em algumas carreiras. Lamenta-se o sexismo — dos estudantes e dos professores — ou a falta de confiança nelas mesmas que impede que as meninas escolham a física ou a informática. Mas muitas vezes se esquecem, me parece, de questionar o próprio conteúdo do ensino, negligenciando o fato de que, para as mulheres jovens, entrar na universidade implica assimilar um conhecimento, métodos e códigos que, ao longo dos séculos, foram constituídos em larga medida sem elas (quando não *contra* elas). Se você assinala esse problema, vão suspeitar de essencialismo: você está sugerindo que as mulheres têm um cérebro diferente, que elas têm um jeito «tipicamente feminino» de abordar o conhecimento? Que, se tivessem algo a dizer, acrescentariam coraçõezinhos nas fórmulas matemáticas, talvez? Ora, a acusação de essencialismo é reversível: é precisamente porque as mulheres e os homens *não* constituem essências estanques num espaço abstrato, mas dois grupos que mantêm relações capturadas no movimento e nas vicissitudes da história, que não podemos considerar o conhecimento universitário como objetivo e dotá-lo de um valor absoluto.

Costumamos dizer que a história é escrita pelos vencedores; há alguns anos, por exemplo, nos meses de outubro, o Dia de Cristóvão Colombo oferece a oportunidade de contestar, cada vez com mais força, a história oficial mostrando o quanto, na expressão «descoberta da América», por si só a palavra «descoberta» é problemática, e lembrando que o audacioso explorador de uns foi o invasor sanguinário dos outros. De certa maneira, as mulheres também são as perdedoras da história — uma história muito violenta, como essas páginas terão recordado. Por que elas seriam as únicas vencidas a não ter direito a um *ponto de vista*? Claro que a condição de mulher nunca irá determinar um ponto de vista único. É possível que se encontrem historiadores que adotem uma abordagem feminista, assim como algumas historiadoras poderão rejeitar a leitura das caças às bruxas em termos feministas. Mas também existem descendentes de colonizados que acham graça na colonização, descendentes de escravos que não têm nenhum interesse no tema da escravidão, e brancos que se apaixonam por esses dois temas. No entanto, será possível afirmar que o pertencimento ao grupo em questão é um tema sem importância? Como lembramos aqui, o fato de a História, enquanto disciplina, ter sido elaborada por homens, teve consequências no tratamento das caças às bruxas, ou melhor, para começar, no seu não tratamento, porque durante muito tempo elas simplesmente foram ignoradas, ou mencionadas por cima em uma nota de rodapé. Mais um exemplo: quando Erik Midelfort escreve que, nas sociedades pouco confortáveis com o conceito de mulher solteira, as caças às bruxas tiveram um papel «terapêutico», Mary Daly se pergunta duas coisas. Primeiro, se ousariam empregar o mesmo qualificativo para os *pogroms* contra os judeus ou para os linchamentos dos negros. E depois, terapêutico para quem?...[7]

Em seu livro sobre a autoestima, no começo dos anos 1990, Gloria Steinem citou um estudo realizado com 200 mil estudantes do ginásio nos Estados Unidos que evidenciava um aumento notável da tendência à autodepreciação nas jovens mulheres em sua passagem à universidade, enquanto a autoestima de seus companheiros ou permanecia a mesma, ou era reforçada. Muitos universitários manifestavam na época uma forte resistência à diversificação do cânone acadêmico para abrir um

7 Mary Daly, *Gyn/Ecology*, op. cit.

espaço maior para as mulheres e as minorias. Eles combatiam o «politicamente correto», ou «PC», que Robin Morgan — uma das fundadoras do WITCH — observava que também poderia significar *plain courtesy*: «simples educação». Alegavam ser os guardiões da «excelência». «Como se a questão mais importante não fosse: excelência *em quê*?», comentou Steinem. Eles puseram o pé no freio com toda a força porque perceberam, segundo ela, que a mudança não implicava somente integrar as mulheres e as minorias nos cursos, ou em alguma estrutura existente, «mas também aprender a ver com novos olhos, questionar a própria noção de 'norma', cuja medida deveria julgar todas as experiências».[8]

Sempre me pareceu que minha insatisfação com a hegemonia das ciências duras e com uma certa maneira de abordar o mundo, fria, quadrada, objetiva, dominante, tinha a ver com a minha condição de mulher, mas, porque eu não conseguia definir essa relação, eu detestava a perspectiva de formulá-la. Ainda era o espectro do essencialismo que me segurava. Não queria me pegar defendendo uma maneira «feminina» de ver e fazer as coisas; aliás, eu via muito bem que as mulheres não eram todas como eu, assim como eu encontrava minha sensibilidade intelectual nos homens. Me contentei, então, em aprofundar uma ideia que em todos os meus ensaios volta de forma obsessiva, não importa o tema tratado — mesmo que eu escrevesse um livro sobre a reprodução dos crustáceos, provavelmente encontraria uma maneira de incluí-la. Formulo e reformulo sem parar uma crítica desse culto à racionalidade (ou melhor, daquilo que tomamos por racionalidade), que nos parece tão

8 Gloria Steinem, *Revolution from Within*, op. cit.

natural que frequentemente nós não o identificamos mais como tal. Esse culto determina ao mesmo tempo nossa maneira de considerar o mundo, de organizar o conhecimento sobre ele, e a forma como agimos sobre ele, como o transformamos. Ele nos leva a concebê-lo como um conjunto de objetos separados, inertes e sem mistério, percebidos sob o único ângulo de sua utilidade imediata, que é possível conhecer de maneira objetiva e que se trata de explorar sistematicamente para recrutá-lo a serviço da produção e do progresso. Ele ainda é tributário da ciência conquistadora do século XX, sendo que, desde então, a física quântica veio perturbar esse otimismo, para não dizer essa arrogância. Ela nos fala mais de um mundo em que cada mistério esclarecido faz surgir outro e em que, ao que tudo indica, essa busca nunca terá fim; de um mundo em que os objetos não são separados, mas emaranhados uns nos outros; que aliás tem mais a ver com fluxos de energia, com processos, do que com objetos de identidade estável; em que a presença do observador influencia o desenrolar da experiência; em que, longe de poder se apegar a regras imutáveis, contata-se a irregularidade, a imprevisibilidade, «saltos» inexplicáveis. É tudo isso que leva Starhawk a dizer que a física moderna confirma as intuições das bruxas. O físico Bernard d'Espagnat estimava que, levando em consideração a resistência ao conhecimento que parecem agora apresentar a matéria e o mundo, não é absurdo se voltar para a arte para nos dar vislumbres daquilo que sempre irá escapar ao nosso entendimento:[9] uma conclusão cujas consequências

9 Cf. Mona Chollet, «À l'assaut du réel». Em *La Tyrannie de la réalité*, op. cit.

vertiginosas para a organização do conhecimento com a qual

estamos acostumados nós podemos imaginar...

Mesmo que, um século depois dessas descobertas, tenhamos dificuldade para integrar suas implicações, elas trazem uma refutação nua e crua de uma visão do mundo que deslanchou no século XVII, particularmente com René Descartes, que, numa célebre fórmula do *Discurso do método*, sonhava ver os homens «donos e senhores da natureza». Em uma obra capital, o geógrafo Augustin Berque analisa as desordens nascidas da postura cartesiana ante o mundo.[10] Por sua vez, Jean-François Billeter refaz o percurso da «reação em cadeia», isto é, a lenta expansão para o planeta inteiro, a partir do Renascimento no Ocidente, de uma lógica mercantil, friamente calculista, apresentada indevidamente como o apogeu da racionalidade.[11] E Michael Löwy e Robert Sayre mostram como os românticos, hoje vistos como um bando de dândis pálidos e exaltados, tinham entendido o erro fundamental do sistema que era imposto. Mesmo que quisessem explorar e valorizar outras esferas psíquicas, os românticos não professavam uma recusa da razão: antes, buscavam «opor à racionalidade instrumental — a serviço da dominação da natureza e dos seres humanos — uma racionalidade humana substancial».[12]

Todos esses pensadores me ajudaram a desvendar meu mal-estar com a civilização que nos envolve; com a relação desta com o mundo conquistador, ostentador, agressivo; com a sua

10 Cf. Augustin Berque, *Écoumène. Introduction à l'étude des milieux humains* [2000]. Paris: Belin, 2016.

11 Jean-François Billeter, *Chine trois fois muette*. Paris: Allia, 2000.

12 Michael Löwy e Robert Sayre, *Révolte et mélancolie. Le romantisme à contre-courant de la modernité* [1992]. Paris: Payot, 2005.

crença ingênua e absurda na possibilidade de separar corpo e espírito, razão e emoção; com o seu narcisismo cego — quase alérgico — a tudo o que não é ela; com seu costume de desfigurar seu território com aberrações arquitetônicas e urbanísticas, ou ainda de usar um canhão para matar uma mosca (sem falar do próprio fato de matar a mosca); com suas arestas exageradas demais, suas luzes cruas demais; com sua intolerância à sombra, ao embaçado, ao mistério;[13] com a impressão geral de mercantilização mórbida que dela emana. Esses autores nutrem um sentimento de arrependimento, não com relação ao que foi, mas com relação ao que poderia ter sido. Até aqui, eu nunca tinha encontrado uma maneira satisfatória de articular essa obsessão com o meu feminismo, ainda que me parecesse haver uma relação. Mas, com a história das caças às bruxas e a interpretação de várias autoras, tudo se esclarece. É como se eu tivesse colocado no lugar uma peça fundamental do meu quebra-cabeça.

A MORTE DA NATUREZA

Calibã e a bruxa, o título do livro de Silvia Federici, faz referência a um personagem da *Tempestade*, de Shakespeare, um ser disforme de pele preta, filho de uma bruxa, horroroso tanto moral quanto fisicamente, que Próspero qualifica de «escravo venenoso» e «fruto das trevas». Calibã simboliza os escravos e os colonizados cuja exploração, como a das mulheres, permitiu que se desse a acumulação primitiva necessária para o

13 Sobre isso, remeto a Junichirô Tanizaki, *Éloge de l'ombre* [1933]. Paris: Verdier, 2011.

deslanchar do capitalismo. Mas a sujeição das mulheres também foi paralela a uma outra, à qual esteve talvez ainda mais vinculada: a da natureza. É em particular a tese desenvolvida em 1980 pela filósofa ecofeminista Carolyn Merchant em *A morte da natureza*,[14] uma obra que completa a de Federici. Ela investiga como, no Renascimento, a intensificação das atividades humanas, que exigia enormes quantidades de metal e madeira, assim como de vastas áreas cultiváveis, e que alterava a fisionomia da Terra numa escala inédita, implicou uma transformação idêntica nas mentalidades.

A antiga visão considerava o mundo um organismo vivo, com frequência associado a uma figura maternal e nutridora. Desde a Antiguidade, uma condenação — formulada por Plínio, o velho, Ovídio ou Sêneca — pairava sobre a mineração, associada a um ato de agressão motivado pela cobiça (pelo ouro) ou pela sede de assassinato (pelo ferro). Nos séculos XVI e XVII, soma-se a isso a luxúria, denunciada pelos poetas Edmund Spenser e John Milton, que falava de um estupro da Terra. O imaginário do tempo percebe «uma correlação entre a atividade mineradora e o fato de escavar os cantos e rincões de um corpo feminino».[15] A mina era vista como a vagina da mãe Terra, e as cavidades em que os metais jaziam ocultos em seu interior, como seu útero. Os antigos esquemas mentais, tornando-se insuportáveis, seriam pouco a pouco substituídos por outros, que, ao desvitalizar o corpo do mundo, dissipariam todos os escrúpulos e permitiriam uma exploração sem limite. Da mesma forma,

14 Carolyn Merchant, *The Death of Nature. Women, Ecology, and the Scientific Revolution* [1980]. São Francisco: HarperOne, 1990.

15 Ibid.

o novo frenesi comercial demandava quantidades fantásticas de madeira para construir cais, pontes, eclusas, barcaças, navios,
mas também para produzir sabão, barris de cerveja ou vidro. Segue-se a primeira aparição de uma preocupação com a gestão dessa natureza, considerada como um «recurso»: em 1470, em Veneza, uma lei decide que a partir dali seria o Arsenal, e não mais as autoridades da cidade, que organizaria o corte de carvalhos. Merchant resume dessa forma o panorama geral que emerge: «À medida que as cidades europeias cresciam e que as florestas recuavam, que os pântanos eram drenados e redes de canais geométricos eram traçadas na paisagem, que imensas e potentes rodas d'água, fornos, forjas e gruas começaram a dominar o ambiente de trabalho, mais e mais pessoas começaram a ter a experiência de uma natureza alterada e manipulada por máquinas. Resultou uma lenta e inexorável alienação em comparação com a relação direta, imediata e orgânica que até ali tinha constituído os fundamentos da experiência humana». A visão mecanicista que se impõe então postula que o conhecimento do mundo pode ser «seguro e coerente»; a desordem da vida orgânica dá lugar à «estabilidade das leis matemáticas e das identidades». O mundo passa a ser percebido como morto, e a matéria como passiva. O modelo da máquina, e especialmente do relógio, se impõe por toda parte. Descartes, no *Discurso do método*, compara os animais com autômatos. Thomas Hobbes — que provavelmente tinha ouvido falar da primeira calculadora concebida por Blaise Pascal em 1642 — compara o raciocínio a uma simples sucessão de adições e subtrações.[16]

16 Ibid.

Acontece naquela época o que Susan Bordo chama de «drama do parto»: um desenraizamento do universo orgânico e maternal da Idade Média para se projetar num mundo novo onde reinam «a clareza, o distanciamento e a objetividade». O ser humano surge aí «como uma entidade decididamente separada, tendo rompido todas as relações de continuidade com o universo com quem antigamente compartilhava a alma». A filósofa americana vê aí uma «fuga para longe do feminino, longe da memória da união com o mundo materno, e uma rejeição de todos os valores a ele associados», substituídos por uma obsessão pelo distanciamento, pela demarcação.[17] O que Guy Bechtel diz em outros termos: a «máquina de fabricar o novo homem» era também uma «máquina de matar as mulheres antigas».[18] Então aparece um «modelo de conhecimento hipermasculinizado», um «estilo cognitivo masculino», frio e impessoal. Essa interpretação, ressalta Bordo, não tem nada de fantasia de uma feminista do século XX: «Os fundadores da ciência moderna afirmavam consciente e explicitamente que a 'masculinidade' da ciência inaugurava uma nova era. E associavam a masculinidade com uma relação epistemológica mais limpa com o mundo, mais pura, mais objetiva e mais disciplinada». O intelectual inglês Francis Bacon proclamava, assim, um «nascimento masculino do tempo».[19]

Toda relação do sujeito com ele mesmo e com o mundo que o cerca foi alterada. O corpo é pensado separado da alma, e

17 Susan Bordo, *The Flight to Objectivity. Essays on Cartesianism and Culture*. Albany: State University of New York Press, 1987.

18 Guy Bechtel, *La Sorcière et l'Occident*, op. cit.

19 Susan Bordo, *The flight to Objectivity*, op. cit.

repudiado: «Eu não sou aquele conjunto de membros que chamam de corpo humano», escreve Descartes (*Discurso do método*). Silvia Federici vê aí concepções que mais tarde permitirão que se faça dele o «instrumento adequado para a regularidade e os automatismos necessários para a disciplina capitalista».[20] Susan Bordo lembra que o desprezo pelo corpo — comparado a uma prisão ou a uma jaula — na filosofia ocidental data da Grécia antiga;[21] mas, tanto para Platão quanto para Aristóteles, ela explica, o corpo e a alma eram inextricavelmente misturados, a segunda só podendo se distanciar do primeiro na hora da morte. Descartes, por sua vez, superou uma etapa suplementar: ele faz deles duas substâncias radicalmente diferentes. Para ele, o espírito humano «não participa em nada do que ao corpo pertence» (*Discurso do método*).

Tendo deixado de ser percebida como um seio nutridor, a natureza passa a ser uma força desordenada e selvagem que deve ser domada. E o mesmo se aplica às mulheres, mostra Carolyn Merchant. Dizem que são mais próximas da natureza do que os homens, e mais ardentes do que eles sexualmente (o projeto repressivo se sairá tão bem que, hoje, elas passam por *menos* sexuais do que os homens). «A bruxa, símbolo da violência da natureza, provocava tempestades, causava doenças, destruía colheitas, impedia a gestação e matava crianças pequenas. Como a natureza caótica, a mulher que causava

20 Silvia Federici, *Calibã e a bruxa*, op. cit.

21 Susan Bordo é também autora de uma obra de referência sobre a relação com o corpo e a obsessão da magreza na cultura ocidental contemporânea, que utilizei abundantemente para escrever *Beauté fatale*. Susan Bordo, *Unbearable Weight. Feminism, Western Culture, and the Body* [1993]. Berkeley: University of California Press, 2003.

desordem devia ser colocada sob controle.» Uma vez detidas e domesticadas, ambas poderiam ser reduzidas a uma função decorativa, virar «recursos psicológicos e recreativos para o marido-empreendedor-exausto».[22]

Francis Bacon (1561-1626), considerado o pai da ciência moderna, encarna de maneira impactante o paralelo entre essas duas dominações. Durante uma década, ele foi um conselheiro próximo do rei Jaime I e desempenhou diversas funções no topo do poder, em particular a de procurador-geral. Jaime I, autor de um tratado de demonologia, modificou a legislação assim que assumiu o trono da Inglaterra: a partir de então, toda prática de bruxaria, e não mais apenas aquela que servia para matar, seria punida com a morte. Para Carolyn Merchant, Bacon, em seus livros, recomenda implicitamente aplicar à natureza os mesmos métodos que às suspeitas de bruxaria. O imaginário ao qual ele recorre para identificar seus objetivos e seus métodos científicos deriva diretamente da Corte de justiça — ou da câmara de tortura — onde passou tanto tempo. Ele recomenda submeter a natureza a interrogatório para que ela revele seus segredos: não se deve acreditar, escreve, que «a inquisição da natureza é de alguma maneira proibida»; ao contrário, esta deve ser «escravizada», «agrilhoada» e «modelada» pelas artes mecânicas.[23] A linguagem atual ainda contém vestígios dessa postura conquistadora, tingida de uma sexualidade viril e agressiva: fala-se de um «espírito penetrante» ou, em inglês, de *hard facts* — fatos «duros», isto é, indiscutíveis.[24] Ela é encontrada inclusive num

22 Carolyn Merchant, *The Death of Nature*, op. cit.

23 Citado por Carolyn Merchant. Ibid.

24 Id. Ibid.

filósofo ecologista como o norte-americano Aldo Leopold (1887-1948), que escreve: «Um ecologista é alguém que tem consciência, humildemente, de que a cada machadada inscreve sua assinatura na face de sua terra».[25]

No século XIX, a natureza, enfim domada, poderá ser pintada com os traços de uma mulher dócil que não mais resiste às investidas da ciência. Uma obra do escultor francês Louis--Ernest Barrias (1841-1905), intitulada *A natureza se desvelando*, representa assim uma mulher com os seios de fora retirando com um gesto gracioso o tecido que cobre sua cabeça. Difícil não pensar, vendo-a hoje, nos cartazes de propaganda francesa que, durante a guerra da Argélia, incitavam as argelinas a tirar seus véus («Você não é bonita? Desvele-se!»), e também na lei de 2004 proibindo o uso do véu nas escolas. Aparentemente, é inaceitável que a mulher — ainda mais a mulher «indígena» — e a natureza, submetidas à mesma lógica, queiram dissimular o que quer que seja do olhar patriarcal ocidental. A prática que consistia em raspar completamente o corpo — pelos e cabelos — das suspeitas de bruxaria para permitir sua inspeção exaustiva tinha como premissa essa exigência de ver tudo para melhor dominar.

DREUF, POPOKOFF E OS OUTROS

A rua do consultório do doutor Dreuf, de quem já falamos, chama-se rua da Scopofilia — também conhecida como «pulsão escópica» e descrita por Sigmund Freud como o prazer de olhar

25 Citado por Pascale D'Erm, *Soeurs en écologie. Des femmes, de la nature et du réenchantement du monde*. Nantes: La Mer salée, 2017.

uma pessoa colocada em situação de objeto, vinculado a uma sensação de controle. Ela fica na cidade (fictícia) de Tris. Na hora em que a história começa, a noite cai. O doutor está em seu escritório, um pequeno cômodo empoeirado; as estantes da biblioteca são ornadas de frascos de vidro amarelados nos quais flutuam «alguns úteros embebidos em formol e alguns seios de mulheres», assim como um feto feminino abortado.[26] A essa hora, a governanta do ginecologista já começou a preparar seu jantar. A penúltima paciente do dia acaba de chegar e de se deitar no divã. É a primeira vez que ela vem. Chama-se Eva e veio se consultar com «esse homem que goza de grande reputação, incontestavelmente um especialista», porque ela sofre de um mal estranho: sente-se habitada pela voz e pelo destino de certas mulheres de todas as épocas. No decorrer de uma consulta longuíssima, numa espécie de transe, falam através de sua boca uma pecadora bíblica, uma freira presa num convento, uma velha condenada a ser queimada como bruxa, uma jovem camponesa estuprada numa floresta quando pegava lenha, uma aristocrata condenada à imobilidade e que se afoga em suas pesadas vestimentas, uma esposa internada à força por seu marido, uma prostituta morta em consequência de um aborto clandestino.

Dreuf escuta — mais ou menos — ora entediado, ora distraído, zombador, impaciente, inquieto, irritado. Ele se pergunta o que fazer com aquela histérica: mandá-la para o manicômio ou simplesmente embotá-la com remédio? «Sim, sim», balbucia ele baixinho enquanto ela tagarela. Lembranças das mulheres que o aterrorizaram ou humilharam em sua juventude desfilam pelo espírito daquele homem com pinta de gnomo, que se aferra

26 Mare Kandre, *La Femme et le Docteur Dreuf*, op. cit.

à sua ciência e às suas fórmulas matemáticas para conjurar o terror que lhe inspira o gênero feminino: «O paraíso pela freira potência o fruto fé a fogueira e a raiz da menininha manchada menos o campo de lama e a puta, que nos fazem então...». Quando surge no relato de sua paciente um caçador de bruxas, ele se lembra com emoção, repentinamente atento, que seu mestre, Popokoff, descendia de uma «longa linhagem de eminentes caçadores de bruxas». Ele pede que a jovem descreva aquele homem. «É um personagem extremamente desagradável», Eva responde. «Usa grandes botas de couro, segura um comprido cajado, e veste um casaco imenso, preto como a noite. Ele tem sua idade, doutor... e... sim... Sim, ele tem algo que faz pensar em você mesmo, doutor Dreuf!» O médico se ilumina, orgulhoso, antes de se ensombrecer, porque pensou ter percebido um «leve timbre sarcástico» na voz de sua analisanda.

Se, em seu romance, a escritora sueca Mare Krande (1962-2005) visava acima de tudo Sigmund Freud e a psicanálise, de modo geral são mais o médico e o cientista que se tornam alvos dessa sátira saborosa. A medicina parece ter sido a cena central na qual foi travada a guerra da ciência moderna contra as mulheres. A medicina como a conhecemos foi erguida sobre a eliminação física delas: as caças às bruxas visaram primeiro as curandeiras, como vimos. Baseando-se na experiência, estas eram muito mais competentes do que os médicos oficiais, dos quais inúmeros não passavam de Diafoirus[27] abjetos, mas que acabaram tirando proveito da eliminação dessa concorrência «desleal» apropriando-se de várias de suas descobertas. Desde o século XIII, porém — isto é, muito antes do começo das caças

27 Personagem de *O doente imaginário* (1673), de Molière. [N. T.]

às bruxas —, com o surgimento das escolas de medicina nas universidades europeias, a profissão médica tinha sido proibida para as mulheres. Em 1322, Jacqueline Félice de Almania, uma nobre florentina que tinha se mudado para Paris, foi levada aos tribunais pela faculdade da cidade por exercício ilegal da medicina. Seis testemunhas afirmaram que ela os tinha curado, e um deles declarou que ela «sabia mais da arte da cirurgia e da medicina do que os maiores médicos ou cirurgiões de Paris», mas isso só fez agravar o caso dela, porque, como mulher, ela simplesmente não deveria exercer tais atividades.[28] O destino da compilação de textos conhecida como *Trotula*, dedicada às doenças ginecológicas e assim batizada em referência a Trota, uma famosa curandeira de Salerno, mostra bem o processo de apagamento das mulheres, não apenas na prática, mas também na constituição da literatura médica. Reunida no final do século XII, a *Trotula* conhece atribulações diversas e termina em 1566 nas mãos de um editor alemão que a integra a um conjunto mais vasto, o *Gynaeciorum libri*. Questionando a identidade de Trota, ele o atribui a um médico chamado Eros. «Desta forma, a lista dos autores gregos, latinos e árabes reunidos no *Gynaeciorum* exibe uma homogeneidade notável: todos são homens discorrendo sobre o corpo feminino e se apresentando como os verdadeiros detentores do conhecimento ginecológico», conclui Dominique Brancher.[29] Nos Estados Unidos, onde a profissão médica é ainda mais masculina do que na Europa,

28 Barbara Ehrenreich e Deirdre English, *Sorcières, sages-femmes et infirmières*, op. cit.

29 Dominique Brancher, *Équivoques de la pudeur. Fabrique d'une passion à la Renaissance*. Genebra: Droz, 2015.

a exclusão das mulheres aconteceu mais tardiamente, no século XIX. O golpe do homem (de) branco proveniente da classe média suscita uma resistência obstinada, particularmente por meio do Movimento Popular pela Saúde, mas no fim das contas foi vitorioso.[30]

O médico hospitalar francês, anônimo, que na rádio Europe 1, em 2017, assumia orgulhosamente que «passava a mão na bunda» de suas colegas «para se divertir» seria provavelmente menos cômico se uma delas, compartilhando da preocupação dele em «descontrair todo mundo», com esse objetivo se atrevesse a apalpar suas bolas ou dar um tapa na bunda dele.[31] O famoso «espírito do estudante de medicina» e a «necessidade de extravasar», eternamente evocados para justificar o assédio sexista[32] sofrido pelas mulheres médicas de seus colegas e superiores, dissimulam muito provavelmente a hostilidade que a sua presença suscita. Dissimulam a convicção de que elas não deveriam estar ali, que são intrusas, perpetuando um ressentimento que vem de muito longe. Quando, em 2018, uma dezena de internos, cuja maioria era mulher, fez uma campanha para que se retirasse uma pintura pornográfica que ficava pendurada na parede do refeitório dos internos no hospital Purpan, em Toulouse, alguns de seus colegas se mostraram hesitantes, pois consideravam essa «arte dos estudantes de medicina» como

30 Barbara Ehrenreich e Deirdre English, op. cit.

31 «Harcèlement sexuel à l'hopital: 'Franchement, il y a des fois où on met des mains au cul'», *Europe 1*, 25 out. 2017.

32 Aude Lorriaux, «Comment le sexisme s'est solidement ancré dans la médecine française», *Slate.fr*, 5 fev. 2015. Cf. também o Tumblr *Paye ta blouse*: www.payetablouse.fr.

«parte integrante da história da medicina»:[33] não poderia ser mais bem dito... Do mesmo modo, uma cirurgiã relata essa fala de seu patrão quando ela estava deixando o trabalho, no início da carreira: «Talvez você tenha futuro nessa profissão, minha filha. Você é a primeira garotinha que eu não consigo fazer chorar na sala de operação».[34]

As pacientes também são vítimas desse ambiente de corpo de guarda. Disso dão testemunho os comentários sobre seus corpos quando elas estão dormindo na sala de operação, ou esse episódio vivido por uma mulher jovem quando estava em uma consulta com seu ginecologista: «Na última vez, quando ia marcar outra consulta com a secretária, ele entrou no consultório de seu colega e começou a descrever meus seios para ele. Eu escutei os dois rindo. A secretária ficou paralisada, e entendi que não era a primeira vez que ela escutava aquilo. Eu nunca mais voltei».[35] Como o exército, a medicina é uma agremiação na qual parecem reinar uma hostilidade inata com relação às mulheres e um culto das atitudes viris — ali existe um horror aos comportamentos de «maricas». Nada surpreendente numa instituição dedicada ao exercício da violência, mas choca muito numa disciplina em que o objetivo é *curar*.

De maneira assombrosa, a medicina concentra ainda hoje todos os aspectos da ciência que nasceu na época das caças às bruxas: o espírito de conquista agressivo e a raiva das mulheres; a crença na todo-poderosa ciência e nos que a exercem, mas

33 Soazig Le Nevé, «Des internes du chu de Toulouse obtiennent le retrait d'une fresque jugée sexiste». *Le Monde*, 19 mar. 2018.

34 Citado por Martin Winckler, *Les Brutes en blanc*, op. cit.

35 Ibid.

também na separação do corpo e do espírito, e numa fria racionalidade, livre de toda emoção. Para começar, ela perpetua essa vontade de subjugação, de dominação, cujo nascimento Carolyn Marchant investigou. Às vezes, isso beira a caricatura: em dezembro de 2017, um cirurgião britânico foi julgado por ter gravado com laser suas iniciais no fígado de duas pacientes durante transplantes de órgãos.[36] E essa atitude tende a se exacerbar quando são pacientes mulheres. Primeiro, como nota Florence Montreynaud, «os órgãos femininos são marcados com nomes masculinos», como bandeiras fincadas nas diversas partes de nossa anatomia: «Os canais que ligam os dois ovários ao útero eram chamados até 1997 de trompas de Falópio, cirurgião italiano do século XVI — antes de virarem as trompas uterinas. Os pequenos sacos situados nos ovários e nos quais, da puberdade à menopausa, amadurece todo mês um óvulo, são os folículos de Graaf, médico holandês do século XVII. A glândula que secreta o líquido que umedece a vulva e a entrada da vagina tem o nome de Bartholin, anatomista dinamarquês do século XVII. Além disso, no século XX, uma zona de prazer situada na vagina recebeu o nome de ponto G, inicial do médico alemão Ernst Gräfenberg. Imaginem o equivalente no homem: os corpos cavernosos de Émilienne Dupont, ou o canal de Catherine de Chaumont...».[37]

Essa confiscação está longe de ser abstrata. O universo médico parece muito preocupado em exercer um controle

36 «Un chirurgien jugé pour avoir gravé ses initiales... sur le foie de ses patientes», *L'Express.fr*, 14 dez. 2017.

37 Florence Montreynaud, *Appeler une chatte... Mots et plaisirs du sexe*. Paris: Calmann-Lévy, 2004.

permanente sobre o corpo feminino e garantir para si um acesso ilimitado a ele. Como em uma repetição incansável do processo de domesticação conjunta da natureza e das mulheres, parece que sempre é necessário reduzir esse corpo à passividade, garantir a sua docilidade. Martin Winckler questiona, por exemplo, o «ritual imutável», a «obrigação sagrada» que na França significa para todas as mulheres, a partir da puberdade, e mesmo que estejamos perfeitamente saudáveis, a consulta ginecológica anual. Segundo ele, não tem nenhuma justificativa: «A ideia de que é necessário fazer, 'desde o início da atividade sexual, depois todos os anos' um exame ginecológico, um exame dos seios e um Papanicolau 'para não deixar passar alguma coisa' (subentende-se, um câncer no colo do útero, de ovário ou de mama) é, medicamente falando infundado, ainda mais para as mulheres de menos de trinta anos, nas quais esses tipos de câncer são muito raros e, em todo caso, não são detectados em consultas 'de rotina'. E quando, ao final de um ano, a paciente está bem, o médico pode renovar a prescrição [de contracepção] *sem examiná-la*! Por quê? É muito simples: se a mulher está bem, a probabilidade que ele encontre 'alguma coisa' é quase inexistente. Então, francamente, por que incomodá-la?». Sim, por quê? Acontece que esse ritual vai ficando sinistro: Winckler menciona o caso de duas adolescentes a quem o médico, que também era o prefeito do município, impunha um exame de mamas e um exame ginecológico a cada três meses.[38] Mas seu motivo parece ser acima de tudo profundamente ideológico. A blogueira e autora Marie-Hélène Lahaye destaca o título eloquente de um comunicado dos ginecologistas e obstetras franceses que, em junho de 2016, opunham-se a uma expansão das

38 Martin Winckler, *Les Brutes en blanc*, op. cit.

competências das parteiras liberais: eles denunciavam medidas que prejudicavam a «vigilância médica» das mulheres... Mary Daly vê nesse ritual a manutenção em todas as mulheres de um estado de preocupação ansiosa — comparável àquela ligada às regras de beleza — que drena uma parte das suas forças.[39]

Muitos médicos são tão seguros de sua legitimidade que podem cair na ilegalidade sem ter consciência. Em 2015, descobriu-se na internet uma circular interna da faculdade de medicina de Lyon-Sud que convidava os alunos de ginecologia a treinarem a prática do toque vaginal em pacientes que dormiam na sala de cirurgia. Nas redes sociais, muitos médicos e estudantes se incomodaram quando a eles foi lembrado que cada gesto médico necessita o consentimento da paciente ou do paciente, e que a introdução dos dedos na vagina é equiparável a um estupro. Alguns argumentaram que não havia naquilo «nada de sexual» e que não sentiam «nenhum prazer», propondo assim uma revisão no mínimo audaciosa da definição de estupro. Outros foram descarados a ponto de argumentar que, se respeitassem o procedimento e pedissem a autorização das pacientes, havia o risco de elas recusarem... De tanto ler e escutar que os toques vaginais e retais são gestos anódinos desprovidos de qualquer sentido sexual, Marie-Hélène Lahaye sugeriu no Twitter que, nesse caso, os estudantes de medicina poderiam treinar a prática entre eles: «Confesso que não provoquei um entusiasmo delirante».[40]

39 Mary Daly, *Gyn/Ecology*, op. cit.

40 Marie-Hélène Lahaye, *Accouchement: les femmes méritent mieux*. Paris: Michalon, 2018.

Outro ritual problemático: o desfile de membros da equipe médica que, quando uma mulher está prestes a parir, vêm sucessivamente introduzir dois dedos em sua vagina para avaliar a dilatação do colo do útero, sem pedir autorização nem mesmo informá-la previamente, e às vezes sem muita delicadeza. Lahaye convida a imaginar o equivalente para outras partes do corpo: você está no dentista e de tempos em tempos desconhecidos entram na sala para meter os dedos na sua boca; ou então, você vai num especialista para fazer um exame de toque e uma dezena de pessoas se alternam para introduzir os dedos no seu ânus... «Uma prática como essa», ela conclui, «é inconcebível no conjunto das disciplinas médicas, menos na obstetrícia, a que consiste em acessar o sexo das mulheres.»[41] Aqui se manifesta, em uma forma exacerbada, o pressuposto segundo o qual o corpo da mulher pertence a todo mundo menos a ela, que se encontra, em graus diferentes, na sociedade inteira, e que explica por que não nos ofendemos demasiadamente com uma mão na bunda, por exemplo.

TODAS FABULADORAS

Antes de continuar, é preciso dizer que não se trata de negar aqui a imensa devoção que muitos profissionais de saúde manifestam, em condições de trabalho com frequência extremamente difíceis. Como muitos pacientes, ou parentes e amigos próximos de pacientes, tenho uma dívida para com eles, e não me perdoaria de transmitir-lhes o sentimento de ser ingrata ou

41 Ibid.

injusta. Mas os cortes de verba e a lógica da rentabilidade talvez não sejam os únicos obstáculos que eles encontram em seu combate para defender a ideia que têm da sua profissão: também enfrentam, conscientemente ou não, uma lógica estrutural, herdada da maneira como se construiu historicamente sua profissão; uma lógica que casa plenamente com a de seus colegas que se comportam com menosprezo, brutalidade e misoginia. Mary Daly chega a considerar que a ginecologia é a continuação da demonologia, por outros meios: o médico, como o caçador de bruxas, pode argumentar que o que ele faz nada mais é do que tentar salvar a mulher de um mal ao qual a natureza frágil dela a expõe particularmente; um mal que antigamente era chamado de Diabo, e que hoje é chamado de Doença.[42] E, de fato, é difícil negar a longa história das violências infligidas às mulheres pela medicina, que não pretendo recordar aqui. Citemos somente a remoção de ovários saudáveis, concebida na década de 1870 e praticada em grande escala para remediar um apetite sexual considerado excessivo ou para corrigir um «comportamento indisciplinado» (em geral na esfera conjugal), assim como a remoção do clitóris — nos Estado Unidos, a última clitorectomia registrada foi praticada em 1948 em uma menininha de cinco anos para «curá-la» da masturbação;[43] ou ainda a lobotomia, que permitia «devolver a paciente à sua família num estado inofensivo, um verdadeiro animal doméstico», o paciente sendo na maioria esmagadora dos casos mulheres.[44]

42 Mary Daly, *Gyn/Ecology*, op. cit.

43 Barbara Ehrenreich e Deirdre English, *Fragiles ou contagieuses*, op. cit.

44 Lynda Zerouk, «Durant 50 ans, 84% des lobotomies furent réalisées sur des femmes, en France, Belgique et Suisse», *Terriennes*, TV5 Monde, 5 dez. 2017. http://information.tv5monde.com/terriennes.

Hoje, os casos de maus-tratos e violências, junto com a negligência e o descaso, somam-se à sede de lucro e ao cinismo dos laboratórios farmacêuticos acarretando efeitos criminosos. Nos últimos anos, um número impressionante de escândalos sanitários transformou a vida das pacientes num calvário, quando não as matou: as próteses mamárias francesas PIP, vendidas às dezenas de milhares no mundo inteiro, cujo silicone se espalha pelo corpo; os implantes de esterilização Essure (laboratório Bayer), cujo metal parece destruir o organismo de algumas mulheres; as pílulas contraceptivas de terceira ou quarta geração, que aumentam muito o risco de trombose, de embolia pulmonar e de acidente vascular cerebral;[45] as próteses vaginais Prolift (laboratório Johnson & Johnson), destinadas a curar prolapsos de órgãos, que se revelaram verdadeiros instrumentos de tortura, a tal ponto que uma vítima deu este depoimento: «Nunca tive coragem de me suicidar, mas desejava muito não acordar no dia seguinte».[46] Podemos incluir o Mediator do laboratório Servier, antidiabético que matou entre 1500 e 2 mil pessoas, receitado sobretudo como controle de apetite, portanto essencialmente para mulheres, e também a levotiroxina: na primavera de 2017, os laboratórios Merck mudaram a fórmula desse medicamento que supre as deficiências da tireoide e que é tomado por 3 milhões de pessoas na França, das quais 80% são mulheres; a nova fórmula provocou em milhares de pessoas efeitos secundários extremamente dolorosos e incapacitantes.

45 «Pilules contraceptives: 'accident médical' reconnu pour la Bordelaise Marion Larat après un AVC», *France Info*, 13 fev. 2018.

46 Nolwenn Le Blevennec, «Prothèse vaginale: Cathy, 59 ans, transformée par la douleur», *Rue 89*, 28 out. 2017.

Depois da Segunda Guerra Mundial, houve também o escândalo do dietilestilbestrol, esse medicamento que supostamente deveria prevenir abortos espontâneos, e que acabou causando, nas filhas das pacientes, problemas de fertilidade, gravidez de risco, abortos espontâneos, malformações e câncer. O fim das receitas data de 1971 nos Estados Unidos, e 1977 na França, onde, comercializado pelo laboratório UCB Pharma, foi administrado em 200 mil mulheres. Os efeitos seriam sentidos em três gerações. Também afetaram meninos. Em 2011, um jovem, que ficou 8% deficiente, obteve indenização na justiça: o dietilestilbestrol que sua avó tomara em 1958 provocou uma malformação uterina em sua filha, que, em 1989, deu à luz um menino muito prematuro.[47] Igualmente, a talidomida, comercializada entre 1956 e 1961 para aliviar as náuseas das mulheres grávidas, teria causado malformações em cerca de 10 mil bebês no mundo. O grupo Diageo pagou milhares de dólares de indenização, em 2012, a uma australiana que nasceu sem braços e pernas.[48]

Começam também a medir a que ponto os preconceitos com as mulheres prejudicam seus tratamentos médicos. «Com os mesmos sintomas, a uma paciente que se queixa de pressão no peito será receitado ansiolítico, enquanto um homem será orientado a procurar um cardiologista», explica por exemplo a neurobióloga Catherine Vidal.[49] Do mesmo modo, muitas

47 «Handicapé, un petit-fils 'Dietilestibestrol' obtient réparation», *Elle.fr*, 9 jun. 2011.

48 «Née sans bras ni jambes, elle obtient des millions de dollars», *Elle.fr*, 18 jul. 2012.

49 Marie Campistron, «'Les stéréotypes de genre jouent sur l'attitude des médecins comme des patients'», *L'Obs*, 13 jan. 2018.

vivem um martírio durante anos quando menstruam antes que se detecte uma endometriose. Essa doença atinge uma mulher em cada dez em idade reprodutiva e, no entanto, só agora começa a ser conhecida. Na França, ela foi alvo de uma campanha nacional de sensibilização em 2016.[50] Com frequência, essas disfunções têm a ver com o famoso «está na sua cabeça» — o «sim, sim» que balbucia o doutor Dreuf; com a impossibilidade de se fazer escutar, de conseguir que sua fala seja levada a sério — isso foi constatado mais uma vez com a crise da levotiroxina. Uma paciente sempre é suspeita de inventar, de exagerar, de ser ignorante, emotiva, irracional. (Desnecessário dizer que raramente eu digo tanta besteira por minuto como quando estou diante de um médico desagradável.) «Alguns estudos chamam a atenção para o sexismo inconsciente dos médicos, que cortam a fala das mulheres mais frequentemente que a dos homens», assinala Martin Winckler.[51] Depois de considerar por muito tempo as mulheres como fracas, doentes e deficientes por natureza — no século XIX, na burguesia, elas eram tratadas como inválidas crônicas, recebendo incessantemente a prescrição para ficarem de cama, até enlouquecerem de tédio —, a medicina parece ter mudado de opinião. Agora ela suspeita que todos os seus males têm origem «psicossomática». Em suma, elas passaram de «fisicamente doentes» a «mentalmente doentes».[52] Uma jornalista americana considera que o sucesso atual da indústria do bem-estar — yoga, detox, *smoothies* e acupuntura — com as

50 Chrysoula Zacharopoulou, «Endométriose: enfin cette maladie gynécologique sort de l'ombre», *Le Plus*, 22 mar. 2016. http://leplus.nouvelobs.com.

51 Martin Winckler, *Les Brutes en blanc*, op. cit.

52 Barbara Ehrenreich e Deirdre English, *Fragiles ou contagieuses*, op. cit.

mulheres de classe alta, que muitas vezes é motivo de piada, se explica pela desqualificação e pela desumanização que elas experimentam no sistema médico dominante. Essa indústria, ela observa, «se especializa na criação de espaços acolhedores, com iluminação atenuada, onde é possível se sentir bem cuidado e relaxado, e onde o corpo feminino é a referência».[53] «O que quer que vocês pensem do detox e dos que o vendem, trata-se essencialmente de pessoas que se preocupam com você, que sabem o quanto a felicidade e a saúde são coisas frágeis, e que querem que você tenha uma vida boa.»[54]

Começo de 2018, a série médica americana *Grey's Anatomy* representa de maneira exemplar a recepção ruim das mulheres no sistema convencional. Convencida de estar sofrendo uma parada cardíaca, Miranda Bailey, uma das heroínas da série, vai ao pronto-socorro do hospital mais próximo.[55] O médico que cuida dela não parece acreditar e se recusa a fazer os exames mais aprofundados que ela pede. Vemos então o enfrentamento de uma mulher negra, ela mesma médica, e um colega branco, formado em Yale, condescendente e cheio de desprezo. As chances de que acreditem em Bailey diminuem mais ainda quando ela tem que admitir que sofre de um transtorno obsessivo-compulsivo: ela acaba sendo mandada para o psiquiatra. Claro que no fim das contas se confirmará que ela tinha razão e

53 Annaliese Griffin, «Woman are flocking to wellness because modern medicine still doesn't take them seriously», *Quartz*, 15 jun. de 2017. https://qz.com.

54 Taffy Brodesser Akner, «We have found the cure! (Sort of)», *Outside online*, 11 abr. 2017.

55 «(Don't fear) the reaper», *Grey's Anatomy*, 14ª temporada, episódio 11, ABC, 1 fev. 2018.

o espectador — e mais ainda a espectadora — poderá saborear a derrota da grande eminência arrogante. O episódio foi inspirado na experiência de uma das roteiristas de *Grey's Anatomy*, que um médico um dia chamou de «judia neurótica».[56] Mas, no momento de ir ao ar, ele também ecoou a história que a jogadora de tênis Serena Williams acabava de relatar: ela teve muitos problemas para se fazer entender quando, depois de ter parido em setembro de 2017, sentiu os primeiros sintomas de uma embolia pulmonar, chegando quase a morrer. Sua história lançou luz sobre o fato de que os Estados Unidos têm a maior taxa de mortalidade materna do mundo desenvolvido e que essa taxa é ainda maior entre as mulheres negras: «As complicações na gravidez matam de três a quatro vezes mais as mães negras do que as mães brancas não hispânicas, e os bebês de mulheres negras morrem com o dobro da frequência».[57] Isso se deve às suas piores condições de vida — o que implica um pior acompanhamento médico, ao maior estresse a que estão submetidas, e também aos preconceitos racistas que fazem com que elas sejam levadas (ainda) menos a sério. Até mesmo quando se trata de uma paciente rica e famosa que, ainda por cima, como atleta de alta performance, possui um conhecimento perfeito de seu corpo. Dois casos trágicos mostraram os efeitos fatais desse mesmo desprezo na França: a morte, em dezembro de 2017, de Naomi Musenga, jovem da cidade de Estrasburgo, de origem congolesa, zombada pelas atendentes telefônicas do Samu

56 Taylor Maple, «Miranda Bailey's heart attack atoryline on Grey's Anatomy was inspired by a show writer's own experience», *Bustle.com*, 4 fev. 2018.

57 Frantz Vaillant, «États-Unis: pourquoi cette mortalité record pour les femmes noires dans les maternités?», *Terriennes*, TV5 Monde, 7 fev. 2018. http://information.tv5monde.com.

quando tentou pedir ajuda; além daquela, em 2007, perto de Perpignan, de Noélanie, uma menina de família taitiana, vítima de uma tentativa de estrangulamento pelos seus companheiros de classe que a chamavam de «preta»; os médicos se recusaram a cuidar dela, decretando que ela estava «simulando».[58]

NASCIMENTO DE UMA SOLIDARIEDADE SUBLIMINAR

> Odeio os médicos. Os médicos ficam em pé, os doentes, deitados. [...] E os médicos em pé se pavoneiam aos pés das camas dos pobres que estão deitados e que vão morrer, e os médicos jogam na cara deles sem enxergá-los palavras greco-latinas que os pobres deitados nunca entendem, e os pobres deitados não ousam perguntar para não incomodar o médico em pé que fede a ciência e que esconde seu próprio medo da morte distribuindo sem pestanejar suas sentenças definitivas e seus antibióticos aproximativos como um papa em seu balcão dispersando a palavra e o xarope de Deus sobre o mundo aos seus pés.

Pouco antes da morte de Pierre Desproges, de câncer, em 1988, eu sentira um flash de reconhecimento quando li essa acusação, pronunciada no programa de rádio *Tribunal des flagrants délires* [Tribunal dos delírios flagrantes]. Em 1988, eu tinha quinze anos: o que significa que minhas experiências ruins com os médicos foram precoces. Por causa de um problema de

58 «Le calvaire de la petite Noélanie, mal prise en charge par le SAMU», *MarieClaire.fr*, 9 maio 2018.

saúde detectado quando eu tinha doze anos, passei de um especialista a outro durante anos. Mulher, jovem, tímida e ignorante, na frente de homens maduros coroados com todo o prestígio da ciência: tive uma boa amostragem da relação de poder violentamente assimétrica tão bem descrita por Mare Kandre. Eu me vejo novamente, seminua no meio do consultório, examinada em detalhe por médicos que falavam de mim como se eu não estivesse lá e que me manipulavam de maneira rude, sem consideração pelo meu pudor de adolescente. Lembro-me de mãos moles e frias, cheiros de hálitos e creme pós-barba, de jalecos brancos roçando minha pele nua. Depois, adulta, fiz uma operação ginecológica que supostamente poderia prescindir de anestesia, mas acabou transcorrendo muito mal. Julgando-me sensível demais, me deram uma bronca. Como o espéculo me machucava, a médica — uma mulher — se irritou: tive que escutar um comentário venenoso, gratuito e fora de lugar, que me considerava incapaz de tolerar o que quer que fosse na vagina (porque um espéculo, como todos sabemos, é muito agradável). Ainda que normalmente eu seja uma paciente mais para dócil, me rebelei: resisti quando puseram à força uma máscara na minha cara para me sedar e poder terminar. Eu exigi que me deixassem tomar ar um minuto antes de recolocá-la. Somente uma enfermeira pareceu se compadecer; as outras pareciam nervosíssimas com o tempo que eu as fazia perder.

Nos últimos anos, na França, os blogs e as redes sociais fizeram emergir a questão dos maus-tratos médicos, por exemplo por meio do Tumblr *Je n'ai pas consenti* [Eu não consenti].[59] O ativismo nas redes vazou, e os meios de comunicação tomaram

59 http://jenaipasconsenti.tumblr.com.

em particular o tema das violências obstetrícias, pressionando a secretária de Estado, Marlène Schiappa, a encomendar um relatório sobre o tema no verão de 2017.[60] Essa primeira liberação da palavra tinha muitos pontos em comum com o movimento #MeToo que nasceria algumas semanas depois, na esteira do caso Weinstein, para denunciar o abuso e as agressões sexuais. Nos dois casos, vemos uma grande exaltação coletiva para tentar inverter a relação de força, impor a integração da subjetividade e das vivências das mulheres, subverter enfim as mil artimanhas retóricas que permitem minimizar incessantemente as violências que elas sofrem. Os relatos das outras, sua determinação em não se deixar levar, convencem cada uma de sua própria legitimidade para recusar certos comportamentos. Elas se permitem assumir sua aversão, fazendo calar finalmente a vozinha que até aquele momento dizia: «Não, você que é sensível demais, careta demais, puritana demais, delicada demais...». Há algo de entusiasmante, de eletrizante em fazer caírem assim os muros entre experiências isoladas; ou em ver na tela uma Miranda Bailey lutando para se fazer entender, recusando-se a se deixar intimidar, quando nós mesmas experimentamos o peso massacrante da autoridade médica. Percebo que a esperança de mudar as coisas me leva a me interessar ativamente pelo tema, enquanto antes eu só pedia para esquecer as experiências dolorosas.

Com o respaldo dessa solidariedade subliminar, eu fico agora um pouco menos paralisada na frente dos médicos desagradáveis (também felizmente cheguei a me deparar com alguns

60 Cf. Marie-Hélène Lahaye, «L'été historique où les violences obstétricales se sont imposées dans les médias», *Marie accouche là*, 18 ago. 2017. http://marieaccouchela.blog.lemonde.fr.

bem simpáticos). E constato que eles não gostam disso. São capazes de tomar uma simples pergunta sobre o que estão fazendo, feita muito amavelmente, como uma afronta inadmissível, um crime de lesa-majestade. Um bom paciente é aparentemente um paciente que se cala. E o argumento contundente chega rapidinho: esse gesto que você ousa questionar poderia salvar a sua vida. Uma das minhas amigas deu à luz numa maternidade parisiense «histórica», pioneira na consideração do bem-estar das pacientes, e mesmo assim ficou muito chocada com a maneira como as coisas aconteceram, com a maneira como a assustaram e maltrataram. Um tempo depois do nascimento de seu filho, voltando para uma consulta, ela tentou falar sobre o problema. Seus interlocutores interromperam bruscamente suas queixas retorquindo: «Você está se sentindo bem, e seu filho também, o que mais você quer?». O argumento é estranho. Sua saúde era boa, e ela tinha tido uma gravidez normal: não era de surpreender que ela e seu filho se sentissem bem; inclusive, isso era o mínimo que se podia esperar. Mas, como escreve Marie-Hélène Lahaye, ostentar o espectro da morte «é a melhor arma para dissuadir as mulheres de almejar o respeito a seus corpos e manter a sua submissão ao poder médico».[61] Segundo Martin Winckler, essa também é a melhor arma para dissuadir os estudantes de medicina de fazer muitas perguntas sobre as práticas que lhes são ensinadas , aterrorizando-os: «Se não aprender o gesto correto, e não fizer como é ensinado, os pacientes vão morrer».[62] Muitas vezes, as ameaças são exageradas — em particular quando se trata de mulheres grávidas, que não estão doentes. Mas, claro: às vezes,

61 Marie-Hélène Lahaye, *Accouchement: les femmes méritent mieux*, op. cit.

62 Martin Winckler, *Les Brutes en blanc*, op. cit.

são bem reais. Diante de um médico, sempre estamos em posição de debilidade: porque sofremos de uma doença mais ou menos grave, e eventualmente mortal; porque ele detém um conhecimento que não detemos, e, se alguém tem o poder de nos salvar, é ele;[63] porque ficamos deitados e ele em pé, como dizia Desproges. Mas essa situação de vulnerabilidade deveria contar para que ele demonstrasse o mínimo de consideração, não para que a doente se calasse. Aliás, ela tende também a exacerbar todas as emoções: ela torna os maus-tratos ainda mais ofensivos, e suscita uma gratidão eterna quando nos deparamos com um médico que se comporta com empatia e delicadeza.

TRATAR O PACIENTE COMO UMA PESSOA

Sonhamos tentando imaginar o que poderia ser a medicina ocidental hoje se esse golpe — contra as curandeiras, contra as mulheres em geral e contra todos os valores que a elas eram associados — não tivesse ocorrido. Caçadas da profissão médica, as mulheres, como dissemos, foram autorizadas a retornar a ela primeiro como enfermeiras. A enfermeira, observam Barbara Ehrenreich e Deirdre English, é a Mulher idealizada, doce, maternal, devotada, assim como o médico é o Homem idealizado, coroado com o prestígio da ciência — os autores de romances água com açúcar não estavam errados. A ele cabem dar o

63 O movimento feminista insistiu na necessidade de reduzir o máximo possível essa dependência. Cf, particularmente, Rina Nissim, *Une sorcière des temps modernes. Le self-help et le mouvement Femmes et santé*. Genebra: Mamamélis, 2014; e a reedição francesa do livro coletivo *Notre corps, nous-mêmes*. Marseille: Hors d'atteinte, 2020.

diagnóstico e a prescrição do tratamento; a ela, o acompanhamento e os cuidados cotidianos. Afinal, o grande homem não vai «gastar seus talentos e sua custosa formação universitária nos detalhes fastidiosos dos cuidados aos doentes».[64] Winckler descreve assim a perpetuação dessa divisão de tarefas no ensino dispensado aos médicos franceses: «A formação deles visa acima de tudo fazer com que adquiram 'posturas que respaldem a autoridade dos médicos sobre todos os outros cidadãos', e não os ensinar 'gestos destinados a tranquilizar os que sofrem'. Os cuidados ficam por conta das enfermeiras, das parteiras, das fisioterapeutas, das psicólogas. O assunto dos médicos é o conhecimento e o poder que dele deriva».[65]

Ora, notam Ehrenreich e English, «curar, em seu sentido mais amplo, consiste em levar ao mesmo tempo remédio e cuidados, ser doutor *e* enfermeira. As curandeiras de antigamente combinavam as duas funções e eram valorizadas pelas duas».[66] Quando voltou a Barbados depois dos anos sombrios em Salém, Tituba, a bruxa cujo destino Maryse Condé imaginou, assumiu novamente o papel de curandeira; um dia, levam para ela um jovem escravo rebelde, a quem as 250 chibatadas infligidas por seu dono quase mataram: «Fiz com que Iphigene (era o nome dele) se deitasse num colchão de palha num canto do meu quarto a fim de que nenhum suspiro me escapasse», disse ela.[67] O conhecimento do paciente, a atenção permanente que lhe é dada são parte integrante do tratamento. Levam também

64 Barbara Ehrenreich e Deirdre English, *Sorcières, sages-femmes et infirmières*, op. cit.

65 Martin Winckler, *Les Brutes en blanc*, op. cit.

66 Op. cit.

67 Maryse Condé, *Moi, Tituba, sorcière...*, op. cit.

a considerá-lo como uma pessoa mais do que como um corpo passivo, inerte, intercambiável. Essa segunda abordagem, que perpetua a separação entre o corpo e a alma ou o espírito, favorece os maus-tratos ao desumanizar o doente. É ela que, junto com a mentalidade dominante descrita acima, explica como é possível manipulá-lo sem nenhum pudor — mecanicamente — ou falar dele como se ele não estivesse lá.

Se colocar em pé de igualdade com o paciente, abordá-lo como um todo, implica não apenas não separar seu corpo de seu espírito, mas também considerar seu corpo com mais bondade do que o faz um grande especialista refém da pureza racional. O corpo, à luz do novo paradigma cujo advento nós vimos aqui, age como uma lembrança incômoda, humilhante, da animalidade do ser humano. Para Silvia Federici, a obsessão da época das caças às bruxas pelos excrementos, em particular, se explica ao mesmo tempo pela «necessidade burguesa de regular e limpar o corpo-máquina de qualquer elemento que poderia interromper sua atividade» e pelo fato de que eles simbolizam os «humores enfermiços» que supostamente habitavam o corpo: para os puritanos, esses humores «viraram o sinal visível da corrupção da natureza humana, uma espécie de pecado original que deveria ser combatido, subjugado, exorcizado. Por isso o costume das purgações, vômitos e lavagens administrados às crianças ou aos 'possuídos' para expulsar suas diabruras».[68] Jules Michelet afirma que as bruxas, ao contrário, fazem a «reabilitação do ventre e das funções digestivas». «Elas professaram ousadamente: 'Nada de impuro e nada de imundo.' [...] Nada de impuro além do mal moral. Todas as coisas físicas são puras. Ninguém pode ser

68 Silvia Federici, *Calibã e a bruxa*, op. cit.

apartado do olhar e do estudo, proibido por um espiritualismo vão, menos ainda por uma repugnância tola.» Segundo ele, essa atitude já ia na contramão na mentalidade da Idade Média, que, praticando uma hierarquia do «alto» e do «baixo», considerava o espírito nobre e o corpo não nobre, o céu nobre e o abismo não nobre: «Por quê? 'Porque o céu é alto.' Mas o céu não é nem alto nem baixo. Ele é em cima e embaixo. O que é o abismo? Nada. — Mesma besteira sobre o mundo, e o pequeno mundo do homem. Este é uma coisa só; tudo está conectado. Se a barriga é a servente do cérebro e o alimenta, o cérebro, ajudando sem parar a preparar para ela o suco digestivo, não trabalha menos para ela».[69]

Aceitar considerar o paciente como uma pessoa, como um igual, é também se expor a sentir empatia, isto é — que horror! —, sentir emoção. Ora, conforme o mito do homem de ciência frio e distante, ensina-se também aos aspirantes a médico a negar suas emoções. «Tudo acontece como se, em suas residências, se esperasse deles que não se comprometam, que permaneçam emocionalmente o mais distante possível de seus pacientes. O que, obviamente, é impossível», observa Winckler. Com frequência, eles se «dessensibilizam» ao longo dos estudos, por um distanciamento defensivo, porque estão estressados, cheios, sobrecarregados, desamparados diante do sofrimento que testemunham, e porque a postura de superioridade que neles é inculcada implica parecer forte, portanto, permanecer impassível. Alguns pacientes até mesmo aprenderam a se sentir seguros com essa atitude ou, ao menos, assumir que ela não impede que sejam bons médicos. Uma ideia

69 Jules Michelet, *La Sorcière*, op. cit.

que Winckler se encarrega de extinguir: «Não existe médico 'frio, distante, mas competente'».[70]

A ideia de que os médicos possam mostrar suas emoções parece aterrorizá-los, e aterrorizar alguns pacientes, como se a revelação da humanidade e da vulnerabilidade deles corresse o risco de abolir sua competência, de limitá-los à impotência — o que fala muito sobre o tipo de competência em questão. Parece que imaginam uma torrente arrastando tudo em sua passagem, transformando-os em farrapos aturdidos e impedindo-os de fazerem seu trabalho. Eu me lembro, porém, do oncologista que acompanhou uma pessoa próxima que estava com câncer. Nas últimas consultas, quando ficou claro que ele não poderia mais manter seu paciente muito tempo com vida, acontecia de ele ficar com lágrimas nos olhos. Me emocionei quando mais tarde me contaram; me senti amparada em meu luto. Aquelas lágrimas atestavam que ele tinha visto na frente dele um homem, não um caso. Nada mais natural, em se tratando de alguém que ele acompanhava há anos. Esse reconhecimento de sua humanidade comum não fazia nem um pouco dele um médico pior; ao contrário. Que mensagem transmite, por outro lado, uma completa impassibilidade diante do sofrimento? Será que o modelo inconfesso do bom médico é o psicopata? E reprimir suas emoções permite mesmo se proteger delas?

70 Martin Winckler, *Les Brutes en blanc*, op. cit.

De todas as disciplinas médicas, é a obstétrica que perpetua da maneira mais evidente ao mesmo tempo a guerra contra as mulheres e os procedimentos tortuosos da ciência moderna. «A bruxa e seu equivalente, a parteira, se encontravam no centro simbólico do combate pelo controle da matéria e da natureza, essencial para as novas relações estabelecidas nas esferas da produção e da reprodução», escreve Carolyn Merchant.[71] Dois instrumentos permitiram o afastamento das parteiras e a garantia de um novo mercado para os médicos «regularizados», isto é, do sexo masculino: o espéculo e o fórceps. O primeiro foi inventado nos anos 1840 por um médico do Alabama, James Marion Sims, que se dedicou a fazer experiências em escravas; ele submeteu uma delas, chamada Anarcha, a cerca de trinta operações sem anestesia. «Racismo e sexismo são incorporados no objeto em si — pensem nisso na próxima vez em que se virem com os pés nos esteios de metal da cadeira de exame ginecológico», lança a jornalista canadense Sarah Barmak, autora de um livro sobre a maneira como as mulheres se reapropriam de seu sexo nos dias de hoje.[72] O fórceps, por sua vez, foi inventado muito antes, no século XVI, por Peter Chamberlen, um huguenote emigrado na Inglaterra. No século seguinte, em 1670, seu sobrinho Hugh quis fazer uma demonstração de sua utilização para François Mauriceau no hospital Hôtel-Dieu, em Paris, mas

71 Carolyn Merchant, *The Death of Nature*, op. cit.

72 Sarah Barmak, *Closer. Notes from the Orgasmic Frontier of Female Sexuality*. Toronto: Coach House Books, 2016. Cf. também Thomas Belleaud, «Le spéculum, inventé par un misogyne et testé sur des esclaves», *Terrafemina.com*, 30 jul. 2015.

a operação foi um desastre: terminou com a morte da mãe e da criança. Na Inglaterra, o instrumento foi considerado instrumento cirúrgico, e a prática da cirurgia era proibida às mulheres... As parteiras, que acusavam os médicos de fazerem um uso perigoso dele, protestaram em vão.[73] A petição que fizeram contra Peter Chamberlen III, em 1634, não teve resultado. Uma violenta campanha de difamação as acusa de incompetência e obscurantismo. No final do século XVII, o parto estava inteiramente nas mãos de médicos homens.[74] Na França, em 1760, Elizabeth Nihell, parteira inglesa, funcionária do Hôtel-Dieu, afirmou nunca ter visto um nascimento que necessitasse de um instrumento. Em seu *Tratado sobre a arte da obstetrícia*, ela acusava os cirurgiões de utilizarem o fórceps por razões de conveniência pessoal, para encurtar o trabalho.[75]

Por uma ironia sinistra, os médicos e cirurgiões tinham se livrado das parteiras acusando-as, precisamente, de falta de limpeza. Ora, entre os séculos XVII e XIX, nas primeiras maternidades, nas quais só pariam mulheres das classes populares, a febre puerperal causava estragos. Em fevereiro de 1866, por exemplo, um quarto daquelas que tinham parido na maternidade de Paris morreu. O médico americano Oliver Wendell Holmes conta que em Viena, por volta de 1840, elas eram colocadas duas por vez nos caixões para dissimular a hecatombe. Em 1797, a febre puerperal mata também a intelectual e feminista inglesa Mary

73 Barbara Eherenreich e Deirdre English, *Sorcières, sages-femmes et infirmières*, op. cit.

74 Carolyn Merchant, *The Death of Nature*, op. cit.

75 Adrienne Rich, *Naître d'une femme*, op. cit.

Wollstonecraft[76] depois do nascimento de sua segunda filha (a futura Mary Shelley, autora de *Frankenstein*). Na metade do século XIX, Ignaz Philipp Semmelweis, que trabalhava no hospital de Viena, entendeu a origem daquela «epidemia»: depois de ter dissecado cadáveres, os médicos iam realizar os partos sem lavar as mãos... Quando ele obrigou todos os seus colegas a fazê-lo antes de entrarem na sala de trabalho, a taxa de mortalidade caiu. Ele se torturou pela culpa: «Só Deus sabe o número de pacientes que, por minha culpa, desceram prematuramente à cova». Mas sua descoberta gera indignação em seus colegas, ofendidos com a ideia de que suas mãos possam ser vetores de morte. Ao longo dos anos seguintes, Semmelweis viu as portas se fecharem para ele. Padecendo de depressão, morreu em 1865 num manicômio de Viena. Desde 1795, um médico escocês, Alexander Gordon, tinha aventado uma hipótese semelhante à sua, sem encontrar repercussão alguma; e Holmes, que chegara às mesmas conclusões, recebeu os mesmos ataques: foi tratado de irresponsável e arrivista, que queria chamar a atenção...[77] A lavagem sistemática das mãos só foi instaurada vinte anos depois da morte de Semmelweis.

Em seu livro *Accouchement: les femmes méritent mieux* [Parto: as mulheres merecem coisa melhor], Marie-Helène Lahaye não se satisfaz em denunciar as violências obstétricas: independentemente do comportamento individual, mais ou menos amável, de médicos, parteiras e enfermeira, ela mostra em detalhe tudo o que há de absurdo e discutível na maneira

76 Cf. Marion Leclair, «Une aurore du féminisme», *Le Monde Diplomatique*, mar. 2018.

77 Adrienne Rich, *Naître d'une femme*, op. cit.

como a maioria de nós veio ao mundo e/ou deu à luz. Ela convida a rever completamente nossa forma de conceber e organizar o nascimento, à qual estamos tão acostumados que nem imaginamos mais que possa ser feita de outro jeito. Porém, tem muito a ser contestado, a começar pela norma da posição de barriga para cima, que é a menos cômoda para a mulher e a criança, pois as priva do auxílio da gravidade. O médico uruguaio Roberto Caldeyro-Barcia falava dela como a pior posição «com exceção daquela suspensa pelos pés».[78] Ela só beneficia um protagonista: o médico situado entre as pernas da parturiente, de quem ele rouba a cena. O equivalente, em suma, à posição do missionário no ato sexual, ambas sendo consideradas as únicas «decentes» e colocando em cena «um homem ativo e esforçado sobre uma mulher passiva deitada feito uma estrela do mar».[79] De forma reveladora, foi Luís XIV quem, em 1663, quando sua amante Louise de la Vallière se preparava para parir, teria pedido ao médico para colocá-la de costas «a fim de que pudesse assistir ao nascimento escondido atrás de uma cortina». Sempre essa obsessão por ver... Cinco anos depois, o médico do rei, Mauriceau — o mesmo que, diante de Hugh Chamberlen, tinha feito a demonstração da utilização do fórceps —, recomendava essa posição em seu influente tratado sobre o parto.

78 Citado por Adrienne Rich, *Naître d'une femme*, op. cit.

79 Marie-Hélène Lahaye, *Accouchement: les femmes méritent mieux*, op. cit. O mesmo para as citações seguintes, salvo menção contrária.

De um lado, a sala de parto como a conhecemos: barulhenta, iluminada violentamente, com seu pessoal médico que fica de lá para cá e suas parturientes devidamente neutralizadas, presas pelo monitoramento, às quais se impõe uma posição e procedimentos idênticos — como um modelo de organização «fordista, de trabalho em cadeia e padronizado», observa Marie-Hélène Lahaye.[80] (Adrienne Rich, que sustentava em *Naître d'une femme* [Nascer de uma mulher] algo muito parecido, nota que podemos certamente precisar de assistência e ajuda durante o parto, mas que «existe uma diferença entre recorrer a uma ajuda e precisar ser aniquilada».)[81] De outro, a «sala natureza» de uma clínica, onde foi realizado o parto da própria autora do livro, na presença de sua parteira e seu companheiro. «Na penumbra e com uma música relaxante ao fundo», ela conta, «eu adotava livremente as posições que meu corpo pedia, me arrastando como uma pantera pelos espaços, me agarrando como uma macaca nos objetos à minha disposição. Não sentia dor, mas uma força incrível. Gritava muito alto, urros de energia, gemidos de imensidão.» Ao ler essas duas descrições, tenho a impressão de encontrar no primeiro lugar todos os traços da civilização ostentosa cujo mal-estar eu expressei acima, e de ver no segundo o esboço do que poderia ser um outro mundo, que manteria com a natureza — e com as mulheres — relações mais

80 Idem, «Marie-Hélène Lahaye: 'On impose aux femmes un accouchement fordiste, au détriment de l'accompagnement'», *L'Humanité*, 13 fev. 2018.

81 Adrienne Rich, *Naître d'une femme*, op. cit.

tranquilas. Dois universos muito diferentes para acolher um ser humano; duas maneiras de apresentá-lo ao que virá.

A abordagem de Lahaye também é interessante para a minha leitura, porque ela não reivindica uma posição irracional diante de uma medicina que seria, por sua vez, racional: ao contrário, ela contesta essa pretensão à racionalidade. Seu livro está cheio de notas de rodapé e referências científicas. Se ela defende que as mulheres se apropriem novamente de seus partos, não é em nome de um suposto «instinto» fruto de uma ciência inata: o parto, ela diz, é um «conjunto de reflexos», algo que o corpo sabe fazer sozinho, como vomitar, «mas com um final muito mais feliz», e para o qual é preciso acima de tudo que o deixem em paz. Ela mostra como o estresse induzido pelo protocolo hospitalar cria os problemas que depois ele vai se gabar de resolver: «O barulho do monitor e o alarme estridente que toca, se um sensor é deslocado, podem provocar um aumento da adrenalina na mulher. Ora, a produção de adrenalina se opõe à produção de oxitocina, o hormônio que provoca, entre outras coisas, a contração do útero, e que é indispensável ao parto. As contrações vão então se tornar menos eficazes. Para compensar isso, a equipe médica pode decidir injetar uma dose de oxitocina, o que altera a natureza das contrações e aumenta a dor, por falta de outro hormônio, a endorfina. A mãe pode então sentir a necessidade de uma anestesia epidural para enfrentar a dor, cujo efeito é sua imobilização, fator que pode levar a um novo retardamento do trabalho». Essa lógica a leva a concluir que, dentre aquelas que dizem: «Eu estaria morta se não tivesse parido no hospital», muitas deveriam antes dizer: «No hospital, quase me mataram». Ao contrário de uma ideia preconcebida, não é a norma do parto em hospitais que fez diminuir a mortalidade materna: «A queda da mortalidade nos partos entre 1945 e 1950 é resultado da melhora nas condições de vida, da higiene e dos progressos da medicina em geral, muito mais do que do intervencionismo obstétrico no momento do parto».

Apesar de sua atividade paralela de feiticeira, que pode nos deixar céticos, as curandeiras que foram alvo das caças às bruxas já estavam do lado da razão, muito mais do que os médicos oficiais da época, «mais perigosos e menos eficazes», afirmam Barbara Ehrenreich e Deirdre English. Na faculdade, estudavam Platão, Aristóteles e teologia; utilizavam sangrias e sanguessugas. Por mais infrutífera que tenha sido, sua pretensão de curar se chocava além disso com as reticências das autoridades religiosas, para as quais ela interferia nos desígnios divinos. No século XIV, eles tinham o direito de exercer, mas precisavam demonstrar que «a atenção que davam ao corpo não punha a alma em perigo». («Na realidade, os relatórios que sobreviveram de sua formação médica dão a entender que o mais provável é que eles colocavam em perigo o corpo», ironizam Ehrenreich e English.) Se a medicina oficial, restrita aos ricos, era tolerada, as curandeiras, por sua vez, não desfrutavam da mesma indulgência. Elas rejeitavam ativamente o fatalismo que o clero queria inculcar no povo diante da doença, e que Jules Michelet sintetizava nestes termos: «Você pecou e Deus lhe aflige. Agradeça; o sofrimento será menor na outra vida. Se resigne, sofra, morra. A Igreja tem suas orações para os mortos».[82] Igualmente, as mulheres deviam sofrer ao trazer seus filhos ao mundo para expiar o pecado original. As curandeiras as acalmavam com esporão-do-centeio, do qual ainda hoje derivam

82 Jules Michelet, *La Sorcière*, op. cit.

alguns medicamentos administrados durante e depois do parto. Muitas plantas que elas utilizavam, assim, ainda fazem parte da farmacopeia moderna. «Foram as bruxas que desenvolveram uma compreensão aprofundada dos ossos e dos músculos, das plantas e dos medicamentos, quando os médicos ainda tiravam seus diagnósticos da astrologia.»[83] Em outras palavras, a audácia, a clarividência, a recusa da resignação e a ruptura com as velhas superstições não estavam necessariamente do lado que pensávamos. «Temos provas abundantes do fato de que as supostas 'bruxas' figuravam entre as personalidades mais profundamente científicas de seu tempo», escrevia Matilde Joslyn Gage já em 1893.[84] Associá-las ao Diabo significava que elas tinham cruzado a fronteira do território ao qual tinham que se restringir, e avançado sobre as prerrogativas masculinas. «A morte por tortura era o método da Igreja para reprimir o intelecto das mulheres, o conhecimento sendo considerado maléfico em suas mãos.»[85]

A REVOLTA DAS «MULHERZINHAS HISTÉRICAS»

Hoje, a contestação da ordem simbólica instaurada no Renascimento não se limita evidentemente à área médica. Tomemos novamente o exemplo do banimento das emoções e de suas atribuições depreciativas das mulheres, e somente delas — uma

83 Barbara Ehrenreich e Deirdre English, *Sorcières, sages-femmes et infirmières*, op. cit.

84 Matilda Joslyn Cage, *Woman, Church and State*, op. cit.

85 Ibid.

lógica particularmente evidente nos médicos, mas presente na sociedade inteira. Em 1985, a militante afro-americana Cora Tucker tomou a dianteira da batalha contra a implantação de um aterro de lixo radioativo na região pobre e negra de Halifax, na Virginia, onde morava. Ela contou como ficou ofendida quando os representantes das autoridades — homens e brancos — a trataram de «mulherzinha histérica». Depois, pensou sobre isso e, na reunião seguinte, quando reiteraram o insulto, ela respondeu-lhes: «Vocês têm toda razão. Nós somos histéricas, e quando se torna uma questão de vida ou morte, em particular da minha, eu fico histérica. Se os homens não ficam histéricos, então há algo muito errado com eles».[86] Em suma, as emoções nem sempre nos confundem: às vezes, pelo contrário, quando as escutamos, elas nos salvam. É o caso não apenas de quando querem que vivamos nas imediações de um lugar radioativo, mas também nas situações de abuso ou maus-tratos mencionadas acima, por exemplo. Dando crédito ao que sentem — nojo, raiva, rechaço, revolta —, aos sinais de alarme que tomam seus corpos e seus espíritos, as vítimas podem encontrar a força para se defender, quando por trás da voz da razão se esconde na realidade a da autoridade, intimidadora, paralisante.

Claro, as emoções também podem nos cegar, nos tornar manipuláveis. Mas não nos protegeremos desse risco as ignorando; porque, de qualquer jeito, elas estão sempre aí. Ao agradecer, no começo do seu livro, a todos aqueles que contribuíram para a sua reflexão, Susan Griffin nota que entende a palavra «reflexão» como ela é construída na caligrafia chinesa,

86 Citado por Celene Krauss, «Des bonnes femmes hystériques: mobilisations environnementales populaires féminines ». Em *Reclaim*, op. cit.

«cérebro» e «coração» reunidos.[87] O filósofo Michel Hulin, por sua vez, lembra que é ilusório aspirar a uma racionalidade pura, desprovida de qualquer afeto. Ele nota que na raiz de toda disciplina intelectual, mesmo a mais quadrada, a mais rigorosa, há uma preferência afetiva — mesmo que seja a que nos faz escolher «o ordenado no lugar do caótico, o claro no lugar do confuso, o completo no do incompleto, o coerente no do contraditório». Ele escreve: «Mais profundamente, a afetividade, com sua inevitável dimensão de parcialidade, está no próprio centro do ato de compreender, no sentido de que uma consciência perfeitamente neutra e inacessível a qualquer consideração de valor se restringiria a deixar as coisas no estado em que elas se apresentam a nós». E conclui: «É sobre o solo movediço da preferência afetiva que repousa o edifício inteiro de nossas construções teóricas em todas as esferas do conhecimento».[88]

Se examinarmos mais detidamente, existe algo pueril nessa pretensão tão improvável a uma racionalidade imaterial, pura, transparente, objetiva. Pueril e profundamente assustadiço. Quando nos confrontamos com um personagem que parece inacessível à dúvida, seguro de si, de seu conhecimento e de sua superioridade — seja ele médico, erudito, intelectual ou *habitué* de um bar —, temos dificuldade em imaginar que essa postura possa dissimular uma insegurança de base. E, entretanto, essa hipótese merece ser considerada, como nos sugere Mare Kandre ao desentocar, em *A mulher e o doutor Dreuf*, o menininho aterrorizado encolhido atrás do grande homem de ciência. Na origem, aliás, é bom recordar, a atitude cartesiana ante o mundo

87 Susan Griffin, *Woman and Nature*, op. cit.
88 Michel Hulin, *La Mystique sauvage*. Paris: PUF, 1993.

nasceu para conjurar uma imensa desestabilização. Ao mostrar que a Terra gira em torno do Sol, Copérnico tinha transtornado a cosmogonia da época; um transtorno duplicado pelo dominicano Giordano Bruno (1548-1600), que postulou a infinitude do universo, terminando definitivamente com «o universo fechado e cômodo do imaginário medieval», como escreve Susan Bordo. Ao mesmo tempo, as primeiras versões do telescópio catapultaram o observador nos abismos celestiais. De agora em diante, «o infinito tinha aberto suas mandíbulas». A tarefa de Descartes consistia em responder à ansiedade nascida dessa deflagração, em efetuar a viagem «da dúvida e do desespero na direção da certeza e da esperança». Como por uma reação de despeito, ou de defesa, ele forja sobre esse universo, agora percebido como vasto e vazio, indiferente e frio, uma atitude de máxima indiferença. Sua genialidade foi ter transformado uma experiência «de perda e de distanciamento» em um motor para o conhecimento e o progresso humanos. Ao final da operação, «a paisagem de pesadelo de um universo infinito tinha se transformado no laboratório iluminadíssimo da ciência e da filosofia modernas».[89]

Aquelas e aqueles que, hoje, veem inconvenientes em viver nesse laboratório se chocam frequentemente com a incompreensão e a desaprovação de seus contemporâneos. São recriminados por questionar uma sociedade tecnicista, da qual eles aliás são dependentes e cujo conforto apreciam — mesmo que esse argumento perca seu alcance conforme a crise ecológica tem efeitos mais e mais diretos e flagrantes. Essa lógica lembra as tentativas de fazer calar os pacientes que criticam o sistema

89 Susan Bordo, *The Flight to Objectivity*, op. cit.

médico, sob o pretexto de que sua saúde, e às vezes sua vida, depende dele. Ela nos culpa e nos condena à submissão, à resignação. Podemos ser considerados responsáveis pela sociedade na qual nascemos e com relação à qual temos uma margem de manobra inevitavelmente limitada? Fazer disso um argumento para nos proibir de criticá-la acaba nos atando as mãos diante da catástrofe, desarmando o pensamento e, mais amplamente, asfixiando a imaginação, a vontade e a capacidade de se lembrar de que as coisas não são condenadas a ser o que são.

Aliás, surpreende o fato de que muitas pessoas pareçam nem mesmo considerar que a história poderia ter sido diferente, que o progresso poderia ter assumido outra cara, que teríamos podido — e que ainda poderíamos — ter as vantagens sem ter as desvantagens. Uma atitude brutalmente sintetizada no adágio binário, ou melhor, na chantagem, que proclama: «Energia nuclear ou Idade da pedra» (o resultado sendo provavelmente que teremos ambos). Assim, ao final de sua história bem exaustiva das caças às bruxas na Europa, que não oculta nenhum horror, que restitui o desenvolvimento dos acontecimentos e discute elegantemente seu significado cultural, Guy Bechtel chega à surpreendente conclusão de que, essencialmente, não se faz omelete sem quebrar ovos. Efetivamente, ele estima que esse episódio se inscrevia no contexto de uma «revolução», e as revoluções, argumenta ele, «só podem realizar-se como aniquilamento das posições adversas e dos que as apoiam (ou que se assume que as apoiam)». Ele afirma: «O movimento que quis matar as bruxas, inconscientemente, é claro, é o mesmo que mais tarde fez nascerem e pensarem Montesquieu, Voltaire e Kant». Em suma, ele dá sua bênção à lógica que ele mesmo resumiu com essa fórmula: «Matar as mulheres antigas para fabricar o novo homem».[90] Com isso ele ilustra o fato de que, mais uma vez, os historiadores das caças às bruxas são eles mesmos produtos do mundo que caçou as bruxas, e que permanecem prisioneiros da matriz de pensamento que elas construíram. Um ponto de vista a ser comparado com aquele, muito distinto, de Barbara Ehrenreich e Deirdre English: elas mencionam não apenas as tragédias individuais — as aspirações reprimidas e a vida interrompida das vítimas —, mas também tudo de que a sociedade foi privada ao persegui-las, tudo o que foram impedidas de desenvolver e transmitir. Elas falam de um «imenso desperdício de talento e conhecimento» e convidam «a recuperar, ou ao menos evidenciar, o que foi perdido»...[91]

A necessidade que Bechtel tem de incluir de qualquer maneira a história horrível que ele acabou de reconstituir no relato virtuoso do advento do progresso o leva a formular hipóteses no mínimo sem pé nem cabeça: «É provável que ao injustificável massacre das bruxas, no fim das contas, devamos, ao menos em parte, uma modificação de mentalidade para mais racionalidade, mais justiça, o fortalecimento do direito à defesa, a tomada de consciência dos direitos humanos», escreve ele. Ou sobre como justificar o que acabamos de qualificar na mesma frase como «injustificável»... A análise de Matilda Joslyn Gage (de 1893, lembremos) parece definitivamente mais plausível:

> Durante este período, o espírito das pessoas foi arrastado em uma única direção. A principal lição ensinada pela

90 Guy Bechtel, *La Sorcière et l'Occident*, op. cit.

91 Barbara Ehrenreich e Deirdre English, *Sorcières, sages-femmes et infirmières*, op. cit.

> Igreja, segundo a qual era preciso trair seus amigos para garantir sua própria salvação, deu lugar a um intenso egoísmo. Todo sentimento humanitário se perdeu nos esforços de cada um para garantir sua segurança às custas dos outros, mesmo os mais próximos por laços de sangue ou afeto. A piedade, a ternura, a compaixão foram erradicadas. A honestidade deserta a cristandade; o medo, o sofrimento e a crueldade reinam absolutos. [...] O desprezo e a raiva das mulheres foram inculcados com maior intensidade; o amor do poder e a traição figuram entre as lições de egoísmo ensinadas pela Igreja. Toda reverência pela velhice se perdeu. As dores e os sofrimentos de uma vida longa não despertaram mais nenhuma simpatia nos corações.[92]

Uma imagem capaz de acalmar os arroubos humanistas aventureiros.

CONCEBER DUAS LIBERAÇÕES AO MESMO TEMPO

Mesmo que a ordem simbólica que fetichiza o distanciamento e a objetividade tenha sido, em grande medida, constituída contra as mulheres e tudo o que a elas era associado, é evidente que, em seguida — e ainda mais hoje, cinco séculos depois de seu nascimento —, ela se emancipou dessa lógica. Nas interações cotidianas, assim como na vida intelectual, ela é submetida a muitos questionamentos, acidentais ou deliberados, e grande parte desses questionamentos é feita fora de

92 Matilda Joslyn Gage, *Woman, Church and State*, op. cit.

qualquer referência a uma lógica de gênero. Mesmo que homens e mulheres (eu, por exemplo) incorporem de forma caricatural cada um desses polos, isto é, respectivamente, a masculinidade positivista e a feminilidade emotiva, esse sistema é criticado por muitos homens e abraçado por muitas mulheres. Mas também é possível contestá-lo de um ponto de vista feminista. Inúmeros personagens de bruxa exprimem um desacordo lúcido e determinado com a visão de mundo sustentada por aqueles que as oprimem. «Ela me ensinou que tudo vive, tudo tem uma alma, um sopro. Que tudo deve ser respeitado. O homem não é um senhor atravessando seu reino a cavalo», diz Tituba de Maryse Condé sobre a escrava velha que lhe transmitiu seu saber.[93]

Algumas pensadoras fazem essa crítica retomando por conta própria a associação entre as mulheres e a natureza feita antigamente pelos filósofos, e validando a ideia de que as mulheres seriam mais «naturais» do que os homens, que teriam afinidades específicas com o mundo selvagem. A defensora mais famosa dessa tese, ainda que não faça referência à formação da ciência moderna e não pertença, propriamente falando, à escola feminista, é, sem dúvida, Clarissa Pinkola Estés, autora do *best-seller Mulheres que correm com os lobos*.[94] Eis o essencialismo de novo, que suscitou intensas polêmicas dentro — ou talvez, principalmente, acerca — do movimento ecofeminista, em que algumas correntes foram acusadas de sustentar uma visão do tipo. Esse movimento nasceu nos anos 1980, quando, nos países anglo-saxões, militantes vincularam a exploração de recursos

93 Maryse Condé, *Moi, Tituba, sorcière...*, op. cit.

94 Clarissa Pinkola Estés, *Femmes qui courent avec les loups. Histoires et mythes de l'archétype de la femme sauvage* [1992]. Paris: Le Livre de poche, 2017.

naturais com a dominação da qual eram vítimas. Mas podemos realmente nos contentar com recusar esse essencialismo, como faz, por exemplo, Janet Biehl, que foi próxima do teórico ecossocialista Murray Bookchin?[95] Segundo a filósofa Catherine Larrère, «para libertar as mulheres da dominação que recai sobre elas, não basta desconstruir sua naturalização para repatriá-las do lado dos homens — o da cultura. Seria fazer o trabalho pela metade e abandonar a natureza. A causa da natureza perderia com isso, assim como a das mulheres».[96] As ecofeministas, explica Émilie Hache, querem poder se reapropriar, investir e celebrar esse corpo que foi demonizado (vem ao caso dizê-lo), degradado e vilipendiado durante séculos; e querem também poder questionar a relação bélica com a natureza que se desenvolveu em paralelo. O problema colocado para elas poderia ser resumido assim: «Como (re)construir um vínculo com a natureza da qual fomos excluídas ou da qual nos excluímos porque a ela fomos associadas à força e negativamente?».[97]

Ao mesmo tempo, elas negam que a «natureza» sirva de pretexto para lhes impor um destino ou um comportamento normatizados, como a maternidade e a heterossexualidade. A experiência, desconhecida, do «retorno à terra» de comunidades separatistas lésbicas nos anos 1970, no Oregon,[98] dá provas dessa atitude (além de deixar catatônicos aqueles que,

95 Janet Biehl, «Féminisme et écologie, un lien 'naturel'?», *Le Monde Diplomatique*, maio 2011.

96 Catherine Larrère, «L'écoféminisme ou comment faire de la politique autrement». Em *Reclaim*, op. cit.

97 Émilie Haché, «Reclaim ecofeminism!». Em *Reclaim*, op. cit.

98 Catriona Sandilands, «Womyn's Land: communautés séparatistes lesbiennes rurales en Oregon». Em *Reclaim*, op. cit.

na França, perdem as estribeiras com a mera ideia de que as mulheres — ou as vítimas do racismo — organizem uma reunião não mista de duas horas que seja). «Por que deixar aos heterossexuais o monopólio de uma sexualidade 'natural' e pensar que os movimentos *queer* só puderam se desenvolver nas cidades, longe da natureza e contra ela?», pergunta Catherine Larrère, que não vê «motivo para construir o feminismo sobre a negação da natureza».[99] Igualmente, por que a reinvenção do vínculo com a natureza implicaria impor às mulheres maternidades que elas não desejam, violando a sua soberania sobre seus próprios corpos? Historicamente, aliás, como vimos, a guerra contra a natureza foi paralela à guerra contra aquelas que pretendiam controlar sua fecundidade. Isso demonstra a estupidez dos católicos reacionários que fundamentam sua cruzada antiaborto a partir de uma pretensa «ecologia integral», e querem, segundo a fórmula lamentável da sua maior representante na França, Eugénie Bastié, «defender ao mesmo tempo os pinguins e os embriões».[100] A ecologia como desculpa perfeita...

Émilie Hache o constata com horror: basta que algumas autoras ecofeministas celebrem o corpo das mulheres ou se refiram à deusa para «suscitar gritos escandalizados» e atrair acusações de essencialismo. «O que aconteceu para que toda referência ao corpo, *i.e.* ao corpo feminino, tenha se tornado impossível?», ela se pergunta. Uma demonstração dos mil e um ardis da misoginia, de sua profundidade e tenacidade, quem

99 Catherine Larrère, «L'écofeminisme ou comment faire de la politique autrement», op. cit.

100 Alexandra Jousset e Andrea Rawlins-Gaston, *Avortement, les croisés contre-attaquent*, *Arte*, 6 mar. 2018.

sabe? Ela convida a uma maior abertura de espírito: «Ao invés de ver aí a afirmação de uma essência e a reiteração do discurso patriarcal, é preciso ler [os textos ecofeministas] como ações de cura e empoderamento, tentativas pragmáticas de reparação cultural diante de séculos de aviltamento das mulheres, e reconexão com a terra/natureza».[101] Ela lamenta que a ansiedade desmedida provocada pelo espectro do essencialismo chegue a inibir o pensamento e a ação. Mas, sobretudo, o que se cristaliza aqui, com a virulência das críticas, representa segundo ela uma maneira de punir o movimento ecofeminista por sua audácia. Porque audácia há, incontestavelmente. E é necessário que haja, para que se questione não apenas o destino que nos coube, mas também a ordem global em que ele se inscreve. Para mim, essa audácia se inscreve na mesma lógica daquela observada há alguns anos no que diz respeito às agressões sexuais ou aos maus-tratos médicos. Ela é simplesmente o seu prolongamento: trata-se sempre de forçar o mundo a escutar por fim nosso relato e nosso ponto de vista sobre as coisas, de revelar o outro lado da moeda e mostrá-lo em praça pública.

«O SEU MUNDO NÃO ME CONVÉM»

Um episódio do caso Weinstein, no inverno de 2018, pareceu-me exemplar. Esperado há muito tempo, o depoimento de Uma Thurman[102] reduziu a pó o monumento da cultura pop

101 Émilie Hache, «Reclaim ecofeminism!», op. cit.

102 Maureen Dowd, «This is why Uma Thurman is angry», *The New York Times*, 3 fev. 2018.

que era *Kill Bill* (2003-2004), dirigido por Quentin Tarantino e produzido pela empresa de Harvey Weinstein, a Miramax. Até ali, o filme nos tinha sido apresentado como uma obra feminista, mostrando uma heroína invencível, habilidosa, ao mesmo tempo forte e sexy, interpretada por uma atriz de destaque em Hollywood e ligada ao seu diretor por uma cumplicidade indefectível. Ao fim do relato de Uma Thurman, nos encontramos diante de uma história espantosa de uma atriz que, depois de já ter sofrido um estupro aos dezesseis anos, foi agredida sexualmente, como dezenas de colegas suas, pelo produtor do filme. Quanto a Tarantino, depois de se comportar de forma verdadeiramente doentia ao longo das filmagens, quase a matou ao pressioná-la para que ela mesma fizesse uma cena perigosa no volante de um carro que ia bater numa árvore — acidente cujo vídeo ela publicou no Instagram, após ter insistido durante anos para que o diretor a enviasse, como um contraponto amargo ao filme. Longe de se parecer com a guerreira gloriosa que ela interpretava na tela de cinema, ou com a estrela etérea e voluptuosa, sublimada pelo pilates e pelos cuidados de beleza, que as revistas nos vendiam, Thurman apareceu como uma mulher marcada por aquele episódio, guardando sequelas na nuca e nos joelhos. Mesmo a foto que ilustrava a entrevista no *New York Times*, mostrando uma mulher de cerca de quarenta anos, visivelmente rica e privilegiada, mas humana, comum, com o aspecto um pouco cansado, contrastava com as habituais imagens de Photoshop retocadas e irreais. De repente, com essa fala e muitas outras, intuía-se a que ponto o mundo visto pelas mulheres é diferente do mundo que nos vendem todos os dias. O que identificavam como uma «liberação da fala» tinha quase um efeito de um sortilégio, de uma fórmula mágica, desencadeando tormentas e tempestades, semeando o caos em nossos universos familiares. Os grandes mitos da nossa cultura caíam como dominó, e aqueles que, nas redes sociais, queriam nos censurar quando transmitíamos essa mudança brutal de perspectiva revelavam sem dúvida seu pânico de sentir o chão afundando sob seus pés. Eu mesma, tendo crescido com esses mitos, aderindo a eles plenamente — ainda às vezes tenho o reflexo de querer citar uma piada do Woody Allen —, fiquei igualmente atordoada. Mas, ao contrário deles, vivi esse pânico como uma liberação, um avanço decisivo, uma transfiguração do universo social. Tínhamos a sensação de que uma nova imagem do mundo lutava para nascer.

O seu mundo não me convém: o culto da deusa praticado por Starhawk e outras bruxas talvez represente a maneira mais radical de afirmá-lo e de se propor a remediar essa situação, mesmo que à primeira vista possa parecer uma extravagância New Age. Ainda que vivamos em sociedades amplamente secularizadas, e que muitas mulheres e homens não acreditem mais em Deus, explica a escritora ecofeminista Carol P. Christ, as religiões patriarcais moldaram nossa cultura, nossos valores e representações, e permanecemos impregnados de um modelo de autoridade masculina que deriva diretamente delas: «A razão da persistência efetiva dos símbolos religiosos reside no fato de que o espírito tem horror ao vazio. Os sistemas simbólicos não podem simplesmente ser rejeitados; eles devem ser substituídos».[103] Sendo assim, para uma mulher, praticar o culto, nutrir-se de suas imagens, é trocar uma representação por outra. É se

103 Carol P. Christ, «Pourquoi les femmes ont besoin de la déesse: réflexions phénoménologiques, psychologiques et politiques». Em *Reclaim*, op. cit.

centrar novamente, se permitir ser você mesma a fonte de sua salvação, obter seus recursos em você mesma ao invés de sempre recorrer a figuras masculinas legitimadas e providenciais. Uma amiga que nunca tinha ouvido falar no culto neopagão da deusa me confessa que, quando precisa se sentir em contato com sua própria força, ela se imagina com as feições da deusa do mar que aparece em *Ponyo: uma amizade que veio do mar*, uma animação de Hayao Miyazaki (2008): uma personagem ao mesmo tempo suave e poderosa, que corresponde perfeitamente a ela, já que a maternidade é uma dimensão muito importante de sua vida (a deusa é a mãe de Ponyo).

Em 2017, a artista negra norte-americana Harmonia Rosales reinterpretou o afresco de Michelangelo, *A criação de Adão*, pintado na abóbada da Capela Sistina no Vaticano. Ela substituiu Adão e Deus, representados com os traços de dois homens brancos, por duas mulheres negras, e batizou sua obra de *A criação de Deus*: uma maneira de proclamar que o rei está nu. Seu quadro é vertiginoso. Ele nos faz tomar consciência do quão arbitrárias, relativas e contestáveis são as representações às quais estamos acostumados e que nos constituíram. O livro de Susan Griffin intitulado *Femme et nature* [Mulher e natureza] tem o mesmo efeito: ao enumerar as grandes verdades sobre os homens, as mulheres, a natureza, o conhecimento, o universo etc., que nos foram impostas ao longo dos séculos, e contentando-se em confiá-los ao nosso exame crítico, a autora nos convida a considerá-los com um novo olhar, a identificar os preconceitos que rondam o nosso espírito.[104] Um convite extremamente

104 Susan Griffin, *Woman and Nature*, op. cit.

estimulante para a liberdade e a invenção — estimulante e necessário, porque o sistema que nos foi legado está agonizando.

Em 1980, Carolyn Merchant formulava esse diagnóstico no final de *A morte da natureza*: «O mundo deve ser colocado novamente de cabeça para baixo» (*The world must once again be turned upside down*).[105] Ela escrevia essas palavras um dia após o acidente na central nuclear de Three Mile Island, na Pensilvânia, em março de 1979. Se quiséssemos determinar, hoje, o que pode ter justificado tal conclusão, teríamos somente o inconveniente da escolha. Colocar o mundo de cabeça para baixo: uma tarefa nada fácil. Mas pode haver um prazer imenso — o prazer da audácia, da insolência, da afirmação vital, do desafio à autoridade — em deixar nosso pensamento e nossa imaginação seguir os caminhos pelos quais nos levam os sussurros das bruxas. Em tentar apurar a imagem de um mundo que garantisse o bem-estar da humanidade em consonância com a natureza, e não a partir de uma vitória sobre ela, *à la* Pirro; de um mundo em que a livre exultação de nossos corpos e de nossos espíritos não fosse mais associada a um sabá infernal.

105 Carolyn Merchant, *The Death of Nature. Woman, Ecology, and the Scientific Revolution*, op. cit.

AGRADECIMENTOS

Agradeço as sugestões de leitura, *links* e artigos de jornal de Guillaume Barou, Akram Belkaïd, Otto Bruun, Irina Cotseli, Thomas Deltombe, Eleonora Faletti, Sébastien Fontenelle, Alain Gresh, Madmeg, Emmanuelle Maupetit, Daria Michel Scotti, Joyce A. Nashawati, Geneviève Sellier, Maïté Simoncini, Sylvie Tissot e Laélia Véron. Evidentemente, o resultado cabe a mim, não os comprometendo com nada.

Agradeço a Serge Halimi, que me concedeu férias sabáticas para que eu pudesse trabalhar neste livro.

Meu reconhecimento a Katia Berger, Dominique Brancher e Frédéric Le Van por suas preciosas leituras e pela pertinência de suas observações.

Agradeço ao meu editor, Grégoire Chamayou.

E um agradecimento especial, mais uma vez, a Thomas Lemahieu.

TROTZDEM

۱ *Estrangeiros residentes* Donatella Di Cesare
۲ *Contra o mundo moderno* Mark Sedgwick
۳ *As novas faces do fascismo* Enzo Traverso
۴ *Cultura de direita* Furio Jesi
۵ *Punir* Didier Fassin
۶ *Teoria da classe inadequada* Raffaele Alberto Ventura
۷ *Classe* Andrea Cavalletti
۸ ***Bruxas. A força invencível das mulheres*** **Mona Chollet**

FSC
MISTO
Papel
FSC® C014098

Composto em Lyon Text e Placard
Impresso pela Gráfica Rede
Belo Horizonte, 2022